S. FISCHER

Kathryn Schulz

LOST
&
FOUND

Vom Verlieren und Finden der Liebe

Aus dem Englischen
von Nicole Seifert

S. FISCHER

Deutsche Erstausgabe
Erschienen bei S. FISCHER

Die Originalausgabe erschien 2022 unter dem Titel
»Lost & Found. A Memoir« im Verlag Random House, New York
© 2022 by Kathryn Schulz

Die Gedichtzeilen von Robert Frost und Philip Larkin sowie das
Haiku von Matsu Bashō übersetzte Marie Isabel Matthews-Schlinzig.

Für die deutsche Ausgabe:
© 2023 S. Fischer Verlag GmbH, Hedderichstr. 114,
D-60596 Frankfurt am Main

Satz: Fotosatz Amann, Memmingen
Druck und Bindung: GGP Media GmbH, Pößneck
ISBN 978-3-10-397147-7

Für meinen Vater, den ich verlor,
und für C., die mich fand

Nichts beinhaltet alles oder beherrscht alles.
Das Wort »und« folgt jedem Satz.
William James, *Das pluralistische Universum*

Inhalt

I

Verlieren

ICH HABE EUPHEMISMEN für das Sterben noch nie gemocht. »Ableben«, »von uns gegangen«, »heimgekehrt«, »nicht mehr bei uns«: Obwohl diese Worte gutgemeint sind, haben sie mich nie getröstet. Sie versuchen, sich im Namen des Taktgefühls von der entsetzlichen Schonungslosigkeit des Todes abzuwenden; im Namen des Wohlbefindens ziehen sie das Sichere und Vertraute dem Schönen oder Deutlichen vor. Auf mich wirkt all das ausweichend, als würde man verbal den Blick abwenden. Aber dem Tod kann man nicht ausweichen – das ist das Grundlegende, Felsenfeststehende an ihm – und zu versuchen, drumherum zu reden, scheint in die Irre zu führen. Wie der Dichter Robert Lowell schrieb: »Warum nicht sagen, was passiert ist?«

Für mich gibt es jedoch eine Ausnahme von dieser Regel: »Ich habe meinen Vater verloren.« Er war noch keine zehn Tage tot, als ich mich diese Formulierung zum ersten Mal benutzen hörte. Ich war inzwischen wieder zu Hause, nach den langen unstrukturierten Wochen im Krankenhaus an seiner Seite, nach dem Tod, nach dem Beerdigungsgottesdienst, zurückgeworfen in ein Leben, das genauso aussah wie vorher, wohlgeordnet und taghell – dessen alltägliche

Verpflichtungen nun aber anstrengender waren, weil die Trauer sie begleitete. Ständig klemmte das Telefon zwischen Schulter und Kinn. In der Zeit, als mein Vater auf der kardiologischen Station gelegen hatte und dann auf der Intensivstation und dann im Hospiz, wo er starb, hatte ich von der Zeitschrift, für die ich arbeitete, mehrere automatisierte Mails bekommen, die mich informierten, dass ich keinen Zugriff mehr auf meine E-Mails haben würde, wenn ich mein Passwort nicht änderte. Man konnte die Uhr nach diesen Mails stellen, die mich daran erinnerten, dass mein Zugang in zehn Tagen, in neun, in acht, in sieben ablaufen würde. Es ist bemerkenswert, wie das Alltägliche und das Existenzielle einander durchdringen, so wie die Schrift auf einer Buchseite mit der Zeit auf der Rückseite des Blattes durchscheint. Ich hatte mich nicht um das Passwortproblem gekümmert und keinen Zugriff mehr, womit mir auch die einzige Möglichkeit genommen war, das Problem selbst zu lösen. Also telefonierte ich nach dem Tod meines Vaters mit einem Mitarbeiter des Kundendienstes und erklärte ihm, obwohl das absolut unnötig war, warum ich mich nicht rechtzeitig um die Sache gekümmert hatte.

Ich habe letzte Woche meinen Vater verloren. Vielleicht lag es an diesen ersten, verzerrten Tagen der Trauer, in denen sich die vertraute Welt fremd und unzugänglich anfühlt, dass mich die Seltsamkeit dieses Satzes so sehr traf. Natürlich war mein Vater nicht davon spaziert wie ein Kleinkind bei einem Picknick oder verschwunden wie ein wichtiges Dokument in einem unaufgeräumten Büro. Und doch wirkte diese indirekte Formulierung für den Tod nicht so ausweichend oder leer wie andere. Sie wirkte klar, traurig und einsam, wie die Trauer selbst. Von dem Moment an, an dem ich sie an diesem Tag am Telefon zum ersten Mal aussprach, fühlte sie sich wie etwas an, das ich sagen und benutzen konnte, so wie man eine Schaufel oder eine Klingel benutzt: kalt und durchdringend hat sie sowohl etwas Verzweifeltes an sich als auch etwas Resigniertes, das der Verwirrtheit und Trostlosigkeit des Verlustes entspricht.

Später, als ich das Wort nachschlug, wurde mir klar, warum mir »verloren« so passend erschien. Ich hatte immer angenommen, dass wir das Wort im übertragenen Sinne verwendeten, wenn wir über die Toten sprachen, dass die Trauernden es vereinnahmten und weit über seine eigentliche Bedeutung hinaus ausdehnten. Aber das stellte sich als falsch heraus. Das Verb »to lose«, verlieren, wurzelt in der Traurigkeit, es ist verwandt mit dem »lorn« in »forlorn« – verlassen, verloren. Es stammt von einem altenglischen Wort ab, das »sterben« bedeutet, was wiederum auf ein noch älteres Wort zurückgeht, das »trennen« oder »auseinanderschneiden« bezeichnet. Die moderne Bedeutung – einen Gegenstand verlegen – erhielt es erst im dreizehnten Jahrhundert; hundert Jahre darauf meint »to lose« dann erstmals »nicht gewinnen«. Im sechzehnten Jahrhundert begannen wir den Verstand zu verlieren, im siebzehnten unsere Herzen. Mit anderen Worten: Der Kreis dessen, was wir verlieren können, fing mit unserem eigenen Leben und einander an und weitet sich seitdem ständig aus.

So fühlte sich der Verlust nach dem Tod meines Vaters an: wie eine Macht, die sich immer weiter ausbreitet, die nach und nach immer mehr Gebiet erobert. Irgendwann begann ich eine Liste all der anderen Dinge zu machen, die ich mit der Zeit verloren hatte, einfach, weil sie mir immer wieder in den Sinn kamen. Ein Spielzeug aus der Kindheit, eine Kindheitsfreundin, eine geliebte Katze, die eines Tages nach draußen spazierte und nie wiederkam, der Brief, den meine Großmutter mir zu meinem College-Abschluss schrieb, ein fadenscheiniges, aber perfektes blaukariertes Hemd, ein Tagebuch, das ich fast fünf Jahre lang geführt hatte – es kam immer mehr dazu, eine Art Anti-Sammlung, ein melancholischer Katalog all dessen, was mir je abhandengekommen war.

Jede Liste dieser Art – und wir haben alle so eine – offenbart schnell, wie seltsam die Rubrik *Verlust* ist, wie riesig und sperrig, und wie wenig die dort versammelten Punkte sonst miteinander gemein haben. Als ich darüber nachdachte, stellte ich überrascht fest, dass es auch gute Arten des Verlusts gibt. Wir können unsere Schüchternheit und unsere Angst verlieren, und auch wenn es erschreckend ist, in der Wildnis verlorenzugehen, ist es wunderbar, sich in einem Buch oder einem Gespräch zu verlieren. Aber das sind glückliche Ausnahmen in einem ansonsten schwierigen Bereich menschlicher Erfahrungen; überwiegend gehören unsere Verluste in das Umfeld des Todes meines Vaters, weil sie unser Leben reduzieren. Wir können unsere Kreditkarte verlieren, unseren Führerschein, die Quittung für etwas, das wir zurückgeben wollen; wir können unseren guten Ruf verlieren, unsere Ersparnisse, unseren Job; wir können den Glauben verlieren, die Hoffnung und das Sorgerecht für unsere Kinder. Liebeskummer fällt überwiegend in diese Kategorie, denn eine ungewollte Trennung oder Scheidung bedeutet nicht nur den Verlust einer geliebten

Person, sondern auch den Verlust der vertrauten Struktur unseres Alltags und der Vorstellung, die man sich von seiner Zukunft gemacht hat. Dasselbe gilt für ernste Krankheiten und Verletzungen, die den Verlust von allem bedeuten können, angefangen mit körperlichen Fähigkeiten bis hin zu entscheidenden Teilen unserer Identität. In diesen Bereich fallen einige unserer intimsten Erfahrungen, wie zum Beispiel eine Fehlgeburt, aber auch einige der öffentlichsten und erschütterndsten historischen Ereignisse: Krieg, Hungersnot, Terrorismus, Naturkatastrophen, Pandemien – all die schrecklichen kollektiven Tragödien, die das Äußerste dessen zeigen, was es zu verlieren gibt.

Das ist das gierige Wesen des Verlusts: Es umfasst unterschiedslos das Triviale und das Folgerichtige, das Abstrakte und das Konkrete, das lediglich Verlegte und das endgültig Verschwundene. So oft wir können, ignorieren wir sein wahres Ausmaß, aber nachdem mein Vater starb, konnte ich nicht anders, als die Welt zu sehen, wie sie wirklich ist – überall gezeichnet von Hinweisen auf vergangene und bevorstehende Verluste. Und das nicht, weil sein Tod eine Tragödie gewesen wäre. Mein Vater starb friedlich, mit vierundsiebzig, in seinen letzten Wochen gepflegt von denen, die er am meisten liebte. Sondern weil sein Tod *keine* Tragödie war; was mich schockierte, war, dass etwas so Trauriges der normale, notwendige Lauf der Dinge sein konnte. In dieser Zeit schien jedes einzelne Leben zu viel Schmerz für seine kurze Dauer zu enthalten. Ich hatte Geschichte immer geliebt, auch dort, wo sie schweigt und verheimlicht, aber plötzlich schien sie mir nur noch eine Aufzeichnung von Verlusten epischen Ausmaßes, vor allem dort, wo es gar keine Aufzeichnungen gab. Die Welt selbst erschien vergänglich, Gletscher und Gattungen und Ökosysteme verschwanden wie im Zeitraffer, als sähen die heute Lebenden aus der erschütternden Perspektive der Ewigkeit zu. Alles fühlte sich fragil an, verwundbar; überall drängte sich mir der Gedanke an Verlust auf, wie eine verborgene Ordnung des Daseins, die sich nur den Trauernden offenbart.

Dieses unaufhaltsame Verschwinden ist nicht die ganze Geschichte unseres Lebens; es ist nicht einmal die ganze Geschichte dieses Buches. Aber in den Wochen und Monaten nach dem Tod meines Vaters konnte ich nicht aufhören darüber nachzudenken – einerseits, weil es mir wichtig erschien zu verstehen, was alle diese Verluste miteinander zu tun hatten, andererseits, weil es mir wichtig erschien zu verstehen, was sie mit mir zu tun hatten. Eine verlorene Brieftasche, ein verlorener Schatz, ein verlorener Vater, eine verlorene Gattung: So verschieden sie waren, sie alle und alles, was sonst noch verlorengegangen war, schien plötzlich fundamental für die Frage, wie man leben sollte – weil es weg war, schien es etwas Wichtiges über das Dasein auszusagen.

MEIN VATER HATTE zu fast allem etwas Wichtiges zu sagen. Die Welt war für ihn unendlich interessant, und er fand Vergnügen daran, alles an ihr zu diskutieren: die Romane von Edith Wharton, das Wesen kosmischer Hintergrundstrahlung, die Infield-Fly-Regel im Baseball, die Auswirkungen des Taft-Hartley-Gesetzes von 1947, die Entdeckung einer neuen nachtaktiven Affenart in Südamerika, die Vorzüge von Apfelauflauf gegenüber Apfelchips. Kaum dass wir sprechen konnten, waren meine ältere Schwester und ich herzlich dazu eingeladen, an diesen Gesprächen teilzunehmen, er fand aber auch immer ohne weiteres neue Gesprächspartner. Wenn es um andere Menschen ging, hatte mein Vater die Anziehungskraft eines mittelgroßen Planeten. Er hatte eine dröhnende Stimme, einen starken Akzent, einen beeindruckenden Verstand, den Bart eines Rabbiners, den Bauch vom Weihnachtsmann und die gestische Bandbreite des vitruvianischen Menschen; der Gesamteindruck war teils Sokrates, teils der des väterlichen Geschichtenerzählers Tevye.

Der Akzent war eine Folge der wurzellosen Kindheit meines Vaters, durch die er außerdem sechs Sprachen fließend sprach – ungefähr in der Reihenfolge ihres Erwerbs: Jiddisch, Polnisch, Hebräisch, Deutsch, Französisch und Englisch. Zu meinem späteren Bedauern brachte er meiner Schwester und mir nur die letzte davon bei, aber er glich es aus durch den Aufwand, mit dem er das tat. Es war meine Mutter, eine Französischlehrerin und wunderbar klare Grammatikerin, die mir beibrachte, mit Sprache zu arbeiten: wann man den Konjunktiv verwendet, wann man »who« benutzt und wann »whom«, wie man »epitome« ausspricht. Aber es war mein Vater, der mir beibrachte mit Sprache zu spielen. Dank seines polyglotten Hintergrunds war sein Verhältnis zu Grammatikregeln das eines Relativisten; er widersetzte sich ihnen gar nicht konkret, aber er liebte es, einen Satz bis kurz vorm Zerbrechen zu biegen, um ihn dann wieder zurück in seine Form springen und sein wildes Echo nachhallen zu lassen. Ich habe nie jemand anderen kennengelernt, der aus dem Stand derart überraschende Sätze fabrizieren konnte, und auch niemanden, der so viel Freude allein am Sprechen hatte. Als meine Aussprache des Wortes »epitome« verbessert wurde und ich nicht glauben wollte, dass das stimmte, lieferte er innerhalb einer Sekunde eine unvergessliche Gedächtnisstütze: »Die Betonung ist wie bei *you gotta be kidding me*.«

Über Schriftsteller*innen gibt es das Klischee, sie kämen alle aus unglücklichen Familien und wendeten sich Sprache und Geschichten zu, um ihrer Misere zu entkommen oder ihr eine Stimme zu geben. Dies entspricht nicht meiner Erfahrung. Ich komme aus einer glücklichen Familie, in der Sprache und Geschichte ein allgegenwärtiges, von allen geteiltes Vergnügen waren. In einer meiner frühesten Erinnerungen taucht mein Vater mit seinen ein Meter siebzig im Türrahmen des Zimmers auf, in dem ich spielte, erscheint meinen überraschten Augen aber wie ein gütiger und aufregender Riese – in der einen Hand eine *Norton Anthology of Poetry*, die andere wedelnd erhoben wie Merlin und dabei »Kubla Khan« zitierend. Eine ähnlich lebendige Erinnerung habe ich daran, wie er meiner Schwester und mir ein paar Jahre später den Prolog der *Canterbury Tales* vortrug, in mitreißendem Mittelenglisch laut deklamierend. Meine Mutter gab den Versuch, ihn dazu zu bringen, uns vor dem Schlafengehen nicht mehr aufzuregen, früh auf. Es war seine Aufgabe, uns jeden Abend vorzulesen, und er erledigte sie mit extravaganten Gesten, dramatischer Stimme, viel Klopfen auf die Knie, auf denen wir saßen, und einer erheiternden Missachtung des Textes. An den besten Abenden ließ er die Bücher ganz beiseite und erfreute uns mit einer Reihe von selbst erfundenen Geschichten über die

Abenteuer von Yana und Egbert, zwei gefährlichen Geschwistern, die ausgerechnet aus Rotterdam stammten – ein Ort, den er gewählt hatte, weil er wusste, dass der Klang des Wortes seine kleinen Töchter zum Lachen bringen würde.

Obwohl mein Vater sehr viel belesener war, als ich es je sein werde, war Literatur seine Passion, nicht seine Berufung. Seiner Ausbildung nach war er Anwalt und gelegentlich lehrte er an der juristischen Fakultät; beide Berufe lagen ihm, besonders letzterer, denn den geistesabwesenden Professor verkörperte er bis zur Perfektion. Er verfügte über ein erstaunliches Gedächtnis, eine panoptische Neugier und die Fähigkeit, angesichts von Problemen aller Art das Unwichtige vom Wichtigen so schnell zu trennen wie eine Münzmaschine die Pennys von den Quarters. Worüber er in neun von zehn Fällen nicht verfügte, war seine Brieftasche oder irgendeine Ahnung davon, wo er geparkt hatte. Um dem Stereotyp treu zu bleiben: Diese Defizite wirkten immer wie die Folge seines außergewöhnlichen Intellekts, als wüsste er Besseres anzufangen mit der mentalen Energie, die wir anderen darauf verwandten, unser Eigentum nicht zu verlegen. Aber ob sie nun zusammenhingen oder nicht: Diese seltsam widersprüchlichen Eigenheiten – eine bemerkenswerte Aufnahmebereitschaft für die Welt und eine bemerkenswerte Gleichgültigkeit ihr gegenüber – waren zwei seiner entscheidenden Charaktereigenschaften.

Zu all dem, was mein Vater gerne mal verlor, gehörte auch er selbst. Ich wuchs in den Vororten Clevelands auf, und meine Familie fuhr mehrmals im Jahr nach Pittsburgh, um meine Großmutter mütterlicherseits zu besuchen. Theoretisch brauchte man für die Fahrt gut zwei Stunden, aber ich lernte schon im Grundschulalter alarmiert zu sein, wenn mein Vater sich auf dem Fahrersitz niederließ und verkündete, wir würden eine Abkürzung nehmen. Für Kinder dauern alle Autofahrten ewig, aber diese waren wirklich extrem viel länger, als sie hätten sein müssen, weil mein Vater – von Natur aus genial, aber auch von Natur aus stur – sich nicht davon überzeugen ließ, dass er keine Ahnung hatte, wo es langging. Ich erinnere mich an eine Variante dieses Erlebnisses, in der wir eine geschlagene halbe Stunde lang Richtung Westen fuhren, statt Richtung Osten, und an eine andere, bei der wir dreimal hintereinander die falsche Ausfahrt nahmen. Meine Mutter hätte all dem ein Ende machen können, weil sie den viel besseren Orientierungssinn hatte, aber sie war auch eine liebende und pragmatische Ehefrau und griff nur behutsam ein, falls nicht gerade die Zeit drängte, und das war nach Meinung meines Vaters selten der Fall, denn er hatte nicht nur keinen Orientierungssinn, sondern auch kein Zeitgefühl.

Aus seiner Schwierigkeit, Pittsburgh zu finden, können Sie schließen, was für ein hoffnungsloser Fall mein Vater war, wenn es darum ging, kleinere Sachen im Blick zu behalten. Sein Kosename für meine Mutter war Maggie (abgeleitet von ihrem Taufnamen Margot, den alle anderen benutzten), und einer der Sätze, den ich in meiner Kindheit am häufigsten hörte war »Maggie, wo ist denn« – mein Scheckbuch, meine Brille, mein Einkaufszettel, meine Vorladung, meine Kaffeetasse, mein Wintermantel, mein zweiter Strumpf, mein Baseballticket. Mehrmals täglich vervollständigte irgendein anderer verlorengegangener Gegenstand diese Frage. Ausnahmslos war die zweite Hälfte dieses Frage-Antwort-Spiels: »Hier liegt es doch, Isaac.« Zum Glück für meinen Vater hatte meine Mutter den verlorenen Gegenstand in der Regel gesehen und erinnerte sich, wo er war, und wenn nicht, dann war sie in der Lage, ihn zu finden. Passend zu ihrem Orientierungssinn war meine Mutter geduldig, systematisch und sehr empfänglich für ihre Umgebung.

Ich habe diese Eigenschaften geerbt; meine Schwester, die heute am MIT Kognitionswissenschaft lehrt, nicht. In dieser Hinsicht haben wir vier, die wir uns sonst recht ähnlich sind, uns immer deutlich unterschieden. Auf dem Spektrum zwischen zwanghafter Ordnung und erhabener Gleichgültigkeit gegenüber der materiellen Alltagswelt befanden sich mein Vater und meine Schwester – eigentlich befanden sie sich nirgends; sie waren irgendwo in der Nähe der Grenze zwischen Ohio und Pennsylvania und suchten noch nach dem Spektrum selbst. Meine Mutter und ich waren derweil damit beschäftigt, alles nach Farbe und Größe zu ordnen. Ich erinnere mich lebhaft, meiner Mom dabei zuzusehen, wie sie versucht, einen minimal verrutschten Bilderrahmen wieder auszurichten – im Cleveland Museum of Art. Mein Vater dagegen hat mal einen ganzen Urlaub lang zwei verschiedene Schuhe getragen, weil er keine anderen eingepackt hatte und erst in der Sicherheitsschleuse am Flughafen merkte, dass die an seinen Füßen nicht zusammenpassten. Das beste Flugreisenerlebnis meiner Schwester bestand darin, ihren eigenen Laptop zu verlieren, sich den ihres Partners auszuleihen und ihn dann eine Woche nach dem 11. September 2001 versehentlich an einem Gate der

United Airlines zurückzulassen, woraufhin fast der Flughafen von Oakland dichtgemacht worden wäre. Sie tut sich, wie mein Vater, auch in der unterschätzten Kunst hervor, Dinge wiederholt zu verlieren: ihr Handy jährlich, ihr Portemonnaie einmal im Quartal, ihre Schlüssel monatlich. Bei der einzigen Gelegenheit meines Erwachsenenlebens, bei der ich selbst mein Portemonnaie verloren habe, machte ich den Fehler, mich bei ihr darüber zu beklagen, und sie lachte mich aus. »Meld dich wieder«, sagte sie, »wenn sie dich bei der Meldestelle beim Vornamen nennen.«

Als diejenige, die die Fackel der mütterlichen Abstammung hochhält, habe ich zumindest in dieser Hinsicht schon immer die natürliche Neigung gehabt, eher unübliche Dinge zu tun, wie zum Beispiel die Speisekammer nach Lebensmittelgruppen zu ordnen oder jeden der vierundsechzig Buntstifte wieder an genau den Platz zu legen, der ihm vom Hersteller in der Box zugewiesen wurde. Diese Art Anspruch, um nicht zu sagen Zwanghaftigkeit, kann sich als nützlich erweisen, wenn man den Überblick über seinen Besitz behalten möchte; ein Grund dafür, dass ich nur selten Dinge verliere, ist, dass es mich stört, wenn ich sie nicht an ihren vorgesehenen Ort zurückgebracht habe. Dieser Hang zur Ordnung in Kombination mit zwei Familienmitgliedern, die mich im Vergleich gut aussehen ließen, führte dazu, dass ich noch als längst Erwachsene glaubte, ich würde einfach nicht zu den Menschen gehören, die Dinge verlieren.

Aber Stolz kommt vor einer vierzigminütigen Suche nach dem Blatt Papier, das man gerade noch in der Hand hatte, und Tatsache ist, wir gehören alle zu den Menschen, die Dinge verlieren. So wie jeder Mensch sterblich ist, ist auch jeder Mensch ein bisschen schusselig, das ist Teil der conditio humana: Wir verlieren schon so lange regelmäßig Dinge, dass die im Buch Levitikus niedergelegten Gesetze das Verbot enthalten zu lügen, wenn man das verlorene Eigentum von jemand anderem findet. Die Moderne hat dieses Problem nur verschärft. Heute leben in den Industrieländern sogar Menschen mit bescheidenen Mitteln in historisch betrachtet unvorstellbarem Überfluss, und jeder zusätzliche Gegenstand, den wir besitzen, ist ein zusätzlicher Gegenstand, den wir verlieren können. Auch die Technologie hat die Situation verschlimmert, da sie uns chronisch ablenkt und uns zugleich mit einer riesigen Anzahl zusätzlicher Dinge versorgt, die wir verlieren können. Das gilt nun schon seit einiger Zeit – die Fernbedienung gehört nach wie vor zu den am häufigsten verlegten Gegenständen in amerikanischen Haushalten –, aber während unsere Geräte immer kleiner werden, wächst die Wahrscheinlichkeit, sie zu verlieren, immer mehr. Einen Desktop-Computer zu verlieren ist schwierig, einen Laptop schon leichter, ein Handy kein Problem, und ein USB-Stick ist praktisch unmöglich *nicht* zu verlieren. Und dann ist da noch die Sache mit den Passwörtern, die zu Computern im selben Verhältnis stehen wie Socken zu Waschmaschinen.

Ladegeräte, Regenschirme, Ohrringe, Schals, Passwörter, Kopfhörer, Musikinstrumente, Weihnachtsschmuck, der Streifen Papier, auf dem man unterschrieben hat, dass die Tochter am Ausflug teilnehmen darf, die Dose mit Farbe, die man vor drei Jahren extra beiseitegestellt hat für spätere

Ausbesserungsarbeiten, die irgendwann nötig sein würden: Die Bandbreite und Anzahl der Dinge, die wir verlieren, ist erstaunlich. Jemand wie mein Vater verliert vielleicht zehnmal so viel wie jemand wie meine Mutter, aber im Durchschnitt verlegt Untersuchungen und Versicherungsunternehmen zufolge jede*r von uns rund neun Gegenstände pro Tag – was bedeutet, dass wir, wenn wir sechzig werden, fast zweihunderttausend Dinge verloren haben. Natürlich sind nicht all diese Verluste unwiederbringlich, aber eins ist es: die Zeit, die man damit verschwendet hat, den ganzen Rest zu suchen. Im Laufe seines Lebens verbringt man rund sechs volle Monate damit, nach verlorengegangenen Gegenständen zu suchen. In den Vereinigten Staaten bedeutet das aufs Ganze gesehen über vierundfünfzig Millionen Stunden *pro Tag*, die mit Suchen verbracht werden. Hinzu kommt der damit verbundene Geldverlust: Pro Jahr werden etwa dreißig Milliarden Dollar allein für verlorene Handys ausgegeben.

Es gibt zwei vorherrschende Erklärungen dafür, dass wir dieses ganze Zeug verlieren – eine wissenschaftliche und eine psychoanalytische, beide sind unbefriedigend. Nach wissenschaftlicher Auffassung ist das Verlieren von Dingen ein Versagen, manchmal des Gedächtnisses und manchmal der Aufmerksamkeit: Entweder können wir uns nicht daran erinnern, wo wir die fehlende Sache hingelegt haben, oder wir haben es uns gar nicht erst gemerkt. Nach psychoanalytischer Auffassung stimmt das Gegenteil: Dinge zu verlieren steht für einen Erfolg, eine kluge Sabotage unserer Ratio durch unsere unbewussten Wünsche. In *Zur Psychopathologie des Alltagslebens* beschreibt Sigmund Freud »die unbewußte

Geschicklichkeit, mit der ein Gegenstand infolge von geheimen aber starken Motiven verlegt wird«, darunter die geringe »Schätzung des verlorenen Gegenstandes oder« eine geheime »Abneigung gegen denselben oder gegen die Person, von der er herstammt«. Einer seiner Kollegen brachte es so auf den Punkt: »Wir verlieren nicht, was wir sehr schätzen.«

Die wissenschaftliche Erklärung ist zwar überzeugend, aber uninteressant. Sie macht deutlich, warum wir eher dazu neigen, Dinge zu verlegen, wenn wir erschöpft oder abgelenkt sind, macht aber nicht verständlicher, wie es sich tatsächlich anfühlt, etwas zu verlieren, und sie liefert nur die abstrakteste und unpraktischste Vorstellung davon, wie es sich vermeiden ließe. (Konzentration! Und wenn Sie schon dabei sind, passen Sie Ihre Gene oder Ihre Lebensumstände so an, dass Sie Ihr Gedächtnis verbessern.) Die psychoanalytische Erklärung hingegen ist faszinierend, unterhaltsam und theoretisch nützlich (Freud wies darauf hin, wie schnell bestimmte Leute aus seinem Bekanntenkreis etwas wiederfanden, »wenn das Motiv des Verlegens erloschen ist«), aber in den meisten Fällen nicht überzeugend. Das Wohlwollendste, was man darüber sagen kann, ist, dass es unsere Spezies maßlos überschätzt: Ohne unbewusste Motive würden wir anscheinend überhaupt nichts verlieren.

Das ist offenkundig falsch – aber wie viele psychologische Behauptungen unmöglich zu widerlegen. Vielleicht verlor mein Vater sein Baseballticket, weil er von Clevelands anhaltend lausiger Performance enttäuscht war. Vielleicht verliert meine Schwester ihr Portemonnaie so oft, weil ihr der Kapitalismus tiefes Unbehagen bereitet. Freud würde solche Thesen unterstützen, und zweifellos haben manche Verluste mit unbewussten Gefühlen zu tun oder lassen sich auf diese Weise jedenfalls nachträglich plausibel erklären. Aber die Erfahrung lehrt uns, dass solche Fälle die Ausnahme sind. Die bessere Erklärung ist in den meisten Fällen, dass das Leben kompliziert ist und der Verstand begrenzt. Wir verlieren Dinge, weil wir fehlbar sind, weil wir Menschen sind, weil wir Sachen zum Verlieren haben.

DIE FÄHIGKEIT MEINES Vaters, Dinge zu verlieren, stand in umgekehrtem Verhältnis dazu, wie sehr ihn diese Verluste beunruhigten. Er verlegte permanent Zeug, reagierte aber gemeinhin gelassen auf jeden neuen Verlust, als wären seine Besitztümer nur geliehen und ihr rechtmäßiger Besitzer hätte beschlossen, sie zurückzufordern. Ich vermute, ein anderer Mensch mit seinem Talent, Dinge zu verlieren, hätte zur Kompensation die Fähigkeit entwickelt, sie wiederzufinden. Aber mein Vater hatte hingegen die Fähigkeit entwickelt, sich mit dem Verschwinden fröhlich abzufinden.

Das ist eine bewundernswerte Haltung – vermutlich nah an dem, was die Dichterin Elizabeth Bishop mit der »Kunst des Verlierens« meinte. Die Zeile stammt aus »One Art«, einem Gedicht, das ich immer geliebt habe, und eine der berühmtesten Abrechnungen mit Verlust in der gesamten Dichtung. Darin legt Bishop nahe, dass kleine Verluste wie Schlüssel und Uhren uns helfen können, uns auf ernsthaftere vorzubereiten – in ihrem Fall zwei Städte, ein Kontinent und den Geliebten, an den sich das Gedicht wendet.

Die Behauptung wirkt erst mal grotesk. Einen Ehering zu verlieren ist das eine, etwas völlig anderes ist es, die Ehefrau zu verlieren, und wir zögern zu Recht, das gleichzusetzen. Bishop weiß das natürlich, und in der letzten Zeile des Gedichts, in dem sie über den Verlust ihres Geliebten nachdenkt, wird die Kunst des Verlierens plötzlich von etwas, das »nicht schwer zu meistern« ist, zu etwas, das »nicht *allzu* schwer zu meistern« ist. Die Kursivierung stammt von mir, die Konzession jedoch von ihr, und sie unterläuft ihre übergreifende Beteuerung derart, dass sich das Gedicht leicht ironisch lesen lässt – am Ende gesteht es ein, dass der Verlust eines geliebten Menschen mit keinem anderen vergleichbar ist.

Und doch klingt in diesen letzten Zeilen noch etwas anderes an: das zögernde Eingeständnis, dass wir alle irgendwie lernen müssen, selbst mit den verheerendsten Verlusten leben zu können. In dieser Lesart ist Bishops Gedicht vollkommen ernstgemeint. Es empfiehlt, bei alltäglichen Verlusten Ausgeglichenheit zu kultivieren, um eines Tages in der Lage zu sein, eine ähnliche Gelassenheit aufzubringen, wenn wir etwas Wichtigeres verlieren. Diese Behauptung ist gar nicht so abwegig. Ganze spirituelle Traditionen beruhen auf der Idee, sich an nichts zu binden, aus der Überzeugung heraus, dass wir lernen können, selbst unseren schwersten Verlusten mit Akzeptanz, Ausgeglichenheit und Anstand zu begegnen.

Wie viele religiöse Ideale bleibt aber auch dieses für die Mehrheit der Menschen eine Wunschvorstellung. In der Praxis empfinden die meisten von uns selbst unbedeutende Verluste als ärgerlich. Das liegt nicht nur daran, dass sie uns immer Zeit und manchmal auch Geld kosten. Wir zahlen auch einen psychologischen Preis für sie: Jeder noch so geringe Verlust kann eine kleine Krise in unserer Beziehung zu uns selbst, zu anderen Menschen oder zur Welt mit sich bringen. Und diese Krisen werden nicht ausgelöst durch das Problem des Standorts – wo finden wir den vermissten Gegenstand? Sie werden ausgelöst durch das Problem der Ursache: durch die Frage, wer oder was das Verschwinden verursacht hat.

Die Antwort ist meistens: wir selbst. Im Mikrodrama des Verlusts sind wir beinah immer Täter und Opfer zugleich. Das ist ungünstig für unsere Egos und diverse andere Teile unseres Selbst. Wenn man weiß, dass man die Letzte war, die den geliebten orangenen Kuschel-Orang-Utan des Kindes hatte, aber keine Ahnung, was man damit gemacht hat, gibt man völlig zu Recht dem eigenen Gedächtnis die Schuld und zweifelt manchmal nicht nur wegen dieses Ausfalls, sondern generell an seiner Zuverlässigkeit. Es ist jedoch kaum tröstlicher, genau zu wissen, wie man etwas verlor – beispielsweise, wenn man seine Kreditkarte vermisst und sich dann erinnert, dass man sie am Wochenende im Restaurant liegen lassen hat. Im bestmöglichen Fall fühlen wir uns bei solchen Verlusten unverantwortlich. Im schlimmsten Fall, wenn wir etwas Wertvolles verloren haben, bereiten sie uns aufrichtige Qualen. Für Stunden oder Tage oder manchmal sogar Jahre lenken sie unsere Aufmerksamkeit genau dorthin, worauf wir sie eben nicht gerichtet hatten: auf den Moment, der zu einem der unverzeihlichsten des ganzen Lebens wird, in dem es noch möglich war, zu verhindern, was dann geschah.

Kurzgesagt, Dinge zu verlieren sorgt dafür, dass wir uns schrecklich fühlen. Daraus folgt häufig, dass wir uns weigern, Verantwortung dafür zu übernehmen und stattdessen jemanden suchen, dem wir die Schuld geben können. So wird aus einem Problem mit einer Sache ein Problem mit einem Menschen: Man schwört, die Rechnung auf dem Tisch liegen lassen zu haben, damit der Ehemann sie verschicken kann; der Ehemann schwört genauso vehement, dass sie dort nie lag; und es dauert nicht lange und beide verlieren auch noch die Fassung. Wenn sich sonst keine Verdächtigen anbieten, beschuldigen Sie den vermissten Gegenstand vielleicht sogar, sein Verschwinden selbst eingefädelt zu haben, sei es allein oder im Bund mit okkulten Mächten. Das klingt absurd, aber wir haben fast alle schon mal solche Anschuldigungen erhoben, weil wir fast alle schon mal Verluste erlebt haben, die ans Unmögliche zu grenzen schienen: der Pullover, den wir eben gerade anhatten und der nun irgendwie in einem fünfundfünfzig Quadratmeter großen Apartment verlorengegangen ist; der Brief, den wir uns genau erinnern, aus dem Briefkasten geholt zu haben, der sich aber entmaterialisiert hat, während wir in der Küche nach ihm suchen. Wenn wir nach solchen verlorenen Dingen lange genug gesucht haben, werden noch die am wenigsten Abergläubischen unter uns diverse höchst unwahrscheinliche Schuldige finden: Kobolde, Außerirdische, Wurmlöcher, den Äther.

Dass wir böse oder mysteriöse Mächte anführen, wenn etwas verlorengeht, ergibt Sinn, denn in solchen Momenten kann es scheinen, als gehorche die Welt nicht mehr ihren vertrauten Regeln. Egal, wie oft es vorkommt, wir erleben einen Verlust als etwas Überraschendes und Verwirrendes – als Bruch im vorgesehenen Ablauf der Dinge. Dass man den Pullover oder den Brief nicht mehr findet, bleibt unbegreiflich, genauso wie es unbegreiflich bleibt, dass die Frau, mit der man zwanzig Jahre lang verheiratet war, eines Tages von der Arbeit nach Hause kam und die Scheidung verlangte oder dass der gesunde junge Onkel letzte Nacht im Schlaf starb. Unsere typische Reaktion angesichts großer wie kleiner Verluste ist ein starkes Gefühl der Ungläubigkeit.

Dieses Gefühl ist äußerst verführerisch, aber auch äußerst irreführend. Nehmen wir zum Beispiel einen besonders tragischen Verlust der letzten Jahre: den des Malaysia-Airlines-Fluges 370, der im März 2014 mit zweihundertneunundreißig Menschen an Bord mit verstörender Gründlichkeit verschwand – kein Notruf, kein Feuer, keine Explosion, niemand, der die Verantwortung übernimmt, keine glaubwürdigen Zeugen und über ein Jahr lang kein einziges Trümmerteil. Zunächst glaubte man, das Flugzeug sei auf dem Weg von Kuala Lumpur nach Peking irgendwo im Südchinesischen Meer abgestürzt. Erst viele Monate später, nach vielen wilden Spekulationen – unter anderem darüber, dass es von der chinesischen Regierung abgeschossen oder von Russen entführt und zu einem Kosmodrom in Kasachstan umgeleitet worden war –, kamen die Ermittler zu dem Schluss, dass es höchstwahrscheinlich nach Süden geflogen war, bis ihm der Treibstoff ausging und es irgendwo in den entlegenen Gebieten des Indischen Ozeans abstürzte.

Wie viele Menschen, die diese Geschichte verwirrte und

erschreckte, fragte auch ich mich bei allen Spekulationen immer wieder, wie es in unserer ultravernetzten, GPS-überwachten Welt möglich war, etwas zu verlieren, das so groß war und so engmaschig verfolgt wurde wie ein Verkehrsflugzeug. Diese Ungläubigkeit war im engeren Sinne durchaus berechtigt. Betrachtet man nur die Luftfahrt, ist das, was mit Malaysia-Airlines-Flug 370 geschah, sehr ungewöhnlich: In fünfzig Jahren gab es unter fast einer Milliarde Flüge nur ein einziges anderes, viel kleineres Verkehrsflugzeug, das einfach verschwand. Weitet man den Fokus und betrachtet den Vorfall in einem größeren Zusammenhang, ist das, was mit dem Flugzeug geschah, überhaupt nicht ungewöhnlich. Die Erfahrung und die Geschichte lehren uns, dass es nichts auf der Welt gibt, das nicht verlorengehen könnte – unabhängig von seinem Wert, seiner Größe und unabhängig davon, wie sorgfältig wir versuchen, es nicht aus den Augen zu lassen. Ein nüchterner Blick auf die Welt bestätigt das. Wir können uns nur schwer vorstellen, ein Flugzeug zu verlieren, weil es uns riesig erscheint, wenn es kurz vor der Landung auf der Autobahn dicht über uns vorbeifliegt. Aber das ist der falsche Maßstab, um das Problem zu betrachten. Eine Boeing 777 mag im Vergleich zu uns groß erscheinen, aber auf dem Grund des Indischen Ozeans ließen sich bequem einhundertachtzig Milliarden von ihnen unterbringen.

Am Ende sind bestimmte Verluste vielleicht gerade deshalb so schockierend: nicht, weil sie der Realität trotzen, sondern weil sie sie offenbaren. Ein Verlust korrigiert unseren Maßstab und zeigt uns die Welt, wie sie wirklich ist – so gewaltig, komplex und geheimnisvoll, dass nichts zu groß ist, um verlorenzugehen; und umgekehrt kein Ort so klein, als dass dort nichts verlorengehen könnte. Ein fehlender Ehering kann die bescheidene Geographie eines Stadtparks in die Rocky Mountains verwandeln. Bei einer Wanderung sein Kind aus den Augen zu verlieren, kann eine friedliche Wald-Fluss-Landschaft in eine furchtbare Wildnis verwandeln. Ein Verlust hat wie Ehrfurcht und Trauer, mit denen er eng verwandt ist, die Macht, uns augenblicklich in ein neues Verhältnis zu unserer Umwelt zu setzen – wir sind nie kleiner und die Welt ist nie größer, als in dem Moment, wenn etwas Wichtiges verlorengeht.

Sogar triviale Verluste sind deshalb so schwer zu akzeptieren, weil sie so ein grobes Korrektiv unseres Gefühls sind, den Überblick zu haben, kompetent und mächtig zu sein. Etwas zu verlieren ist etwas zutiefst Demütigendes. Es zwingt uns dazu, unsere geistigen Grenzen anzuerkennen: die Tatsache, dass wir unser Portemonnaie im Restaurant vergessen haben; die Tatsache, dass wir uns nicht mal erinnern können, wo wir das Portemonnaie vergessen haben. Es zwingt uns, die Grenzen unseres Willens anzuerkennen: die Tatsache, dass es nicht in unserer Macht liegt, geliebte Dinge vor Zeit und Wandel und Zufall zu schützen. Und vor allem zwingt es uns, uns den Grenzen der Existenz zu stellen: der Tatsache, dass es in der Natur von fast allem liegt, früher oder später zu verschwinden oder zu sterben. Immer und immer wieder werden wir durch einen Verlust dazu aufgefordert, mit dieser universellen Vergänglichkeit zu rechnen – mit der rätselhaften, unerträglichen, herzzerreißenden Tatsache, dass etwas, das gerade noch da war, plötzlich einfach weg sein kann.

MANCHMAL SCHEINT ES mir, als wäre die lebenslange Angewohnheit meines Vaters, Dinge zu verlegen, eine Operetten-Version der tragischen Reihe von Verlusten, die seine Kindheit prägten. Man merkte es seiner überschwänglichen Persönlichkeit nicht an und seine späten Jahre waren eine Zeit des Überflusses, aber hineingeboren wurde mein Vater in eine Familie, eine Kultur und einen Moment der Geschichte, die in außerordentlich hohem Maße von Verlust geprägt waren: Verlust von Wissen und Identität, Verlust von Geld, Ressourcen und Möglichkeiten, Verlust von Heim, Heimat und Menschen.

In groben Umrissen ist seine Geschichte bekannt, weil sie zu den umfassendsten und schrecklichsten Verlustgeschichten der modernen Zeit gehört. Die Mutter meines Vaters, das jüngste von elf Kindern, wuchs in einem Shtetl außerhalb von Lodz auf, mitten in Polen – Ende der 1930er Jahre einer der gefährlichsten Orte für Juden auf einem Kontinent, der für sie immer gefährlicher wurde. Weil ihre Familie zu groß und zu arm war, als dass alle zusammen dem herannahenden Krieg hätten entkommen können, machten ihre Eltern eine mir unvorstellbare persönliche Rechnung auf, um ihr jüngstes Kind in Sicherheit zu bringen. So fand sich meine Großmutter väterlicherseits als Teenager über zweitausendfünfhundert Meilen entfernt von der einzigen Welt, die sie je kannte, in Tel Aviv wieder, das zu diesem Zeitpunkt noch zu Palästina gehörte. Zudem war sie mit einem polnischen Juden verheiratet, der deutlich älter war als sie.

Schon bald darauf wurde mein Vater geboren, der bereits als Kleinkind in einen Kibbuz geschickt wurde, um für ein paar Jahre unter Fremden zu leben. Während seiner Zeit dort erlitt seine Familie zwei entscheidende Verluste. Sein leiblicher Vater starb und seine Mutter heiratete erneut – eine Tatsache, von der mein Vater erst mehr als zwei Jahrzehnte später erfuhr, am Abend seiner Hochzeit. Zudem wurden alle Mitglieder der Familie meiner Großmutter, die in Polen zurückgeblieben waren, nach Auschwitz deportiert. Ihre Eltern starben dort, genau wie neun ihrer zehn Geschwister. Am 27. Januar 1945, als das Lager befreit wurde, war nur ihre ältere Schwester, meine Großtante Edzia, lebendig entkommen. Ich weiß nicht, wann und wie meine Großmutter diese Information erhielt und auch nicht, wie sie von den anderen Nachrichten erfuhr, die ihren Weg nach Tel Aviv gefunden haben müssen, Name für Name. Als sie Lodz verlassen hatte, lebten dort fast eine Viertel Million Juden; keine neuntausend hatten den Krieg überlebt. Die Familie, zu der mein Vater ein paar Jahre später zurückkehrte, war zweifach verändert, einmal durch Tod und Wiederverheiratung, und einmal durch die emotionalen und gegebenen Verhältnisse, die diese großangelegte Vernichtung nach sich zog – fast ein ganzer Stammbaum war verschwunden, Großeltern, Tanten und Onkel, Cousinen und Cousins, Freund*innen Nachbar*innen waren abgeschlachtet worden. Zurückgeblieben war seine Mutter, die in unbeschreiblichem Maße beraubt worden war.

Tel Aviv war ein relativ guter Ort, um den Krieg zu überstehen, aber um seinen Folgen zu begegnen, war es kein guter Ort. Angesichts der ungewissen Zukunft des Nahen Ostens wurde die Stadt zunehmend gefährlich; eines Morgens wurde ein Freund meines Vaters beim Spielen auf der

Straße vor seiner Wohnung durch eine verirrte Kugel getötet. Als sich die Bedingungen weiter verschlechterten,
hatte die Familie, die von vornherein nicht wohlhabend
gewesen war, Mühe durchzukommen. Mein Großvater
war Klempner, aber es gab kaum Arbeit, und inzwischen
hatten er und meine Großmutter noch zwei weitere Söhne
zu ernähren. Im Februar 1948, drei Monate bevor die
Vereinten Nationen aus Palästina ein neues Land machten,
beschlossen meine Großeltern, nicht weiter zu versuchen,
ihre Kinder dort aufzuziehen. Und so packten sie in einer
der unwahrscheinlichsten Entwicklungen in der Geschichte des modernen Judentums ihre spärlichen Besitztümer zusammen, verließen das Land, das bald zum Staat
Israel werden sollte, und zogen – nach Deutschland.

Wenig überraschend war das nicht ihre erste Wahl. Nach
dem Krieg hatten meine Großeltern Visa für die USA be-
antragt, aber es wurden nur wenige vergeben, und es gab
noch elf Millionen weitere Menschen, die auf der Flucht
waren und ein neues Zuhause suchten. Angesichts der körperlichen Gefahr und der schwindenden finanziellen Mittel konnten sie es sich nicht leisten, auf unbestimmte Zeit
zu warten. Als mein Großvater hörte, im Nachkriegs-
deutschland sei es möglich, auf dem Schwarzmarkt ein
anständiges Einkommen zu erzielen, wurde er hellhörig. Er
war nicht tief religiös, hatte keine zionistischen Neigungen
und keinerlei Skrupel, die Gesetze des ehemaligen Dritten
Reichs zu beugen; seine Loyalität galt seiner Familie und
dem Überleben. Wenn es in Deutschland möglich war,
seinen Lebensunterhalt zu verdienen, dann war es egal, ob
die gesamte Geschichte gerade in die entgegengesetzte

Richtung schwenkte – dann würden sie nach Deutschland gehen.

Es war eine furchtbare Reise. Um einen Hafen zu erreichen, von dem aus ein Schiff nach Europa fuhr, musste die Familie zusammen mit einem Onkel, der sie begleiten wollte, mit dem Auto von Tel Aviv nach Haifa fahren – eine Entfernung von nur sechzig Meilen, die damals jedoch gefährlich war. Zu dieser Zeit war in Palästina ein Bürgerkrieg zwischen arabischen Nationalisten und jüdischen Zionisten ausgebrochen, und Blockaden, Bombenanschläge, Hinterhalte, Landminen und Scharfschützenfeuer waren an der Tagesordnung. Auf halbem Weg wurde der Onkel auf dem Beifahrersitz erschossen. Mein Vater, sieben Jahre alt, saß auf dem Rücksitz und sah ihn sterben. Wenn mein Vater in seinem späteren Leben redselig wurde, drehte es sich fast immer um diese Tragödie, die er ohne Ausschmückung erzählte, als bloße biographische Tatsache – sei es, weil es ein Trauma war, oder weil er so instinktiv seine Kinder schützen wollte. Ich weiß nur, dass seine Familie in Ermangelung von Alternativen nach Haifa weiterfuhr, wo sie die Leiche zurückließ, um nach Genua zu segeln und sich von dort aus auf den Weg nach Deutschland zu machen.

Sie ließen sich in einer Kleinstadt im Schwarzwald nieder und blieben vier Jahre lang. Mein Vater spielte im Wald, lernte im Fluss schwimmen und freundete sich mit einem riesigen Schäferhund namens Fix an. In der Schule lernte er Deutsch, die Sprache, in der er zum ersten Mal *Entführt* und *Die Schatzinsel* las, und während des Religionsunterrichts wurde er von seinen Lehrern jeden Nachmittag für eine Stunde allein auf den Flur geschickt. An den Abenden und Wochenenden setzte ihn sein Vater in den Beiwagen seines Motorrads und fuhr mit ihm über Land – ein attraktiver Junge mit strahlenden Augen auf einem Vorrat an Leica-Kameras und illegalen amerikanischen Zigaretten. Es war ein angenehmes, aber auch prekäres Leben, und je älter mein Vater wurde, desto klarer wurde ihm, dass seine Familie in Schwierigkeiten steckte. Das Geld, das sie einnahmen, wurde unter Bodendielen und in Vorhangstangen versteckt. Man sprach, ohne dass die Kinder es mitbekommen sollten, von Beinahezusammenstößen und Gegenüberstellungen, davon, ob und wo und wie hart die Behörden gegen Schmuggler vorgingen. Mit der Zeit wurde meinem Vater klar, dass sein Schicksal von der Frage abhing, ob die Visa zuerst eintreffen würden oder die Polizei.

Durch einen Glücksfall waren es die Visa: 1952 packten meine Großeltern ihre Kinder ein, machten sich auf den Weg nach Bremen und hissten die Segel in Richtung USA. Mein Vater fing schon an sich zu übergeben, als noch Land in Sicht war, aber auch wenn der Ozean unter ihm ruhig gewesen wäre, lässt sich leicht vorstellen, warum ihm unwohl war. Zu diesem Zeitpunkt hatte er, wie Elizabeth Bishop, zwei Städte verloren und einen Kontinent, dazu fast alle Mitglieder seiner Familie. Er hatte in einer Kommune und in einem Kriegsgebiet gelebt, im Nahen Osten und in Europa, in der brennenden Schmiede Israels und in der noch glimmenden Asche des Dritten Reichs. Dabei war er noch keine zwölf Jahre alt. Fast die gesamte Überfahrt verbrachte er in seiner Koje auf dem Zwischendeck, buchstäblich wie metaphorisch auf hoher See, elend vor Übelkeit. Erst als seine Eltern ihm sagten, dass sie sich dem

Hafen näherten, kämpfte er sich auf Deck, um die Aussicht zu genießen. Das ist die erste Erinnerung meines Vaters an sein Leben in Amerika: wie er unsicher ins Sonnenlicht und in den Wind tritt und in den schmalen Gewässern vor Manhattan die Freiheitsstatue erblickt.

MEIN VATER KONNTE an diesem Tag im Hafen von New York nicht wissen, dass der schwerste Teil seines Lebens nun hinter ihm lag. Aber intuitiv wird er vermutlich gewusst haben, dass dieser neue Abstand zwischen sich und seiner Vergangenheit Verluste anderer Art mit sich brachte – ein Preis, den Einwanderer und Flüchtende oft dafür zahlen müssen, an einem neuen Ort ein Zuhause zu finden. Seine Muttersprache verschwand, ein persönliches Kreol aus Jiddisch und Polnisch, als sich seine Familie, die er überlebte, zerstreute und starb; das Land seiner Geburt sah er in seinem Leben nur noch einmal, fünfzig Jahre nachdem er es verlassen hatte. In einem seiner letzten Gespräche mit einem libanesischen Freund, der ebenfalls geflüchtet war, ging es um Edward Saids Definition des Exils als Verlust, der so tiefgreifend ist, dass er alle künftigen Erfolge verdüstert. Mein Vater – ein Mann, der ebenso viel gefunden wie verloren hat, darunter auch dauerhaftes Glück – konnte dem nicht ganz zustimmen. Aber den Preis der Assimilation, eine der schleichendsten Formen des Verlustes im Leben, kannte er genau, ebenso wie die anhaltende Sehnsucht nach einer unwiederbringlichen Heimat.

Und doch spricht es für das Leben, das sich mein Vater in Amerika aufbaute, dass die Umbrüche seiner Kindheit wie ferne Geschichte erschienen, als ich dazukam. Nach ihrer Ankunft ließ sich seine Familie in Detroit nieder, wo er in den undichten Kellern der High School am Amerikanisierungsunterricht teilnahm. Seine wahre Amerikanisierung fand jedoch in seinem eigenen Tempo statt, unter anderem an der Straßenecke, an der im Schaufenster eines Elektronikgeschäftes den ganzen Tag Cowboyfilme zu sehen waren, vor allem aber in den Gassen der Umgebung, den wahren Spielplätzen von Detroits Innenstadt. Noch mit über siebzig schwärmte mein Vater von diesen Gassen, die er liebte – wegen der Mülltonen, in denen sich interessante, von anderen Leuten weggeworfene Dinge fanden; wegen ihrer hohen, schmalen Mauern, die sich perfekt zum Handballspielen eigneten; aber vor allem, weil sie ein Ort waren, an den er sich zurückziehen konnte, wenn seine Eltern in der beengten Wohnung stritten. Je mehr diese Streitereien an Häufigkeit, Lautstärke und Bösartigkeit zunahmen, desto weniger Zeit verbrachte mein Vater, inzwischen dreizehn Jahre alt, zu Hause.

Auf sich gestellt, stieß er vor allem auf Schwierigkeiten. Er rauchte in dem Jahr seine erste Zigarette, eine Pall Mall seines Vaters, heimlich im Badezimmer, und war innerhalb weniger Wochen bei einer Schachtel pro Tag. (Als meine Mutter schwanger wurde, stieg er auf Pfeife um und blieb jahrelang dabei. Ich liebte alles daran – den Geruch, das leise Pock-Pock-Pock und die langen, weichen Pfeifenreiniger, die ich mir wie Armbänder ums Handgelenk wickelte. Aber sobald meine Schwester und ich uns der Gefahren bewusst wurden, setzten wir uns erfolgreich dafür ein, dass er aufhörte.) Er fand auch einen besten Freund namens Lee Larson, den witzigen, schlagfertigen Sohn eines örtlichen

Barbesitzers, und gemeinsam drifteten die beiden in die Kleinkriminalität ab. Noch Jahrzehnte später, als sein Leben eine Wendung zum Guten genommen hatte, wurde die Stimme meines Vaters ganz zärtlich, wenn er beschrieb, wie er und Lee und ein paar Freunde mal monatelang in ganz Detroit einen Verkehrskegel nach dem anderen klauten und dann während der Stoßzeit von einem Hügel oberhalb einer Hauptverkehrsstraße aus zusahen, wie die Pendler um die riesigen, nicht existierenden Baustellen herumkrochen, die sie errichtet hatten.

Meistens ergaben sich Streiche wie dieser zufällig, waren Nebeneffekte des Nervenkitzels, auf eigene Faust die Welt zu entdecken. Er sammelte genug Müslischachteln, um eine Eintrittskarte für ein Spiel der Tigers zu erhalten, fuhr eines sonnigen Tages ins Briggs Stadium und verliebte sich prompt ins Baseballspielen – es sollte sich für ihn auf ewig wie Freiheit anfühlen, und das auf eine Weise, die er bis zu seinem dreizehnjährigen Ich zurückverfolgen konnte. Er ging in die öffentliche Bibliothek, die in jedem Sinne frei und hervorragend geeignet war, um dem Leben zu Hause zu entkommen; bald verbrachte er fast jeden Tag nach der Schule dort, genoss die Ruhe und las bis zur Schließzeit. Er ging sogar einmal zur Kirche. Nachdem der lokale Radiosender immer wieder dieselbe Werbung gesendet hatte und die Hörer drängte, sonntagvormittags die Tochter des Predigers mit dem Gospelchor singen zu hören, folgten er und Lee schließlich dem Ruf und nahmen den Bus zur New Bethel Baptist Church, und so hörten ein blonder Junge und ein bebrillter Jude auf einer der letzten Bänke der Kapelle zum ersten Mal Aretha Franklin.

Während all dessen brillierte mein Vater in der Schule; 1958, fünf Jahre nach seiner Ankunft in Amerika, machte er als Klassenbester seinen Abschluss. Nur sehr wenige seiner Klassenkameraden gingen aufs College, seine Eltern wussten nichts über weiterführende Schulen in Amerika, und als irgendwann jemand vorschlug, er solle sich bei der University of Michigan bewerben, gab es nur noch Studienplätze für Ingenieure. Er immatrikulierte sich, hasste es und fiel am Ende des Semesters durch. Im nächsten Jahr wollte er es noch mal mit einem Studium versuchen, diesmal am College of Liberal Arts, wo es besser lief, bis er aus Versehen sein Zimmer in Brand setzte und ein zweites Mal der Uni verwiesen wurde. Bis er schließlich seinen Bachelor-Abschluss machte, war es ein langer Weg: Er servierte Getränke in Manhattan, arbeitete als Verkäufer gebrauchter Kleidung in Illinois, wurde von der örtlichen Wehrersatzbehörde vorgeladen und in letzter Minute nach Korea statt nach Vietnam geschickt. Kurz vor seinem Einsatz lernte er meine Mutter kennen, nach seiner Rückkehr heiratete er sie, beendete das College, studierte Jura und ließ sich dann in Cleveland nieder, um eine Familie zu gründen und Karriere zu machen. In einer freundlicheren Welt – einer Welt, in der die frühen Jahre meines Vaters weniger verzweifelt gewesen wären, in der seine Angst vor finanzieller Instabilität weniger akut gewesen wäre, in der sein Sinn für die ihm zur Verfügung stehenden Möglichkeiten weniger eingeschränkt gewesen wäre – hätte er sich vermutlich ein anderes Berufsfeld gesucht: vielleicht als Professor, wie später meine Schwester, oder als Autor, wie ich. Aber sollte er das je als Verlust empfunden haben, zeigte er dies nie. Er liebte

43

Jura und er liebte seine Familie und er war stolz, seinen Töchtern eine weit sicherere und glücklichere Kindheit bieten zu können, als er sie erlebt hatte.

Die meisten Eltern würden alles tun, um ihren Kindern so ein Leben zu ermöglichen. Meine Großeltern waren aus diesem Grund durch Kriegsgebiete gereist, hatten die Verhaftung riskiert, zweimal in vier Jahren alles zurückgelassen, was sie kannten, und hatten ein Schiff in ein fremdes Land bestiegen, und meine Urgroßeltern hatten ihre jüngste Tochter aus diesem Grund in ein anderes Zuhause in einer anderen Welt geschickt, im vollen Bewusstsein, sie wahrscheinlich nie wiederzusehen. Mich gibt es heute, weil beide Generationen damit Erfolg hatten. Aber ich weiß, dass diese Erfolge, wie alle Erfolge, anfällig und vom Zufall abhängig waren. Die Erfahrung lehrt uns nichts anderes, als dass all die Dinge, die Eltern für ihre Kinder anstreben – Sicherheit, Stabilität, Glück, Möglichkeiten –, weder gleichmäßig verteilt noch von Dauer sind. Selbst wenn wir das Glück haben, über all das zu verfügen, ist es anfällig für Verluste und kann jeden Moment hinweggefegt werden von Kräften, die viel stärker sind als wir, manchmal stärker als ganze Völker und Nationen. Kriege, Völkermord, Pandemien, Erdbeben, Tsunamis, Wirbelstürme, Amokläufe, finanzieller Ruin, Hungersnöte und oftmals daraus resultierender massenhafter Hungertod: Verheerungen unterschiedlichster Art treffen regelmäßig ganze Gemeinschaften, manchmal ganze Länder und – wie in den frühen Lebensjahren meines Vaters und auch zu unserer Zeit – gelegentlich auf schreckliche Weise große Teile der Welt.

Dies sind die Arten von Verlusten, die im Vergleich alle

anderen unbedeutend erscheinen lassen. Ein geschärfter Sinn dafür, was trivial ist und was wirklich wichtig, gehört angeblich zu den wenigen Dingen, die nach einer Katastrophe nicht nur unversehrt sind, sondern gestärkt, als hinterließe eine Katastrophe moralische und emotionale Klarheit. Nachdem wir so viele erschütternde Verluste erlebt haben, so die Theorie, verstehen wir, was im Leben wirklich wichtig ist, und hören auf, uns Sorgen um den ganzen Rest zu machen. Diese Idee kehrt die Logik von Elizabeth Bishop um: Unsere größten Verluste, so die Annahme, können uns helfen, mit unseren kleineren zurechtzukommen, indem sie sie ins rechte Licht rücken.

Auf den ersten Blick ist das ein verlockender Gedanke. Bei näherem Nachdenken allerdings ist er genauso schwer zu akzeptieren wie Bishops Behauptung, kleinere Verluste würden uns auf große vorbereiten. Es stimmt, dass viele Menschen nach einem schweren Verlust lernen, dankbar zu sein für das, was sie haben, und auch, sich nicht mit kleinen Ärgernissen aufzuhalten; mein Vater zum Beispiel hatte ein ausgeprägtes Gefühl dafür, was ihm wichtig war und was nicht, er hat sich, wie man so schön sagt, um Kleinigkeiten nicht geschert. Aber wer weiß, wie viel davon seiner Persönlichkeit geschuldet war und wie viel den Umständen? Meine Großmutter hatte nach den überstandenen Schrecken des Zweiten Weltkriegs sicherlich keine objektive Wertschätzung dafür, was im Leben am wichtigsten ist: Ihr war fast alles *genommen* worden, was im Leben wichtig ist, auch der Mensch, der sie unter besseren Umständen hätte werden können. Als ich sie kennenlernte, war sie launisch und unglücklich, ihr Innenleben gepanzert und unergründlich.

Natürlich ist es möglich, dass das zum Teil ihre Persönlichkeit war. Dennoch: Angesichts der umfassenden Auswirkungen so eines Traumas ist es nicht nur befremdlich, sondern grenzt an Grausamkeit, anzunehmen, es wende sich für uns letztlich alles zum Guten.

Zudem leben wir unser Leben ja auch gar nicht, als wäre es so. Zugegeben, die meisten von uns tun, was sie können, um ihren schwersten Verlusten einen Sinn abzugewinnen, und manche Menschen behaupten – sei es aus echter Überzeugung oder in dem Versuch zu trösten –, Leiden stärke den Charakter. Doch wenn Eltern wirklich glaubten, Verluste verbesserten ihr Leben und machten sie zu besseren Menschen, würden sie nicht so hart daran arbeiten, ihren Kindern diese Erfahrungen zu ersparen – was meistens trotzdem in jeder Generation wieder passiert. Das Problem ist, dass Bemühungen dieser Art nur begrenzt Erfolg haben können. Eine bestimmte Art Not lässt sich durch ausreichende finanzielle Mittel abwenden, und mit dem richtigen Maß Liebe und Unterstützung sind wir für die unvermeidlichen Schwierigkeiten des Lebens besser gewappnet. Aber vorbereitet zu sein bedeutet nicht, verschont zu bleiben. Unsere Eltern können uns vor Verlusterfahrungen nicht für immer schützen, denn am Ende – sofern nichts Schlimmeres passiert – verlieren wir sie.

WAS WIRD AUS den Dingen, die wir verlieren und nie wiederfinden? Nicht immer das Gleiche, natürlich. Der verlorene Handschuh verrottet unbemerkt in einer Gartenecke; die Handtasche hängt monatelang in einem Bahnhof, ehe sie in einen Secondhandladen gegeben wird; der Papierstreifen mit der notierten Telefonnummer wird eins mit dem Februarmatsch auf dem Gehweg; das Wrack des vermissten Flugzeugs liegt sechstausend Meter unter dem Meeresspiegel und wird gelegentlich von Wesen besucht, die noch von keinem Menschen erblickt wurden. Der menschliche Geist hat traditionell die seltsame Angewohnheit zu versuchen, all diese verlorenen Gegenstände an einem Ort zu versammeln. Wir erfinden nicht nur phantastische Täter, um zu erklären, warum unsere Besitztümer verschwunden sind, wir erfinden auch phantastische Orte, an denen sie gefunden werden könnten. Zum ersten Mal ist mir ein solcher Ort in meiner Kindheit begegnet, als obskurer Cousin eines viel berühmteren fiktiven Ortes. In L. Frank Baums *Dot und Tot von Lustigland* klettern zwei kleine Kinder in ein Boot und werden von der Strömung in ein magisches Königreich auf der anderen Seite der Wüste im Lande Oz getragen. Dieses Königreich besteht aus sieben Tälern, von denen die meisten reizvoll zu erkunden sind, voller kleiner Kinder und Clowns und Süßigkeiten und Kätzchen; aber das letzte Tal ist still und seltsam, menschenleer und vom Flussufer bis zum Horizont übersät mit unterschiedlichsten Gegenständen: Hüte, Taschentücher, Knöpfe, Mäntel, Taschenbücher, Schuhe, Puppen, Spielzeug, Ringe. Als Dot sich verwirrt umschaut, erklärt die Königin von Lustigland: »Das ist das Tal der verlorenen Dinge.«

Obwohl es oft anders genannt wird, spukt das Tal der verlorenen Dinge seit Jahrhunderten durch unsere kollektive Vorstellungskraft. Vor mehr als fünfhundert Jahren beschwor Ludovico Ariosto, einer der größten Schriftsteller der italienischen Renaissance, eine Version davon in »Orlando

Furioso«, einem epischen Gedicht, das die Geschichte des berühmtesten Ritters erzählt, der in den Kreuzzügen unter Karl dem Großen kämpfte. Darin verliert Orlando die Frau, die er liebt, an einen Nebenbuhler und daraufhin auch seinen Verstand. Um ihm zu helfen, berät sich ein anderer Ritter mit einem Propheten, der erklärt, sie müssten zum Mond reisen: »Ein Ort, an dem wunderbar aufbewahrt wird, Was auf Erden unten wir verlier'n.« Gemeinsam fahren sie (mit dem Streitwagen) dorthin und entdecken nicht etwa verlorene Hüte, Schuhe und Taschentücher, sondern verlorenes Vermögen, verlorenen Ruhm, verlorene Liebe, verlorenes Ansehen, verlorene Königreiche und verlorenen Verstand – Letztere jeweils in einem eigenen verschlossenen Fläschchen, eines davon mit der Aufschrift »Orlandos Geist«.

Im Laufe der Jahre sind noch viele andere Versionen des Tals der verlorenen Dinge aufgetaucht, sei es in Autobiographien oder in Science-Fiction. In *Mary Poppins and the House Next Door* griff P. L. Travers die Idee auf, dass alles, was von der Erde verschwindet, auf dem Mond landet, allerdings sind es in dem Fall alltägliche Gebrauchsgegenstände. (Der letzte Mary-Poppins-Film gab dieser Idee einen wehmütigen, existenziellen Anstrich: Die jungen Hauptfiguren, die um ihre tote Mutter trauern, werden in dem Glauben gelassen, sie wohne auf der anderen Seite des Mondes, »wo sich die verlorenen Dinge befinden«.) Andere Versionen spielen an anderen Orten. Charles Fort, ein Skeptiker und Erforscher unerklärlicher Naturphänomene des frühen zwanzigsten Jahrhunderts, postulierte einst die Existenz einer »Super-Sargasso See«, die sich nicht in unseren irdischen Ozeanen befinde, sondern irgendwo darüber oder in einer Paralleldimension, und in der alle verlorenen Dinge verschwinden, darunter Dodos, Moas, Flugsaurier und alle anderen ausgestorbenen Arten.

Dass dieses imaginäre Reiseziel so einen starken Reiz ausübt, liegt daran, dass es mit unserer realen Erfahrung übereinstimmt, wenn wir Dinge verlieren: Können wir etwas nicht finden, haben wir schnell das Gefühl, es sei an einem unauffindbaren Ort. Außerdem ist es eine angenehme Vorstellung, dass die vermissten Gegenstände, die ihre rechtmäßigen Besitzer nicht finden können, zumindest einander finden, wie Seelen im Bardo oder entfernte Verwandte bei einem Familientreffen. Die Dinge, die wir verlieren, haben keinen bekannten Ort – wie klug, wie offensichtlich erfreulich ist es, ihnen einen zu geben. Und wie aufregend sich vorzustellen, an einem solchen Ort herumzulaufen – erschüttert von den schlimmsten Verlusten, demütig von den Haufen fast identischer Dinge, erfreut, wenn wir etwas entdecken, das einmal zu uns gehörte, ehrfürchtig angesichts der schieren Vielfalt dessen, was fehlt.

Das ist vielleicht das Reizvollste am Tal der verlorenen Dinge: Es macht das Seltsame sichtbar an dieser Kategorie des Verlusts, als würde man den Inhalt einer Kiste auf dem Boden ausleeren, in der alles durcheinander liegt. Meine Vorstellung ähnelt einer dunklen Tuschezeichnung, komisch und schwermütig wie von Edward Gorey: leere Kleidung, die traurig umherschwebt, Regenschirme, die sich aneinanderdrängen wie schlafende Fledermäuse, ein tasmanischer Tiger, der sich mit Hemingways verlorenem Roman im Maul davonschleicht, Gletscher, die sich mürrisch ins

Schmelzwasser zurückziehen, und ganz unten liegt schief Amelia Earharts Lockheed Electra, die Luft rundherum erfüllt von den Geistern nächtlicher Ideen, die, nicht niedergeschrieben, am Morgen verschwunden sind. Es ist diese taxonomisch ungeheuerliche Bevölkerung, von Schuhen über Seelen bis hin zu Flugsauriern, die die Vorstellung eines solchen Ortes so faszinierend macht. Ihre Gemeinschaft beruht einzig auf der gemeinsamen Eigenschaft des Verlorenseins, eine Art umfassende Nationalität, wie »amerikanisch«.

Doch trotz seines Charmes ist das Tal der verlorenen Dinge im Grunde ein melancholischer Ort. Die Dinge, die wir lieben, sind dorthin verbannt, und wir selbst sind von dort verbannt: Das Einzige, was alle Versionen dieses Tals gemeinsam haben, ist, dass es unter normalen Umständen für Menschen unzugänglich ist. Nur ein Prophet oder Mary Poppins können einen zum Lager der verlorenen Dinge auf dem Mond bringen, und Tot versteht sofort, warum er und Dot sich in das ansonsten unbewohnte Tal der verlorenen Dinge wagen dürfen: »Weil wir auch verloren sind.« In diesem Sinne sind die beiden weniger mit Dorothy und dem Blechmann verwandt, als mit Orpheus und Dante, die im Gegensatz zu den meisten Sterblichen vorübergehend in die Unterwelt abtauchen durften. Auch das Tal und die Unterwelt sind eng verwandt. Wie bei den verlorenen Gegenständen, die wir lieben, ist es auch bei den verlorenen Menschen, die wir lieben: Wir gewähren ihnen ein Leben nach dem Tod in dem bittersüßen Wissen, dass wir sie zumindest in dieser Welt nie wiedersehen werden.

DER TOD MEINES Vaters kam nicht unerwartet. Fast zehn Jahre lang litt er unter schlechter Gesundheit, und das auf beinahe beeindruckende Weise. Er litt nicht nur unter vielen verbreiteten Altersbeschwerden (Bluthochdruck, hoher Cholesterinspiegel, Nierenerkrankungen, Herzinsuffizienz), sondern auch unter Krankheiten, die für sein Alter und seine Zeit ungewöhnlich waren: virale Meningitis, West-Nil-Enzephalitis, eine Autoimmunerkrankung, deren Existenz den besten Ärzten der Cleveland Clinic entgangen war. Von dort aus entwickelte sich die Liste in sämtliche Richtungen der Physiologie und des Schweregrads. Er stürzte in einer Hotellobby und verletzte sich die Schulter so, dass sie sich nie mehr davon erholte, und am vierten Juli riss er sich eine Patellasehne, als er auf der Terrasse eines Freundes eine Stufe übersah. Sein Atem ging oft schwer, obwohl kein offensichtliches Atemproblem vorlag; ein Nerv in seinem Nacken verursachte zeitweise unerträgliche Schmerzen und lähmte ihn vorübergehend beinahe. Er hatte schreckliche Zahnprobleme, wie das verarmte Kind, das er einst gewesen war, und schreckliche Gicht, wie der stattliche alte Mann, der er geworden war.

Dafür blieb meinem Vater einer der verbreitetsten Verluste des hohen Alters weitgehend erspart, nämlich der Verlust seiner geistigen Fähigkeiten. Mit einer Ausnahme, einer seltsamen und beängstigenden Ausnahme, die zwei oder drei Jahre anhielt, sich aber gnädiger-, wenn auch ungewöhnlicherweise als reversibel erwies. Als er anfing, gebrechlich zu werden, als seine Autoimmunschwäche sich erstmals zeigte und eine Reihe erschreckender gesundheitlicher Krisen mit sich brachte, so dass ein ganzes Team von

Ärzten – Kardiologen, Nephrologen, Immunologen, Onkologen, Experten für Infektionskrankheiten – darüber beriet, was mit ihm nicht stimmte. Ohne eine Diagnose zu haben, begannen sie, seine Symptome zu behandeln, was, wie so oft in solchen Fällen, mit einer immer länger werdenden Liste von Medikamenten einherging: Medikamente zur Behandlung der unmittelbaren Probleme, Medikamente zur Behandlung der daraus resultierenden Nebenwirkungen, Medikamente zur Behandlung der Nebenwirkungen der Medikamente, die die Nebenwirkungen behandeln sollten. Rückblickend ist offensichtlich, dass all das seine eigene Krise mit sich gebracht hat, damals war es das noch nicht, teils, weil wir wegen der ursprünglichen Krankheit zu besorgt waren, um uns auf irgendwas anderes zu konzentrieren, teils, weil diese sekundäre Krise sich nur langsam bemerkbar machte. Acht oder neun Monate vergingen, bevor meine Mutter, meine Schwester und ich anfingen, uns Sorgen zu machen, wie es um den Geisteszustand meines Vaters bestellt war, erst still, dann explizit.

Die ersten Veränderungen waren graduell, unregelmäßige unbestimmte Aussetzer. Mein Vater schlief nachts länger und nickte tagsüber ein, auch bei Familientreffen, die die ihm eigene Ausgelassenheit normalerweise noch verstärkten. In Gesprächen schlug er manchmal unerklärliche Richtungen ein und überließ es dann uns, die seltsamen Dinge, die er sagte, mit Bedeutung zu versehen, um die Unterhaltung von dort aus weiterzuführen. Von allen Familienmitgliedern lud ich am meisten Schuld auf mich – beharrlich hielt ich an meinem versteinerten Optimismus fest, auch noch in Momenten offensichtlicher Inkohärenz.

Irgendwann kamen diese Momente jedoch zu regelmäßig vor und waren zu beunruhigend, um sie weiter als normale Alterserscheinung abzutun. Nicht mal der bekanntermaßen schlechte Orientierungssinn meines Vaters reichte noch als Erklärung an dem Abend, an dem er aus dem Pendlerzug stieg – an der drei Blocks von seinem Haus entfernten Haltestelle, an der er seit dreißig Jahren täglich ein- und ausgestiegen war – und nicht mehr wusste, wie er von dort nach Hause kam. Auch sonst verlor er sich mehr und mehr in Raum und Zeit. In Gesprächen wusste er nicht mehr, welches Jahr war, ob er in Cleveland oder Boston oder Italien oder Israel war. Ich erinnere mich noch sehr genau an den völlig unverständlichen Anruf, der mich schließlich zwang, mich der Wahrheit zu stellen: Der bemerkenswerteste Geist, dem ich je begegnet war, ließ nach – war in entscheidender Hinsicht bereits erloschen. Wenn Sie schon mal miterlebt haben, wie ein geliebter Mensch geistig abbaut, werden Sie wissen, was für eine Nacht für mich darauf folgte. Es war das erste Mal, dass ich um meinen Vater trauerte.

Meine Schwester, die Wissenschaftlerin, zählte schließlich eins und eins zusammen. Eines Tages, nachdem mein Vater wegen eines besonders beunruhigenden Anfalls von Verwirrung ins Krankenhaus gekommen war, rief sie seine Ärzte an und forderte sie auf, bei ihm all die Medikamente abzusetzen, die ihm nicht aktiv das Leben retteten. Ich kann mir nicht vorstellen, je im Leben noch mal eine so erstaunliche Veränderung mitzuerleben wie die, die dann kam. In der Nacht nach seiner Entlassung aus dem Krankenhaus – meine Schwester und ich waren inzwischen nach

Hause geflogen, um bei ihm zu sein – blieb mein Vater bis weit nach zwei Uhr morgens mit uns wach und sprach über die Ursprünge des italienischen Anarchismus, die Rolle der Handelsklausel im Verfassungsrecht, die Familienbeziehungen in *Bleak House* und die konkurrierenden Positionen verschiedener Philosophen zur Beschaffenheit des Bewusstseins. Am nächsten Tag wachte er früh und gutgelaunt auf und ging mit uns und seiner vierjährigen Enkelin Schlitten fahren.

Es gibt ein altes Sprichwort, dessen Ursprung ich nicht kenne, darüber, wie man einen Menschen glücklich macht. Erst nimmt man ihm den Esel weg, dann gibt man ihn zurück. Ich weiß nichts über Esel, nur dass der Vergleich meinen Vater zum Lachen bringen würde. Aber ich kann bestätigen, dass es auf dieser Welt nichts Schöneres gibt als das Gefühl, etwas Wertvolles wiederzubekommen, das man für immer verloren glaubte. Es war mehr als zwei Jahre her, dass mein Vater auch nur ansatzweise so sehr er selbst gewesen war, ein Jahr, in dem ich akzeptiert hatte, dass er nie wieder der Mensch sein würde, den ich gekannt hatte. Und dann, fast über Nacht, war er wieder da.

Ich habe aus dieser Erfahrung enorm viel gelernt, auch etwas Neues über das Verhältnis von kleinen und großen Verlusten. Alltagsgegenstände zu verlieren ist in der Regel kein Indikator für eine zugrundeliegende Krankheit, aber echter geistiger Verfall äußert sich oft darin, dass die Zahl der verlegten Dinge deutlich zunimmt. Demenzkranke neigen dazu, ihre Sachen zu verlegen, und Menschen mit Alzheimer im Frühstadium finden Dinge oft nicht, weil sie sie an einen ungewöhnlichen Ort gelegt haben: Die Brille landet im Ofen, das Gebiss in der Kaffeedose. Ich wusste das alles, und als mein Vater geistig abzubauen begann, gewöhnte ich mir an, jeden seiner Verluste auf Anzeichen zu untersuchen, die auf einen größeren Verlust hindeuten könnten. Seine verlegte Brieftasche, früher so typisch wie komisch, wurde zum Alarmsignal; das Wort, nach dem er suchte, ohne es zu finden, ließ mich wie ein ängstliches Elternteil am Rande des Ozeans die weite graue Fläche zwischen normal und unheilvoll absuchen. Ich weiß inzwischen, dass unzählige Menschen mit dieser Angewohnheit und dieser Angst leben, ob es um sie selbst geht oder um jemanden, den sie lieben, und ich verstehe auch warum. Das Gehirn ist das tiefste und geheimnisvollste aller Täler der verlorenen Dinge, und es ist herzzerreißend, was dort alles verlorengehen kann: die Stadt, in der man lebt; der Name der eigenen Ehefrau; wozu eine Haarbürste gut ist; was der Pfleger in der Wohnung zu suchen hat; der Nachhauseweg; wer man ist.

Von all den Verlusten, die mein Vater in den letzten Jahren seines Lebens erlitt, war dies der schrecklichste – aber nur für meine Mutter, meine Schwester und mich. Meinem Vater selbst entging die Situation weitgehend, also beunruhigte sie ihn auch nicht besonders. Ich habe ihn, als er noch bei klarem Verstand war, frustrierter erlebt, weil er sich nicht an den Namen des dritten Baseman der Detroit Tigers aus dem Jahr 1956 erinnern konnte, als angesichts seines langen iatrogenen Niedergangs. Obwohl er ganz offensichtlich ein Mann des Geistes war, betrafen ihn die anderen Verluste, die ihn im Alter heimsuchten, schließlich sehr viel stärker – und im Gegensatz zu den kognitiven

Problemen hat sich keines dieser Probleme jemals von selbst gelöst. Im Gegenteil, sie verschlimmerten sich, jedes für sich genommen, aber es wurden auch mit jedem Jahr mehr.

Insofern hatte mein Vater zwar einige seltene Krankheiten, insgesamt war seine Erfahrung jedoch eine vollkommen normale. Die meisten heute lebenden Menschen werden ein hohes Alter erreichen, und obwohl das eine begrüßenswerte Entwicklung ist, ist der Preis für ein längeres Leben manchmal auch, weniger zu leben. Dem finalen Verlust gehen üblicherweise viele andere voraus: der Verlust des Gedächtnisses, der Mobilität, der Autonomie, der körperlichen Kraft, der intellektuellen Fähigkeiten, eines langjährigen Zuhauses, der Persönlichkeit, die sich aus der Berufung ergibt, ganzer Seinsweisen und vielleicht mehr als alles andere einer Art nach vorne gerichtetem Selbstbewusstseins – des Gefühls, dass wir immer noch im Werden sind, dass es noch Dinge auf dieser Welt gibt, die wir tun können. Es ist möglich, in einem langen Leben nur sehr wenige dieser Veränderungen zu erfahren, und es ist möglich, sie alle zu durchleben und in ihnen oder neben ihnen Sinn und Dankbarkeit zu finden. Aber bei den meisten von uns wird früher oder später die ganze Gefühlsskala ausgelöst, die ein Verlust mit sich bringt, von leichtem Ärger bis hin zu tiefer Trauer.

Ich will damit nicht sagen, dass mein Vater am Ende seines Lebens unglücklich war; das war er nicht. Er hatte meine Mutter, die er anbetete und die ihm selten von der Seite wich – zunehmend aus der Not heraus, aber immer auch aus Liebe. Er hatte meine Schwester und ihre Familie und mich, und er hatte viel Freude an uns allen. Er hatte einen monatlichen Buchclub, den er mochte, und einen täglichen Buchclub mit sich selbst. Er hatte zwei Katzen, die er behauptete zu hassen, und eine Gruppe von Leuten, mit denen er in dem Schwimmbad kiebitzte, in das er und meine Mutter regelmäßig gingen, und riesige konzentrische Freundes- und Bekanntenkreise in der ganzen Stadt.

Aber wenn »verlieren« ursprünglich trennen bedeutete, dann wurde mein Vater immer mehr von dem Mann getrennt, der er mal gewesen war. Er praktizierte nicht mehr als Anwalt, obwohl er über eine leidenschaftliche Arbeitsmoral verfügte und seine Kollegen und seine Arbeit immer geschätzt hatte. Er reiste nicht mehr, obwohl er es liebte, die Welt zu sehen, aber er bekam es mit zu vielen Verletzungen und Schwierigkeiten zu tun, wenn er es probierte. Er fuhr nicht mehr Auto, obwohl er sich sein ganzes Leben lang eine Art jugendliches Vergnügen daran bewahrt hatte. Er war nie ein Sportler gewesen, aber immer kräftig; jetzt konnte er kaum noch bis zum Ende des Blocks gehen. Hinzu kamen die Schmerzen und die Scham, die schreckliche Dienerin des Schmerzes. Noch heute wende ich mich ab von der Erinnerung an meinen Vater, der in einem Restaurant sichtlich schwitzte, weil der durch den Nerv in seinem Nacken verursachte Schmerz plötzlich stärker wurde und er schnell zur Toilette musste, aber nicht dazu in der Lage war.

All diese Veränderungen mitzuerleben, war furchtbar aufwühlend. Ich hasste es, meinen Vater so reduziert und leidend zu sehen und machte mir zu Recht Sorgen, den Anfang des Endes zu erleben. Erst spät wurde mir klar, wie unvereinbar mein Mitgefühl mit meiner Angst war, denn es würde die Zeit kommen, in der nur der Tod meinen Vater von seinen Schmerzen befreien konnte. So ist es häufig am Ende des Lebens, und vielleicht lässt es sich auch so betrachten, dass die vielen Verluste, die mit Krankheit und Alter einhergehen, uns helfen können, mit dem letzten Verlust Frieden zu schließen – ein Argument, das man immer wieder hört, vor allem rückblickend. »Wenigstens leidet er nicht mehr«, sagen wir, nachdem jemand gestorben ist. »Wenigstens hat sie keine Schmerzen mehr.«

Und es stimmt, das kann ein Trost sein. Für das Leben gilt, wie für so viele Dinge, dass mehr nicht unbedingt besser bedeutet; wir können uns alle zahlreiche innere und äußere Umstände vorstellen, die einen früheren Tod besser erscheinen lassen als einen späteren. Einem achtzigjährigen jüdischen Mann, der 1938 in Polen friedlich starb, hätte wohl niemand ein längeres Leben gewünscht. Und nur sehr wenige von uns würden jemandem ein langes Leben wünschen, dessen körperliches Leiden so unerträglich geworden ist, dass er sein Leben nicht mehr als lebenswert empfindet. Aber selbst dann, wenn wir irgendwie für alle Zeit vollkommene Gesundheit erhalten könnten, sollten wir das Leben nicht ewig verlängern wollen. Es ist sehr verlockend, wie der französische Gelehrte Philippe Ariès einmal über den Tod schrieb, ihn »dem Territorium des Teufels zuzuschlagen«. Doch viele sehr weise Denker betrachten einen rechtzeitigen Tod als grundsätzlich gut und stellen weitaus kühnere Behauptungen über seine Vorzüge auf als die bloße Linderung von Schmerzen. Wer gläubig ist, mag den Tod als eine wichtige Wandlung oder eine erwünschte Heimkehr betrachten, wer nicht, mag ihn doch als moralisch wie psychologisch notwendig ansehen, weil ein Leben, das ewig andauert, keinen Sinn hätte.

Das habe ich theoretisch schon immer für wahr gehalten; unsere Zeit hier, so scheint mir, wird dadurch wertvoll, dass sie knapp ist. Aber, wie ich immer wieder feststelle: Was man denkt und was man fühlt, ist im Angesicht der Trauer zweierlei. Ich bin zweifellos froh, dass mein Vater keine Schmerzen mehr hat, aber weiter kann ich nicht gehen. Tief im Kern meines Selbst, dort, wo die Gefühle herkommen, ist es mir unmöglich, dem Tod darüber hinaus noch Dankbarkeit entgegenzubringen oder so zu tun, als wünschte ich mir nicht, dass mein Vater – mein brillanter, lustiger, liebevoller, liebenswerter Vater – noch am Leben wäre und für immer leben würde. »Das beste Argument für Unsterblichkeit, das ich kenne«, schrieb William James einmal, »ist die Existenz eines Menschen, der sie verdient.«

WIE DER TOD im Allgemeinen war auch der meines Vaters so vorhersehbar wie schockierend. Es geschah im September, kurz vor der herbstlichen Tag-und-Nacht-Gleiche, zu der Zeit des Jahres, wenn sich die Erdachse endgültig in die Dunkelheit neigt. Zu jenem Zeitpunkt war so offensichtlich, dass mein Vater selbst im Herbst seines Lebens stand, dass wir auf sein Sterben sicher besser hätten vorbereitet sein können. Aber je mehr Besuche in der Notaufnahme sich mit den Jahren anhäuften, desto besser gelang es mir, meiner anfänglichen Angst Einhalt zu gebieten – teils, weil niemand auf ewig im Zustand der Krise leben kann, teils aber auch, weil er selbst seinen Gebrechen im Großen und Ganzen mit Sorglosigkeit begegnete. (»Dienstag Biopsie«, schrieb er mir mal, als er ein Problem mit seiner Halsschlagader hatte. »Keine Ahnung, wann genau, werde ich wahrscheinlich auch nicht erfahren.«) Mehr noch, er lebte trotz erheblicher Schwierigkeiten einfach weiter. Vom Verstand her wusste ich, dass niemand eine so schwere Krankheit ewig ertragen konnte. Doch die schiere Anzahl der Male, die mein Vater dem Tod ins Auge geblickt hatte und dann wieder genesen war, ließ ihn fälschlicherweise unbezwingbar erscheinen.

Daraus folgte, dass ich nicht über die Maßen alarmiert war, als meine Mutter eines Tages anrief, um mir zu sagen, mein Vater sei mit Vorhofflimmern ins Krankenhaus eingeliefert worden. Ich war auch nicht überrascht, als meine Partnerin und ich an dem Abend in die Stadt kamen und erfuhren, dass sich sein Herzrhythmus bereits wieder stabilisiert hatte. Die Ärzte behielten ihn in erster Linie zur Beobachtung im Krankenhaus, wie sie uns sagten, und auch, weil die Anzahl seiner weißen Blutkörperchen rätselhaft hoch war. Als mein Vater uns den Hergang der Ereignisse erzählte – er war zu einem routinemäßigen Termin beim Kardiologen gegangen, nur um dann direkt auf die Intensivstation überwiesen zu werden –, war er heiter und klar und ganz er selbst. Er entschuldigte sich dafür, uns Umstände zu machen, gestand aber, dass er sich dennoch sehr freue, uns zu sehen, und versuchte, dem vom Krankenhaus verordneten herzfreundlichen Abendessen zu entgehen, indem er uns losschickte, um eine anständige Schüssel Chili zu organisieren. Vielleicht morgen, sagten wir, in der Annahme, bis dahin wäre er entlassen; am nächsten Tag jedoch war er zwar weiterhin guter Dinge, aber irgendetwas stimmte nicht. Als wir am nächsten Morgen ankamen, war er extrem geschwätzig, nicht auf seine übliche überschwängliche Art, sondern leicht manisch, leicht daneben: eine Folge von Giftstoffen, so sagten die Ärzte, die sich durch den vorübergehenden Verlust der Nierenfunktion in seinem Blutkreislauf angesammelt hatten. Sollte sich das Problem nicht von selbst lösen, müsste er ein oder zwei Zyklen Dialyse machen.

Das war an einem Mittwoch. Im Laufe der nächsten zwei Tage wurden seine Worte immer zusammenhangloser, bis mein Vater am Samstag ganz aufhörte zu sprechen. Dies war für sein Ärzteteam so rätselhaft wie für uns alle beunruhigend. Mein Vater liebte es nicht nur sich zu unterhalten, er hatte der Welt auch immer durch Sprache einen Sinn gegeben; sein ganzes Leben lang hatte er sich in alles hinein, aus allem heraus und durch alles hindurch geredet, auch durch Krankheiten. In all den Jahren medizinischer Notfälle hatte ich ihn im Fieberwahn erlebt und mit einem Dutzend verschiedener Arten von Schmerzen. Ich hatte gesehen, wie er halluzinierte und ihm das manchmal sogar bewusst war, so dass er seine Visionen beschrieb und über die rätselhafte Natur des Erkennens sprach. Ich hatte gesehen, wie er durch seinen vorübergehend durch Krankheit beeinträchtigten Geist schlenderte und auf seltsame, dunkle Tiefseewesen traf, die uns anderen unbekannt waren und Angst machten. In dieser ganzen Zeit, unter all diesen unterschiedlichen Bedingungen hatte ich nie erlebt, dass ihm die Worte fehlten. Aber jetzt schwieg er, fünf Tage lang. Am sechsten Tag begann er wieder Töne von sich zu geben, wurde aber nicht wieder er selbst. Es folgte eine schreckliche Nacht, in der er sich schüttelte und kämpfte. Abgesehen von ein paar vereinzelten Wörtern, einige rätselhaft, andere scheinbar einleuchtend – »Hallo!«; »Machu Picchu«; »Ich sterbe« – sprach er danach nie wieder.

Dennoch war er noch eine Weile da – ich meine, sein Er-Sein, sein Isaac-Sein, dieser unerklärliche, entschiedene Anteil Ich in jedem und jeder von uns. Eine Woche, nachdem er aufgehört hatte zu sprechen und in der er jede einzelne Aufforderung eines nicht abbrechenden Stroms von Ärzten ignoriert hatte (»Mr. Schulz, können Sie mal mit den Zehen wackeln?«, »Mr. Schulz, können Sie meine Hand drücken?«), entschied mein Vater, auf eine letzte Aufforderung zu reagieren: Mr. Schulz konnte, wie wir zu unserem Amüsement erfuhren, immer noch die Zunge rausstrecken. Aber das Süßeste war eine freiwillige Bewegung, die er fast bis zum Ende beibehielt – die Fähigkeit, meine Mutter zu küssen. Immer, wenn sie sich nah zu ihm beugte, um seine Lippen zu berühren, spitzte er seine und erwiderte die kurze, liebevolle Geste, die ich schon mein Leben lang kannte. Zumindest vor meiner Schwester und mir war es die Begrüßung und Verabschiedung meiner Eltern, ihr »Träum was Schönes« und »Ich mach doch nur Spaß«, ihr »Es tut mir leid« und »Du bist schön« und »Ich liebe dich« – das grundlegende Satzzeichen ihrer gemeinsamen Sprache, das Zeichen und Siegel von fünfzig Jahren Glück.

Eines Abends, als sein Wesen noch da war, versammelten wir uns um meinen Vater und füllten seine Stille mit all den Dingen, die wir nicht ungesagt lassen wollten. Ich hatte meine Familie immer als nah empfunden, deshalb war es verblüffend, wie viel näher wir uns noch kommen konnten, wie nah wir uns um seine abflauende Flamme scharten. Der Raum, in dem wir uns befanden, war ein aus Weiß bestehender Würfel, hell wie die Gänge eines Supermarkts, und trotzdem ist dieser Abend in meiner Erinnerung so dunkel und lebhaft wie ein Rembrandt-Gemälde. Wir sprachen von nichts als Liebe – anderes gab es nicht zu sagen. Wir sagten ihm, wie dankbar wir waren, wie glücklich er uns gemacht hatte, wie würdig und umfassend er sein Leben gelebt hatte. Mein Vater, stumm, aber offenbar wach, blickte währenddessen von einem Gesicht zum andern und seine braunen Augen glänzten vor Tränen. Ich hatte es immer gehasst, ihn weinen zu sehen, was selten vorkam, aber diesmal war ich dankbar. Es gab mir Hoffnung, dass er uns vielleicht zum letzten Mal in seinem Leben, vielleicht bei der wichtigsten Gelegenheit, verstand. Zumindest wusste ich, dass er sich an diesem Abend, egal, wohin er blickte, dort sah, wo er in dieser Familie immer gewesen war: in der Mitte des Kreises, Quelle und Gegenstand unserer bleibenden Liebe.

All das lässt das Sterben klingen wie etwas Bedeutungsvolles und Süßes, und wenn man Glück hat, lässt sich tatsächlich ein Hauch von Süße und Sinn darin finden, eine Silberader in einer dunklen Höhle, Hunderte Meter unter der Erde. Trotzdem ist die Höhle eine Höhle. Wir hatten zu diesem Zeitpunkt bereits zwei schwindelerregende, sich hinziehende, endlose Wochen im Krankenhaus verbracht. Zu keinem Zeitpunkt in diesen Wochen hatten wir eine Diagnose, geschweige denn eine Prognose. Zu jedem Zeitpunkt wurden wir mit neuen Möglichkeiten, neuen Tests, neuen Ärzten, neuen Hoffnungen und neuen Ängsten konfrontiert. Jeden Abend kamen wir erschöpft nach Hause und sprachen über das, was geschehen war, als könnte uns das durch den nächsten Tag leiten. Dann wachten wir auf und begannen erneut die Routine von Parkhaus, Sicherheitsschleuse der Intensivstation und der Filiale von Au Bon Pain, die vierundzwanzig Stunden lang geöffnet hatte, nur um festzustellen, dass es darüber hinaus keinerlei Routine gab, nichts, was uns geholfen hätte, uns vorzubereiten oder zu planen. Es war, als würde man versuchen, sich jeden Morgen passend zum Wetter eines Landes zu kleiden, von dem man noch nie gehört hat.

Den Tod eines geliebten Menschen zu erleben ist etwas so Intimes, dass die Erinnerung daran sich unvermeidlich auf seltsame Einzelheiten stützt: die Sprachnachricht, die man seinem Cousin hinterließ, die er niemals hören wird; die Fernsehsendung, die im Hintergrund lief, als das Telefon anfing zu klingeln und eine schreckliche Vorahnung mit sich brachte; die verdunkelte Fensterscheibe in der Haustür, die sich rot und dann blau und dann wieder rot färbte vom stummen Licht des Polizeiwagens davor. Aber trotz aller Unterschiedlichkeiten ähnelt sich die Erfahrung des Sterbens heute bei vielen, weil sie größtenteils in Krankenhäusern stattfindet. Hunderttausend Geschichten spielen sich in ein und demselben Setting ab; es ist, als wären wir alle in den gleichen Albtraum geraten. Ein Krankenhaus kann durchaus in mancher Hinsicht ein guter Ort zum Sterben sein, gleichzeitig ist es ein seltsamer und schwieriger Ort, um zu trauern. Bei meinen zahlreichen früheren Besuchen hatte ich immer versucht, alle negativen Gefühle, die ich Krankenhäusern entgegenbrachte, zu mäßigen, weil ich wusste, dass hier auch wunderbare Dinge geschahen – dass rund um mich herum Leben gerettet wurden, Schmerzen gelindert, sich Hoffnungen erfüllten, Babys geboren wurden. Manches davon hatte ich selbst miterlebt: Meine Nichte, die bei der Geburt drei Pfund wog, erschreckend in ihrer winzigen Perfektion – ein einmonatiger Aufenthalt auf der Neugeborenen-Intensivstation gab sie uns zurück, schreiend, gesund, unversehrt, wunderbar. Die Lungenarterie meines Vaters wurde mit fünfundvierzig Jahren ausgebessert, mit sechzig erneut, und beide Male zahlte er nur mit einer Narbe für all die zusätzlichen Jahre. Für Geschenke wie diese würde ich Krankenhäusern beinah alles verzeihen.

Und trotzdem war es furchtbar, furchtbar und trostlos, Tag für Tag in einem zu sitzen, während mein Vater starb. Es war fast immer kalt; ich bat die Schwestern um zusätzliche Decken und häufte drei oder vier davon, dünn und weiß, auf meine Mutter, die auf einem Plastiklehnstuhl an der Seite meines Vaters saß und las oder döste und seine Hand hielt. Gegenüber der Tür stand eine Sitzbank, an der Wand ein Metallstuhl; ich streckte mich auf der einen aus oder setzte mich auf den anderen oder stand auf und schaute aus dem Fenster. Es wäre langweilig gewesen, wäre es nicht auch furchtbar gewesen; es geschah etwas sehr Entscheidendes, aber es gab nichts zu tun. Die Stunden waren langwierig und unendlich unterteilt – durch eine Maschine, die piepte, eine Pflegekraft, die Blut abnahm, jemanden, der vorbeikam, um die Füllstände in den Beuteln mit Flüssigkeit zu überprüfen, die über dem Kopf meines Vaters hingen. Von Zeit zu Zeit kam eine Schwester rein und alle außer meiner Mutter verließen diskret das Zimmer, obwohl dazu längst keine Notwendigkeit mehr bestand, Anstand und Privatsphäre waren unsere kleinsten Sorgen.

Dann wieder verließ eine von uns aus irgendeinem anderen Grund das Zimmer, um zu telefonieren oder spazieren oder in die Cafeteria zu gehen. Im Aufzug eskortierten dünne alte Männer in Bademänteln vorsichtig ihre eigenen Sauerstoffgeräte, Mütter standen wie müde Wächterinnen hinter den Rollstühlen ihrer Kinder, und muntere, geschäftige Ärzte schwiegen respektvoll, während sich die Türen zu einem Stockwerk nach dem anderen öffneten, deren Schilder – Neurologie, Nephrologie, Onkologie, Radiologie, Pathologie, Schmerztherapie, Pädiatrische Intensivstation – eine Vision der Hölle boten, so sorgfältig gegliedert wie die von Dante. An manchen Tagen stand eine Frau in der Eingangshalle und spielte Harfe, eine Geste, die mir zu süßlich war, um sie schön zu finden, während der Brunnen vor der Tür, der auf ähnliche Weise dahinplätscherte und aus einem ähnlichen Grund da war, mich beruhigte und hypnotisierte. Im Eingangsbereich befand sich eine Buchhandlung mit einem Schaufenster voller Teddybären, und dahinter die Cafeteria, in der ich etwa einmal am Tag um das Angebot herumlief und vergeblich versuchte, Lust zum Essen aufzubringen.

So ging es immer weiter, Tag für Tag. Mir war bewusst, was für ein Glück wir hatten, dass die Zeit vorbei war, zu der nur ein Besucher zur Zeit ins Zimmer durfte und das auch nur zu eingeschränkten Besuchszeiten, und mir ist jetzt, beim Schreiben, auch bewusst, was für ein Glück wir hatten, dass die Zeit noch nicht begonnen hatte, in der überhaupt niemand zu Besuch kommen durfte: dass mein Vater nicht während der Coronapandemie krank wurde und starb, als sich die Trauer durch die Isolation bei allen noch verstärkte, durch den zusätzlichen Verlust der Möglichkeit, bei dem geliebten Menschen zu sitzen und zu sagen: »Ich bin hier, bei dir.« Es war ein Privileg und ein Trost, in seinen letzten Wochen an der Seite meines Vaters sein zu können; wenn er so lange in dieses Zimmer gesperrt sein würde, wollten wir auch dort sein, zusammen, und bei ihm.

Aber wenn man nicht gerade dort arbeitet, ist ein Krankenhaus kein Ort, um viel Zeit dort zu verbringen. Wie bei einer Kirche, die sich in einem kommerziellen Gebäude befindet, steht seine Physis im Widerspruch zu seiner existenziellen Verantwortung. Auf einer Intensivstation ist man sich der Kürze des Lebens und des drohenden Abgrunds der Ewigkeit so bewusst wie William Wordsworth in Tintern Abbey, und doch ist es, als sitze man auf einem Flughafen fest. Es ist dieselbe Kombination aus Ungeduld und Ohnmacht; dieselbe ständige Nähe zu Fremden; dieselbe unvermeidliche Abhängigkeit von Fachleuten, die entweder freundlich oder überheblich sind; derselbe lange Weg zu unattraktiven, überteuerten Geschäften; dieselbe schleichende Erschöpfung, die einen schon in dem Moment befällt, in dem man durch die Tür tritt, als wäre es eine Eigenschaft der Luft; dasselbe Gefühl des zeitlichen Versetztseins, als existiere man in einer Zeitzone, die es in der Außenwelt nicht gibt. In unserem Fall hatten wir, weil der Zustand meines Vaters so rätselhaft war, auch das Gefühl, in einer fernen Stadt zwischengelandet zu sein, als wäre der Flug gestrichen worden und keine weiteren Informationen zu erwarten – nur dass wir nicht auf ein Flugzeug warteten, sondern auf die Katastrophe oder die Erlösung.

Meiner Erfahrung nach werden Krankenhäuser ihren existenziellen Verpflichtungen noch auf andere Weise allzu selten gerecht: Während der gesamten Zeit, die mein Vater auf der Intensivstation lag – sein Herzrhythmus war unregelmäßig, seine Nieren versagten, sein Blutdruck sank, die Zahl der weißen Blutkörperchen stieg an, er war kaum ansprechbar, er aß und trank nicht –, sprachen die für ihn zuständigen Ärzt*innen alles Mögliche an (eine andere Zusammenstellung der Medikamente, mehr Dialyse, eine Lumbalpunktion, eine Blutuntersuchung, um eine seltene Krankheit ausschließen zu können, ein MRT von Herz und Lunge), nur nicht, dass er im Sterben lag und wir ihn auch in Ruhe sterben lassen könnten. Selbst als meine Mutter und meine Schwester ganz direkt nach den Überlebenschancen fragten und nach seinen Möglichkeiten, noch ein lebenswertes Leben zu führen, weigerten sie sich, eine Antwort zu geben oder mehr zu sagen, als dass es sich um einen komplexen Fall handele und die Familie die Entscheidung treffen müsse – als wären wir, ohne jegliches medizinisches Fachwissen, allein irgendwie besser in der Lage, eine Entscheidung zu treffen, als mit ihrer Hilfe.

Ich wünschte, es wäre anders gewesen; ich wünschte, alle Ärzt*innen sprächen ehrlich über den Tod, wenn er unmittelbar bevorsteht. Aber ich kann denen, die das nicht tun, nicht die alleinige Schuld geben, denn auf mich gestellt hätte ich meinem Vater und meiner Familie genauso schlecht gedient. Ich bin nicht gemacht für die Art Weisheit, die im Extremfall erforderlich ist: Ich liebe das Leben zu sehr, bin zu bereit, noch auf die geringste Chance zu setzen, zu geneigt, entgegen jeder Hoffnung zu hoffen. Aber ich wusste, dass meine Schwester recht hatte an dem Tag, an dem sie sich zu mir setzte und mir sehr behutsam sagte, dass wir, selbst wenn mein Vater durch eine drastische Intervention noch zurückgeholt werden könnte von seinem unsicheren Platz da draußen am Rande des Endes, in allem, was für uns wichtig ist, weniger von ihm bekommen würden, nicht mehr. Und ich weinte vor Dankbarkeit, als schließlich zwei Ärzte, die nicht zum Team meines Vaters gehörten, sondern einfach seine Freunde waren, ihn besuchten und uns auf unsere Frage hin sagten, sie an unserer Stelle, als Menschen, die ihn ebenfalls liebten, würden ihn gehen lassen.

Daraufhin öffneten wir eines Nachmittags die Tür und warteten, statt weiterhin zu versuchen, den Tod abzuwenden. Es war eine Erleichterung zu sehen, wie eine Krankenschwester den Dialyseanschluss im Arm meines Vaters verband, die vielen klebrigen Sensoren mit ihrem Kabelgewirr von seiner Haut entfernte und ihn von all den Maschinen trennte. Sie war unendlich sanft zu ihm und zu uns, die letzte von tausend Freundlichkeiten des Pflegepersonals – all die Decken, all die mitfühlenden Worte, all die Fragen, die beantwortet, Ärzt*innen, die herbeigerufen und zusätzliche Stühle, die besorgt wurden –, bevor er in die Hospizpflege überführt wurde. Als sie fertig war, packten wir unsere Sachen zusammen, gingen den Flur hinunter, fuhren mit dem Aufzug nach oben und ließen uns in seinem neuen, letzten Zimmer neben meinem Vater nieder.

Es war kleiner und einfacher als das auf der Intensivstation und viel ruhiger. Ein paarmal am Tag kam eine Schwester, um nach ihm zu sehen, ansonsten waren wir allein mit uns und unseren Gedanken und – für eine letzte Zeitspanne – mit meinem Vater. Zu meiner Überraschung fand ich es tröstlich, in dieser Zeit bei ihm zu sein, an seiner Seite zu sitzen und seine Hand zu halten, zu sehen, wie sich seine Brust mit einem vertrauten kleinen Schnarchgeräusch auf und ab bewegte. Es war nicht, wie man so sagt, unerträglich traurig; im Gegenteil, es war erträglich traurig, eine ruhige, nachdenkliche, schleichende Art Trauer. Ich dachte – fälschlicherweise, wie sich zeigen sollte –, dass ich in jenen Tagen meinen Frieden machte mit seinem Tod. Aber seitdem habe ich gelernt, dass selbst der nicht mehr ansprechbare, sterbende Vater auf ganz entscheidende Weise noch am Leben ist.

Und dann war er es eines frühen Morgens nicht mehr. Ich erinnere mich noch, wie sich mein Verstand sofort abschaltete, so dass es fast war, als bildeten sich die wenigen kalten Silben, zu denen ich Zugang hatte, außerhalb meiner selbst: *Das war es dann also.* Ich erinnere mich, mich zugleich schwer und leer gefühlt zu haben, wie ein Stahltresor, in dem nichts ist. Ich erinnere mich daran, wie meine kleine Nichte einen Brief, den sie an ihren Großvater geschrieben hatte, auf seine Brust legte, wo er sich in der langen Zeit, in der ich ihn ansah, nicht bewegte. Aber am deutlichsten erinnere ich aus diesen ersten Stunden nach dem Tod meines Vaters, wie meine Mutter den kahlen Kopf meines Vaters mit ihrer Hand umfasste. Eine Frau, die ihren toten Ehemann im Arm hält, ohne Bestürzung, ohne Leugnen, ohne jede Möglichkeit, selbst von ihm gestreichelt werden zu können – einfach nur, um ein letztes Mal zärtlich zu sein: Das war der reinste Akt der Liebe, den ich je gesehen habe. Sie wirkte verlassen, schön, unvorstellbar ruhig. Er sah noch nicht tot aus. Er sah aus wie mein Vater. Ich konnte nicht aufhören mir vorzustellen, wie er sich, wenn er lesen wollte, die Brille auf die Stirn schob. Mir kam der Gedanke, kurz bevor mir all die anderen schweren Gedanken kamen, dass ich sie ihm neben das Bett legen sollte, falls er sie brauchte.

SO BEGANN MEIN langer Aufenthalt im Tal der verlorenen Dinge. Drei Wochen nach dem Tod meines Vaters verlor ich ein weiteres Familienmitglied, diesmal an Krebs. Wiederum drei Wochen später verlor das Baseballteam meiner Heimatstadt im zehnten Inning des siebten Spiels die World Series – ein Ergebnis, das mich nicht weiter berührt hätte, wäre mein Vater nicht ein so leidenschaftlicher Fan gewesen. Eine Woche danach verlor Hillary Clinton zusammen mit etwas mehr als der Hälfte der Wählenden meines Landes die Präsidentschaftswahlen.

Wie eine dysfunktionale Form der Liebe, die sie in mancher Hinsicht auch ist, kennt Trauer keine Grenzen; nur selten in diesem schwierigen Herbst konnte ich meine Verzweiflung über diese anderen Verluste von der Trauer um meinen Vater trennen. Während seines Trauergottesdienstes hatte ich die Fassung gewahrt, sogar während meiner Rede. Aber als sich bei der nur wenige Wochen später folgenden Beerdigung der Sohn der Verstorbenen erhob, weinte ich. Danach wurde ich das Gefühl nicht los, dass bald die nächste Hiobsbotschaft folgen würde, dass ich jeden Moment vom

Tod des oder der nächsten Angehörigen erfahren würde. Am Morgen nach der Wahl weinte ich wieder, vermisste meinen Vater, der geflüchtet war, vermisste die Zukunft, die ich erwartet hatte zu erleben. Statt ihrer schienen plötzlich weitere Arten von Verlusten anzustehen: der Verlust der Bürgerrechte, persönlicher Sicherheit, finanzieller Sicherheit, der grundlegenden amerikanischen Werte von Respekt und Meinungsvielfalt und Unterschiedlichkeit, die Institutionen und Schutzwälle der Demokratie.

Wochenlang ackerte ich mich so durch Wellen tatsächlicher und eingebildeter Trauer. Ich konnte nicht aufhören, mir Katastrophen vorzustellen, politische wie persönliche. Wenn meine Mutter nicht ans Telefon ging, hatte ich zunehmend Angst um sie, ich hasste es, meine Schwester in einem Flugzeug zu wissen, konnte meine Partnerin kaum in ein Auto steigen lassen. »So viele Dinge scheinen erfüllt von der Absicht / verloren zu gehen«, schrieb Elizabeth Bishop, und mehr noch als mein spezifisches Unglück war es genau das – die schiere Menge und Unvermeidbarkeit weiteren Leids –, was mich so fertigmachte.

So gern ich meine Liebsten in meiner Nähe haben wollte – schon ihre Anwesenheit schien ein gewisses Maß an Schmerz mit sich zu bringen. Eine Folge davon, ein Familienmitglied zu verlieren, ist es, dass sich der Rest der Familie neuformiert, darüber hatte ich, so offensichtlich es scheint, zuvor nie nachgedacht. Mein ganzes Leben lang waren wir zu viert gewesen; hatte sich das mal geändert, dann war es etwas Gutes gewesen, dann waren wir mehr geworden. Aber zur Trauer um meinen Vater gehörte es, sich an eine neue Familiengeometrie zu gewöhnen, an ein Dreieck, statt eines Quadrats. Als Einheit waren wir kleiner, anders ausbalanciert und anfangs unvermeidbar auch trauriger.

Ein großer Teil dieser Traurigkeit bestand in der schrecklichen Trennung meiner Eltern. Zehn Jahre lang hatte ich damit verbracht, Angst um meinen Vater zu haben, und kaum war er tot, richtete diese sich wie durch ein Gesetz der Erhaltung der Angst auf meine Mutter. Diesmal ging es fast gar nicht um ihre körperliche Gesundheit, die deutlich besser war als seine, diesmal war es die gähnende Leere in ihrem Leben nach einem halben Jahrhundert in der unerschütterlichen Gesellschaft meines Vaters. »Ich kann mir sie ohne ihn nicht vorstellen«, sagen die Leute gern über die, die einen Partner oder eine Partnerin verloren haben, aber mein Problem war, dass ich es mir permanent vorstellte. In diesen ersten Tagen warf es mich immer wieder aus der Bahn, mir vorzustellen, wie meine Mutter alleine ihr Leben lebte.

Irgendwann wurde mir klar, dass ich meine Mutter unterschätzt hatte, wie es erwachsene Kinder häufig tun. Sie vermisste meinen Vater wirklich so sehr, wie ich befürchtete, aber ich stellte bald fest, dass sie so trauerte, wie sie immer alles machte: geduldig und zärtlich, mit der bemerkenswerten Fähigkeit, die schlimmsten Tage als etwas Unvermeidliches zu akzeptieren, und einem bemerkenswerten Willen, an den anderen Tagen so gut wie möglich zu leben. Ihre Haltung und Stärke beeindruckten mich, nicht zuletzt, weil ich selbst immer wieder die gegenteiligen Eigenschaften unter Beweis stellte, und das im wahrsten Sinne des Wortes: Nach dem Tod meines Vaters wurde ich, für mich untypisch, tollpatschig und anfällig für Krankheiten und Verletzungen. Ich hatte fast drei Wochen lang leichtes Fieber, klemmte mir einen Nerv ein, zerrte mir eine Sehne am Knie, stürzte zweimal ohne Grund, wurde von unerklärlichen Zahnschmerzen geplagt, und das Schlimmste war, dass ich mir eines furchtbaren Morgens beim Kaffeekochen eine ganze Kanne mit kochendem Wasser über den Unterarm kippte. Ein Psychologe würde sagen, ein Teil von mir versuchte unbewusst, meinen emotionalen Schmerz zu manifestieren, und ich bin sicher, das stimmt. Doch in dieser Zeit fühlten sich all diese Missgeschicke und Krankheiten weniger wie eine andauernde psychosomatische Misere an, sondern eher, als hätte ich für immer das Gleichgewicht verloren, als wäre ich mit den grundlegenden Vorgängen meines Körpers und der Welt nicht mehr vertraut.

Was auch die Ursache gewesen sein mag, aufs Ganze gesehen hatten all diese Schwächen die Auswirkung, dass ich mich unheimlich alt fühlte. Oder vielleicht war es umgekehrt – vielleicht habe ich mir all diese Gebrechen zugezogen, weil ich mich alt fühlte. Trauer jeder Art lässt einen altern, zum Teil aus Erschöpfung, aber vor allem, weil man mit der Sterblichkeit konfrontiert wird: sich alt zu fühlen bedeutet (im Unterschied dazu, tatsächlich alt zu sein, womit man vollkommen zufrieden sein kann), dass die eigenen Tage gezählt scheinen und die verbliebene Lebensfreude abnimmt. Trauer um ein Elternteil lässt einen außerdem altern, weil es einen um einen ganzen Lebensabschnitt nach vorn befördert. Meinen Vater zu verlieren fühlte sich an, als würde ich in der Abfolge der Generationen eine Station weitergeschoben, als müsste ich plötzlich einen sehr großen Schritt in Richtung Vergessenheit machen. Es war, als wäre ich über Nacht ins mittlere Alter gekommen, was seltsam war, denn manchmal vermittelte mir meine Traurigkeit auch das Gefühl, sehr jung zu sein, meinen Vater immer noch zu brauchen und noch nicht in der Lage zu sein, ohne ihn zu leben. Auf eine merkwürdige, kreisförmige Weise fühlte ich mich alt, weil ich mich wie ein Kind fühlte, während ich zugleich spürte, dass ich vor sehr langer Zeit Kind gewesen war.

Verwirrt, ängstlich, verletzt, krank – wenn ich all das zusammennehme, dann ist es nicht verwunderlich, dass ich nach dem Tod meines Vaters einige Zeitlang zu wirklich nichts zu gebrauchen war. Zusätzlich zu allem anderen hatte ich auch jede Motivation verloren; Tag für Tag tat ich, so weit das einem Menschen möglich ist, praktisch gar nichts. Zum Teil lag das daran, dass ich das Gefühl hatte, jede Aktion bedeute Beschleunigung und entferne mich von der Zeit, in der mein Vater noch lebte, und das fürchtete ich. Aber es lag auch daran, dass ich, nachdem alle notwendigen Aufgaben, die ein Trauerfall nach sich zog, erledigt waren – die Trauerfeier war vorbei, die Kleidung gespendet, die Dankeskarten geschrieben –, keine Ahnung hatte, was ich noch tun sollte. Obwohl ich den Tod meines Vaters fast zehn Jahre lang gefürchtet hatte, hatte ich nie darüber nachgedacht, was danach kommen würde. Wie ein Herz hatte meine Vorstellungskraft im Moment des Todes immer aufgehört zu schlagen.

Jetzt, da ich mich weiter durch die Zeit bewegen sollte, merkte ich, dass ich gar nicht wusste, wie. Einen gewissen Trost fand ich in Gedichten, davon abgesehen hatte ich zum ersten Mal in meinem Leben keine Lust zu lesen. Auch zum Schreiben konnte ich mich nicht durchringen. Theoretisch hatte ich einen Vollzeitjob bei einer Zeitschrift, aber ich arbeitete von zu Hause aus und konnte mir die Zeit selbst einteilen. Das war ein Luxus, den ich vorher zu schätzen gewusst hatte, aber in der ersten Zeit der Trauer machte es mich haltlos. Als die taktvolle Pause unmittelbar nach seinem Tod vorbei war und mich Pflichten und Termine wieder überrollten, war ich noch zu erschöpft und zu sehr mit mir selbst beschäftigt, um mich zu konzentrieren. Jeden Tag schaltete ich meinen Laptop ein, starrte ihn eine Weile an und schaltete ihn dann wieder aus mit dem Gefühl, viel mit dem leeren Bildschirm gemeinsam zu haben. Ich wusste, dass ich aus emotionalen, beruflichen und finanziellen Gründen wieder anfangen musste zu schreiben; ich wusste, dass ich zu einer angemessenen Zeit schlafen gehen und auch zu einer solchen aufstehen musste; ich wusste, dass ich mich ordentlich ernähren und bei Freund*innen melden und den Therapeuten anrufen musste, mit dem ich seit Jahren nicht gesprochen hatte. Ich wusste genau, was ich alles tun sollte, aber ich wusste überhaupt nicht, was ich tun wollte.

Erwartungsgemäß war es mein Vater, von dem ich das Wort für das bekam, was ich da tat. Zu seinen Lebzeiten hatte er über ein erstaunliches Vokabular verfügt, so nuanciert und umfangreich, dass es selbst dann funktionierte, wenn es ihn im Stich ließ. Nachdem ich einmal auf das Wort »circumjoviating« gestoßen war und es nachschlagen musste – es bedeutet »um Jupiter kreisen« –, forderte ich ihn auf, es mir zu erklären. Er dachte vielleicht fünf Sekunden lang nach und kam dann zu einer logischen und großartigen

Antwort: »Gott aus dem Weg gehen.« Seitdem verwende ich es so, denn welches andere Wort beschreibt so treffend die Erfahrung, sich vor seiner Gottheit, seinem Gewissen oder seiner Verantwortung zu drücken? Wie so vieles, was ich von meinem Vater bekommen habe, verbirgt sich in diesem Sprachgeschenk ein philosophisches Geschenk. Als solches kam es mir nach seinem Tod wieder zu, als ich teilnahmslos dasaß und zusah, wie es mich langsam definierte: das Meiden der Arbeit, das Meiden der Bücher, das Meiden der Zeit, das Meiden der Freude, das Meiden der Realität.

Ich fühlte mich nicht unbedingt verloren, wie es mein Vater für mich war. Ich fühlte mich *im Verlust* – als wäre der Verlust ein Ort innerhalb der physischen Welt, eine Art umgekehrte Oase oder Bermudadreieck, an dem der Geist versagt und die Kompassnadel durchdreht. Ich streckte die kleinen Handlungen, die mir machbar und richtig erschienen, über so lange Zeit wie möglich (meine Mutter und meine Schwester anrufen, mich zu meiner Partnerin legen, mit den Katzen spielen), aber das allein füllte meine Tage nicht. Jeden Abend ging ich erschöpft ins Bett und schlief absurd viele Stunden auf eine Weise, die ich zuvor nur gekannt hatte, wenn ich krank war. Jeden Morgen erwachte ich im Zangengriff zweier gegensätzlicher Ängste: dass meine Zeit auf Erden unerträglich schnell verging; dass mir ein weiterer bleierner, unendlich langer Tag drohte. Seit meinem achten Lebensjahr, als ich mit Langeweile noch nicht umgehen konnte, war mir das Leben nicht mehr derart als Problem erschienen – die simple, alltägliche Frage danach, was ich überhaupt machen sollte.

WÄHREND DIESER ZEIT der Erstarrung, dieser Zeit des Dahin-treibens begann ich, rauszugehen und nach meinem Vater zu suchen. Weil ich in der Natur Frieden und Klarheit finde, tat ich das draußen, manchmal spazierengehend, manchmal laufend. (Laufen war die eine Sache, die ich während der langen Depression nach dem Tod meines Vaters weiterhin tat. Ich weiß zu gut, welche Rolle es in meinem Leben spielt – für den Körper, für den Geist, für meine Stimmung – als dass ich mich trauen würde, damit aufzuhören.) Wie so vieles in dieser ersten schwierigen Zeit der Trauer hatten diese Ausflüge etwas Verschleiertes, Un-förmiges an sich. Ich plante sie nicht, entschied mich nicht bewusst dafür, als wüsste ich, dass sie dem Darübernach-denken nicht standhalten würden – und zwar deshalb nicht, weil es meinem Todesverständnis nach gar nicht möglich war, dass ich Erfolg haben würde. Ich glaube nicht, dass das Wesen eines jeden von uns nach dem Tod unver-ändert überdauert, oder dass die Toten mit den Lebenden Zwiesprache halten könnten. Aber Trauer macht aus uns allen unbekümmerte Kosmologen, und es erschien mir auf unmögliche Weise möglich, wieder mit meinem Vater zu-sammen zu sein, wenn ich ihn suchen ging, wie kurz oder unerklärlich auch immer.

Inzwischen weiß ich, dass dieses Suchverhalten, wie es genannt wird, bei Hinterbliebenen weitverbreitet ist. Es ist sogar so verbreitet, dass der Psychologe John Bowlby, ein Zeitgenosse von Elisabeth Kübler-Ross, das zweite Stadium der Trauer nach Schock und Betäubung als »Sehnsucht und Suche« bezeichnete. Und doch hatte ich mich vor dem Tod meines Vaters selbst nie damit beschäftigt – vielleicht, weil meine Toten mir bis dahin immer die Mühe erspart hatten, sie zu suchen, indem sie von selbst zu mir kamen. Als ich vierzehn war, starb meine Urgroßmutter mütterlicherseits im Alter von dreiundneunzig Jahren im Schlaf. Solange ich sie kannte, war sie der Inbegriff der Freundlichkeit, aber ein paar Monate später, als ich im Wohnzimmer lesend auf dem Sofa saß, hörte ich hinter mir ihre Stimme, die sagte, ich solle mich bitte gerade hinsetzen und die Beine übereinanderschlagen. Dreiundzwanzig Jahre später starb ihre Tochter, meine Großmutter, im Alter von fünfundneunzig Jahren. Sie war alles andere als der Inbegriff der Freundlichkeit, aber sie war eine wunderbare Großmutter, kämpferisch, klug und interessant, und so war es bezeichnend, wenn auch äußerst verblüffend, als ich sie eines Abends, nachdem ich beschlossen hatte, einen misslungenen Text aufzugeben und schlafen zu gehen, hinter mir sagen hörte: »Das ist eine ganz schlechte Idee.«

Meine denkwürdigste Erfahrung dieser Art hatte ich allerdings in dem Jahr, als ich sechzehn wurde, kurz nach dem schockierenden Verlust einer meiner engsten Freundinnen. Eines Abends nach der Schule telefonierten wir eine Weile, wie wir es oft taten – Stunden später wurde sie ermordet. Es kam plötzlich, war erschütternd und ich war noch sehr jung; diese Kombination machte ihren Tod ganz besonders schwer zu begreifen. Jahrelang träumte ich, sie hätte es nur vorgetäuscht oder wir wären beide einem ausgeklügelten Schwindel zum Opfer gefallen. Vermutlich spürte ich aus demselben Grund – es war praktisch unvorstellbar, dass sie nicht mehr da war – eine ganze Weile lang regelmäßig ihre Anwesenheit. Das erste Mal war ich auf dem Heimweg von der Schule, als ich sie meinen Namen sagen hörte, zugleich verärgert und aufmunternd, als weise sie mich in meinem Kummer fröhlich zurecht. Viel seltsamer war, dass mich zweimal die Überzeugung ergriff, ihr in veränderter, aber unmissverständlicher Form wiederbegegnet zu sein: erst als Raupe und dann, viel später und noch unwahrscheinlicher, als Plastiktüte – oder vielmehr als die Brise darin, die sie an einem späten Sommernachmittag auf einer staubigen Landstraße an mir vorbeifliegen ließ. Ich hatte an diesem Tag überhaupt nicht an meine Freundin gedacht; ihr Tod lag inzwischen zehn Jahre zurück. Doch in dem Moment, als ich die Tüte sah, musste ich laut lachen. Ohne ersichtlichen Grund – nichts könnte unseren herkömmlichen Vorstellungen von Erscheinungen und Wiedergeburt ferner sein – war ich schlagartig erfüllt von überwältigendem Wiedererkennen.

Erst Jahre später erfuhr ich, dass auch solche Erlebnisse unter Trauernden verbreitet sind. »Nie dachte ich Michiko käme zurück / nach ihrem Tod«, schrieb der Dichter Jack Gilbert in »Alone« über seine Frau. »Seltsam, dass sie zurückkam / als jemandes Dalmatiner.« Sieht, hört oder spürt man die Toten, nennen sich derartige Erfahrungen Trauerhalluzination, und mehr als die Hälfte aller Menschen berichtet davon. (Unter Verwitweten ist dieser Prozentsatz sogar noch höher, und er steigt mit der Dauer der Ehe.) Niemand kennt ihre Ursache, aber wie der Neurologe Oliver Sacks feststellte, haben sie eine Gemeinsamkeit mit den Halluzinationen, die Menschen in Einzelhaft erleben, Menschen, die vor kurzem erblindet sind und Menschen, die monotonen Landschaften ausgesetzt sind, etwa auf Ozeanüberfahrten oder Polarexpeditionen. In all diesen Fällen, und möglicherweise auch im Trauerfall, führt der abrupte Entzug vertrauter Sinneseindrücke dazu, dass der Verstand ergänzt, was zuvor immer da war und nun plötzlich fehlt.

Viele Menschen, die Trauerhalluzinationen erlebt haben, glauben nicht an irgendeine Art Leben nach dem Tod, und ich gehöre dazu. So lebendig meine Halluzinationen waren, sie passten weder zu meinem Verständnis vom Tod, noch – so seltsam das scheinen mag – veränderten sie es. Wenn sie mich einer Art von Glauben näherbrachten, dann nur dem, den ich immer gehabt hatte, nämlich dem Glauben an das unendliche Mysterium des menschlichen Geistes. Sie waren in jedem Fall willkommen und verblüffend und auch ein bisschen komisch, dabei fühlten sie sich sehr viel weltlicher an als heilig. Ich hatte nie das Gefühl, mich in Gegenwart von etwas Engelsgleichem oder Geisterhaftem zu befinden, auch nicht, als wäre der Vorhang zwischen dieser Welt und einer anderen irgendwie durchscheinender geworden. Aber ich erlebte diese Begegnungen auch nicht als etwas, das in meinem eigenen Kopf geschah. Vor allem die Stimmen – der Tadel meiner Großmutter und meine Freundin, die meinen Namen sagte – hatten eine Exteriorität, die Gedanken oder Erinnerungen oder auch Träume überhaupt nicht haben. Sofern ich sie überhaupt kategorisieren konnte, schienen sie weniger zum Bereich des Unheimlichen zu gehören als zum genauen Gegenteil: zu etwas zutiefst Vertrautem, als wäre es eine Form von Liebe, von der ich nicht gewusst hatte, dass es sie gibt, bis ich Trauer erlebte.

Diese tröstliche Welle des Vertrauten suchte ich, als ich nach meinem Vater Ausschau hielt: Da er in den Wochen nach seinem Tod nicht zu mir gekommen war, dachte ich, ich könnte vielleicht zu ihm gehen. Als ich es das erste Mal versuchte – an einem Spätnachmittag im Oktober, der grau und freudlos war, in der Luft die ersten Andeutungen des Winters – machte ich nach fünf Minuten kehrt. Selten hatte ich etwas probiert, das sich so aussichtslos anfühlte. Es erinnerte mich daran, wie ich mit neun oder zehn Jahren versuchte hatte, mit Telekinese zu experimentieren. An jenem Oktobertag meinen Vater herbeizurufen, gelang mir ungefähr so gut, wie es mir damals gelungen war, einen Bleistift von meinem Schreibtisch aus quer durch den Raum zu schieben – soll heißen, es funktionierte nicht nur nicht, ich konnte mir auch keinen Mechanismus vorstellen, keinen Geisteszustand, nichts Körperliches, keine Versicherung oder Äußerung eines Bedürfnisses, die dazu geführt hätten, dass es funktioniert oder die auch nur als Übung hätten gelten können. Und doch habe ich es in beiden Fällen weiter probiert.

Auch beim nächsten Mal funktionierte es nicht – es funktionierte nie. Ich weiß nicht, warum ich meinen Vater seit seinem Tod nicht so spürte, wie ich andere Menschen spürte, die ich geliebt und um die ich getrauert habe. Aber es steht mir wohl kaum zu, überrascht zu sein oder mich betrogen zu fühlen, wenn sich das Universum genau so verhält, wie ich es schon immer verstanden habe. Für mich war es immer eine der unantastbaren Bedingungen unserer Existenz: Die Menschen, die wir lieben, hören mit dem Tod auf zu sein, so eindeutig, wie Wasser aus einem Glas fließt, wenn man es umdreht.

Ich weiß, dass diese Überzeugung nicht alle teilen. Manche Menschen haben Zeit ihres Lebens das Gefühl, dass ihre Verstorbenen sie im Auge haben, manche sind zuversichtlich, ihnen im nächsten Leben wiederzubegegnen. Aber ich weiß auch, dass dieses Gefühl des absoluten Verlusts nicht nur Agnostiker und Atheisten belastet. Nachdem seine Frau, Joy Davidman, an Brustkrebs starb, schrieb C. S. Lewis, ein gläubiger, sachkundiger Christ, ein schmales, umwerfendes Buch mit dem Titel *Über die Trauer*. Er veröffentlichte es unter Pseudonym, weil er wusste, dass es die Frommen unter seinen Anhängern beunruhigen würde – nicht, weil es blasphemisch gewesen wäre oder weil er nicht mehr an Gott geglaubt hätte, sondern weil seine Erläuterungen zum Glauben den gewohnten Trost vermissen ließen. »Sprecht mir von der Wahrheit der Religion, und ich will euch gern zuhören«, schrieb er. »Sprecht mir von der Pflicht der Religion, und ich will euch unterwürfig zuhören. Aber kommt mir nicht und sprecht von den Tröstungen der Religion, oder ich schöpfe gegen euch Verdacht, daß ihr nichts versteht.« Das durch den Tod unveränderte Ich, die wiederhergestellte Vergangenheit, eine herrliche Wiedervereinigung an einem fernen glitzernden Ufer: all das stammt »aus schlechten Kirchenliedern und frommen Öldrucken«, fuhr Lewis fort. »In der Bibel steht kein Wort davon.« Nichts in der Schrift versprach ihm, dass er nach seinem eigenen Tod mit seiner Frau wieder vereint sein würde; und er war sich sicher, dass er dies nicht sein würde, weil er sicher war, dass die Frau, nach der er sich sehnte, nicht mehr existierte. »Ich blicke zum Nachthimmel empor«, schrieb er: »Gibt es etwas Gewisseres, als daß ich in all den ungeheuren Zeiten und Räumen, dürfte ich sie durchforschen, nirgends ihr Gesicht, ihre Stimme, ihre Berührung wiederfände?« Zwischen sich und seiner verstorbenen Frau spürte er nur »die verschlossene Tür, den eisernen Vorhang, das Vakuum, das absolute Nichts.«

So fühlt es sich für mich mit meinem Vater an, seit er starb. Nie fand ich in all der Zeit, die ich danach suchte, auch nur die kleinste Spur von ihm. In den Jahren, die inzwischen vergangen sind, habe ich in stillen Momenten versucht, seine Anwesenheit heraufzubeschwören, aber ich habe nichts gespürt, kein einziges Zeichen außerhalb meines eigenen Geistes und meiner Erinnerungen. Seine Tochter zu sein ist jetzt so, als hielte ich eins dieser selbstgebauten Dosentelefone in der Hand, an dessen anderem Ende keine Dose ist. Seine Abwesenheit ist absolut – wo er war, ist nichts mehr.

TRADITIONELL BETRACHTET IST Trauern ein öffentlicher und strukturierter Vorgang. Wir gehen zu Aufbahrungen und Trauergottesdiensten, verhängen Spiegel, sitzen eine Woche Shiva, sprechen mindestens einen Monat lang das Kaddisch, tragen ein Jahr und einen Tag lang Schwarz. Das private Trauern dagegen ist eine private Erfahrung ohne zeitliche oder rituelle Zwänge. Der Volksmund weiß, dass es in Phasen abläuft – Leugnen, Wut, Verhandeln, Depression, Annahme – und das mag stimmen. Aber das Paläozoikum hatte auch seine Phasen – Kambrium, Ordovizium, Silur, Devon, Karbon, Perm – und es dauerte zweihundertneunzig Millionen Jahre.

Wie alles, was zu lange andauert, ist Trauer (ich weiß nicht, warum die Menschen darüber nicht häufiger sprechen) unglaublich langweilig. Ich meine nicht die erste Zeit, wenn der Kummer und die Notwendigkeit, das Leben neu zu ordnen, noch zu groß sind, als dass so etwas wie Langeweile entstehen könnte. Aber irgendwann, wenn man sich an die ständige Begleitung gewöhnt hat, setzt die Monotonie ein. Ich weiß nicht mehr genau, wie lange nach dem Tod meines Vaters das bei mir der Fall war, denn die Trauer hat auch mein Zeitgefühl durcheinandergebracht, aber es müssen mehrere Monate vergangen sein, bis die Trauer in meinem Inneren nicht mehr wild hin und her schwappte und zu einem ruhigen Gewässer wurde. Sie ließ das Leben extrem langweilig erscheinen, und sie ließ mich extrem langweilig erscheinen, und vor allem wurde sie unglaublich anstrengend. Ich erinnere mich, eines Tages laut erklärt zu haben, wie satt ich das hatte – die bleiche, lethargische, trostlose Endlosigkeit des Trauerns. Es schien ein Affront gegen meinen Vater zu sein, der zu den unlangweiligsten Menschen gehörte, die es je gab, und eine Verschwendung von Zeit, die – daran hatte mich sein Tod gerade aufs Schärfste erinnert – ein kostbares und endliches Geschenk ist. Aber ich konnte die Trostlosigkeit ebenso wenig wegzaubern, wie ich ihn herbeizaubern konnte.

Was es noch schlimmer machte: diese Langeweile bot keinen Schutz vor den Launen der Trauer. Wir halten »langweilig« für ein Synonym von »vorhersehbar«, aber ich erlebte das Trauern als zugleich unberechenbar und öde. Insofern ähnelte es der Zeit, die wir im Krankenhaus verbrachten, als mein Vater im Sterben lag; die Gefühle waren gewaltig und sprunghaft, die Tage angespannt und eintönig. Wie Stress, Depressionen und körperliche Schmerzen zermürbt uns die Trauer allein durch die Tatsache, dass sie immer da ist. Jeden Tag wacht man auf und die Hypothek ist nicht bezahlt, jeden Tag wacht man auf und der Rücken tut weh, jeden Tag wacht man auf und der Vater ist tot. Aber jedes Klima hat sein Wetter, und zusätzlich zu dieser Trostlosigkeit fühlte sich meine Trauer chaotisch an – sie wurde so permanent und subtil von so vielen verschiedenen Faktoren beeinflusst, dass ihr Verhalten mich immer wieder schockieren konnte.

An manchen Tagen ging es mir zum Beispiel wirklich zutiefst gut. Ich erinnere mich noch genau, an einem klaren, kalten Wintertag vom Laufen zurückgekommen zu sein in der überschwänglichen Überzeugung, es ginge mir gut und alles wäre gut, ich war dankbar für das Leben meines Vaters und hatte meinen Frieden mit seinem Tod gemacht und mir war bewusst, dass er mir alles gegeben hatte, was ich nur brauchen könnte, um ohne ihn weiterzumachen   und all das stimmte auch, war jedoch nicht mehr als eine Stimmung inmitten des Trauerns. An anderen Tagen fühlte ich mich wie ein gespenstisches Abbild meiner selbst: ruhig, leer, funktionierend, gefühllos. An wieder anderen Tagen war ich von einer seltsamen, unbestimmten Angst erfüllt, als hätte ein Teil von mir vergessen, dass mein Vater gestorben war, und versuchte mit wachsendem Entsetzen herauszufinden, was nicht stimmte. Ich hatte das Gefühl, auf etwas zu warten, das schon passiert war, und das machte mich nervös und unruhig. (»Niemand hat mir je gesagt, daß das Gefühl der Trauer so sehr dem Gefühl der Angst gleicht«, schrieb C. S. Lewis. »Das gleiche Flattern im Magen, die gleiche Unrast.«)

Und ich empfand noch etwas, wenn auch nur schwach, nämlich Wut. Es ist vollkommen normal, dass Hinterbliebene Wutanfälle erleben – Wut auf sich selbst, auf Gott, auf die Ungerechtigkeit der Welt, auf die Toten, weil sie gestorben sind, auf vollkommen Fremde, weil sie die Frechheit besitzen, noch lebende Partner*innen oder Kinder zu haben, auf die plötzliche unerträgliche Demütigung und Erleichterung, wenn man sich den Kopf an einer offenen Schranktür stößt. Diese Art von irrationaler, aufwallender Wut kannte ich von früherer Trauer, nach dem Tod meines Vaters sah ich mich allerdings nur mit ihrem glanzlosen Cousin konfrontiert: Reizbarkeit. Wie Schlafentzug machte es auch Trauer schwer, im Gleichgewicht zu bleiben, und leider merkte ich nach dem Tod meines Vaters oft, dass ich gereizt und schwierig war. Kleinigkeiten, die mich normalerweise nicht gestört hätten, brachten mich auf die Palme: der Verkäufer im Supermarkt, der den Manager rufen musste, um den Bezahlvorgang abzuschließen, als ich es eilig hatte; meine Mutter, die den Fernseher im Hintergrund nicht leiser gestellt hatte, bevor sie mich anrief. Schon in den Momenten selbst wusste ich, dass es nicht um das ging, worüber ich mich vermeintlich ärgerte. Mich frustrierten einfach meine neuen Lebensbedingungen – die Tatsache, dass mein Vater nicht mehr da war, und die Notwendigkeit, um ihn zu trauern. »Ich ärgere mich so, dass mein Vater weg ist«, verkündete ich eines Tages, was völlig richtig war, obwohl ich eigentlich sagen wollte: »Es ist so ärgerlich, dass mein Handy weg ist.«

Von allen Auswirkungen, die das Trauern auf mich hatte, mochte ich diese am wenigsten. Sie passte nicht zu dem

Verlust, der sie verursacht hatte, und hinterließ bei mir eine seltsame, selbstzerstörerische Stimmung, die zwar nicht heftig war, aber einen üblen existenziellen Einschlag hatte. Von meinen vielen emotionalen Reaktionen auf den Tod meines Vaters war sie am weitesten vom Grundzustand der Trauer entfernt – obwohl Trauer meiner Erfahrung nach oft überraschend weit weg ist, wenn wir trauern. Bevor ich es selbst erlebt hatte, war ich davon ausgegangen, dass Trauer eine Form von Traurigkeit ist, im Grunde dasselbe, nur extremer. Und vielleicht stimmt das auf eine unterschwellige Art und Weise; vielleicht sind all die anderen Dinge, die ich dabei fühlte – Angst und Erschöpfung und Reizbarkeit und Abgeschlagenheit – nur Sekundärerscheinungen, die sie verdrängen, durch Trauer hervorgerufen und leichter zugänglich als Trauer. Letztendlich macht das aber keinen Unterschied, denn es herrscht allgemeiner Konsens, dass es all diese anderen Dinge sind, die Hinterbliebene am häufigsten empfinden. Seit Kübler-Ross ihre Systematik der Trauer veröffentlichte (bei der es ursprünglich um die Erfahrung ging, sich mit dem eigenen Tod auseinanderzusetzen, heute wird sie aber gemeinhin auf Trauernde angewandt), wird über die Tauglichkeit und Allgemeingültigkeit ihrer fünf Stadien debattiert, werden weitere vorgeschlagen: Schock, Schmerz, Schuld, Reflexion, Neuorganisation, Hoffnung. Weder im alten Modell noch in den neuen ist Traurigkeit ein bestimmendes Merkmal der Trauer.

Diese überraschende Auslassung entspricht genau meiner eigenen Erfahrung. Natürlich war und bin ich zutiefst traurig über den Tod meines Vaters. Ich erinnere mich an ganze Tage, an denen sich der Kummer um mich sammelte wie Wasser, so greifbar und rein, dass die einzige Antwort auf die Frage, wie es mir geht oder was los ist, war: »Ich bin einfach nur traurig.« Und ich kann mich an andere Tage erinnern, an denen mich eine noch schlimmere Form dieses Gefühls überkam – so, wie ich immer angenommen hatte, Trauer wäre eine Flutwelle, die anschwillt und mich mit dem ganzen Ausmaß meines Verlusts überschwemmt. Aber weder das eine noch das andere, weder das ruhige Gewässer noch die Welle, waren ein regelmäßiger Zustand meiner Trauer.

Stattdessen empfand ich die Traurigkeit in jeder Hinsicht wie ein verletzliches Wesen, eine kleine neutrale Nation auf einem kriegführenden Kontinent, dessen Grenzen ständig von aggressiveren Gefühlen überrannt wurden. Ich empfand sie auch als seltsam verstohlen, seltsam aufmüpfig; sie versteckte sich schnell und ließ sich gegen ihren Willen nicht wecken. Ich konnte an meinen Vater denken, ich konnte meinen Vater vermissen, ich konnte meinen Vater lieben, aber ich konnte mich nicht dazu bringen, um ihn zu trauern, wann und wo ich es wollte – genauso wenig wie ich mich selbst kitzeln oder mich dazu bringen konnte, mich zu verlieben. Sie stieg von selbst in mir auf, aus Gründen, die ich manchmal selbst erst im Nachhinein verstand, oder sie wurde durch irgendwas ausgelöst, das mit mir rein gar nichts zu tun hatte. Selten waren es vorhersehbare Auslöser wie Feiertage, der Hochzeitstag meiner Eltern oder die Teilnahme an einer Beerdigung, auf die ich mich einstellen konnte. Im Gegenteil: Die Dinge, die mich aus dem Gleichgewicht brachten, waren fast immer unerwartet und in der Regel schräg – wie an dem Tag, etwas mehr als ein Jahr nach dem Tod meines Vaters, als plötzlich die Worte auf meinem Laptop verschwammen und sich ein Bissen Bagel in meinem Mund in Kreide verwandelte, weil ich in einem Café in Manhattan einen Mann zu seiner Begleitung sagen hörte: »Ich wünschte, meine Tochter würde mich häufiger anrufen.«

Manchmal sehnte ich mich nach solchen Momenten – Momenten, in denen die Trauer mich durchfloss wie ein nächtlicher Fluss, dunkel und klar, unbeeinträchtigt von heimtückischeren Gefühlen. Aber diese Dinge richten sich nicht nach unseren Wünschen. Könnten wir Trauer heraufbeschwören, könnten wir sie auch bannen, aber wenn uns die Trauer etwas lehrt, dann eben die Lektion, dass wir keine Kontrolle über sie haben. Bücher und Webseiten zum Thema Trauer sind voll von Ratschlägen, wie man »durch die Trauer kommt«, und es stimmt, es gibt bessere und schlechtere Wege, mit dem Tod eines geliebten Menschen umzugehen. Ich habe mich bemüht, einen besseren zu gehen – nicht allein zu trauern, nicht zu viel in den eigenen vier Wänden zu bleiben, den Schmerz nicht zu betäuben oder zu verleugnen, meine Familie, und meine Freund*innen, meinen Körper und meine Arbeit, sowie die Ereignisse und Bedürfnisse der übrigen Welt nicht zu häufig und zu lange zu vernachlässigen. Ich bin sicher, all das hat geholfen, und sei es nur, weil es die Lage nicht noch verschlimmert hat. Aber nicht mal dieses selbstfürsorgliche Verhalten vermittelte mir das Gefühl, mich selbstbestimmt durch die Trauer hindurch zu bewegen. Es war, als würde die Trauer durch mich hindurchgehen – wie etwas Wildes, das sich genauso wenig durch meinen Willen beeinflussen ließ wie ein

Berglöwe oder ein Sturm. Wie alle wahrhaft wilden Dinge war sie überwältigend und von Nahem manchmal beängstigend, aus der Ferne aber seltsam fesselnd, mächtig und ehrfurchtgebietend; und wenn sie wegging – besonders als die Zeitspanne zwischen ihren unvorhersehbaren Auftritten länger wurde –, sehnte ich mich umgekehrt manchmal danach, dass sie wiederkam.

Die meisten Menschen haben, glaube ich, zumindest ein bisschen Angst vorm Ende der Trauer. Ich verspürte sie jedenfalls. Wie schlimm unser Kummer auch ist, wir begreifen, dass er ein Abbild der Liebe ist, dass er die Eigenschaften des Menschen trägt, um den wir trauern. Vielleicht wurden Sie schon mal von einer verblichenen blauen Baseballmütze, einer Tasche mit Strickzeug oder dem Klang eines Brahms-Klavierkonzerts zu Tränen gerührt. Bei mir war es ein Stapel Button-Down-Hemden meines Vaters, der im Schlafzimmer meiner Eltern darauf wartete, gespendet zu werden; eine polierte hölzerne Wanduhr, identisch mit der, die er in seiner Anwaltskanzlei hatte, als ich klein war, und die schockierend viele Erinnerungen an meine Kindheit weckte; eine ramponierte Ausgabe von *Middlemarch*, deren Buchrücken gebrochen war (mein Vater knickte seine Taschenbücher in der Mitte zum Lesen so reflexartig und zufrieden wie New Yorker ein Stück Pizza falten, um es zu essen); und eine blassgrüne Packung Wrigley's Kaugummi, zur Hälfte von der Silberfolie befreit. Aber jetzt kommt das Kuriose: All diese Dinge, die die Trauer wie Waffen einsetzt, sind für mich eigentlich ganz wunderbar – seltsame, besondere, willkommene Heimkehrer aus dem langen Exil im Land der Vergangenheit. Was die Trauer so verführerisch macht, ist also mindestens zum Teil, dass sie uns zu bieten scheint, was das Leben uns nicht mehr bieten kann: eine emotional aktive Verbindung zu den Toten aufrecht zu halten. Es ist also nur verständlich, dass der Mensch, den wir lieben, gewissermaßen noch mehr verschwindet, wenn dieses öde Geschenk verschwindet.

Deshalb haben wir ein so seltsames Verhältnis zum Schmerz, den die Trauer bringt. Am Anfang wünschten wir, es würde aufhören; später fürchten wir genau das. Und wenn es dann schließlich leichter wird, wird es das gleichzeitig nicht, weil es sich auch wie ein Verlust anfühlen kann, sich besser zu fühlen. »Die Bäume schlagen aus, erblühn«, schrieb der Dichter Philip Larkin,

Wie etwas fast im Wort entblößt;
Die Knospen spreizen sich gelöst,
Wie Trauer ist ihr frisches Grün.

Diese Art der zirkulären Trauer, das Betrauern der Trauer selbst, ist vollkommen normal und womöglich unvermeidbar und zugleich führt es in die Irre, ist zwecklos. Sich schlecht zu fühlen ist nicht ehrbar und sich besser zu fühlen kein Betrug, und egal wie dunkel und salzig und bitterkalt die Trauer sein mag, sie wird nichts von dem Menschen bewahren, um den man trauert. Auch wenn es sich manchmal anders anfühlt, noch nie wurde dadurch jemand am Leben erhalten, nicht mal in der Erinnerung. Wenn überhaupt erhält es sie tot: Hört man nicht auf zu trauern, besteht der Mensch, den man liebt, irgendwann nur noch aus Trauer.

EINEN GELIEBTEN MENSCHEN zu verlieren, ist eine so ungeheure Erfahrung, dass sie sich nicht auf einen Schlag verarbeiten lässt. Erst nach und nach entfaltet sie sich ganz, wenn sich die furchtbare Flut der Trauer zurückgezogen hat und alle möglichen seltsamen Sachen zurücklässt. Ich hätte beispielsweise nicht erwartet, dass es ausgerechnet das Schweigen meines Vaters sein würde, das mir aus diesen letzten Wochen im Krankenhaus bleiben würde. Obwohl es mich damals verwirrte und aufregte, beanspruchte es nicht so einen derart großen Teil meiner emotionalen Aufmerksamkeit wie heute. Es gab so viel anderes zu tun, zahlreiche entscheidende Funktionen seines Körpers befanden sich in einer Krise, so viele Stunden wurden damit verbracht, über scheinbar dringende Fragen zu sprechen, die letzlich keine Rolle mehr spielten (Würde er für den Rest seines Lebens an die Dialyse müssen? Mussten wir uns um eine Langzeitpflege kümmern?), dass seine mysteriöse Unfähigkeit zu sprechen nicht das dringlichste Problem zu sein schien. Schließlich ist noch nie jemand an seinem Schweigen gestorben.

Aber wäre es möglich, dass jemand daran stirbt, dann hätte es gut mein überschwänglicher, kommunikativer, mehrsprachiger Vater sein können. Sein Schweigen war ihm so unähnlich, stand dem ganzen Geist seines Wesens so entgegen, dass ich rückblickend denke, ich hätte wissen müssen, was es bedeutete. Stattdessen tat ich, was ich konnte, um dagegen anzugehen. Mit dem Rest meiner Familie saß ich am Bett meines Vaters und redete mit ihm, sagte Gedichte auf, füllte sein Krankenzimmer mit Hilfe meines Laptops mit Tschaikowski, Chopin und Beethovens »Ode an die Freude«. Alles, was er liebte, all das Bemerkenswerte, was Menschen aus Ideen und Gefühlen und Klang gemacht haben – damals hoffte ich und ich hoffe es immer noch, dass er es hören und erkennen konnte. Und wenn nicht, dann hoffe ich, er konnte es hören und es von neuem wunderbar finden, so wunderbar wie beim allerersten Mal. Und wenn auch das nicht, dann hoffe ich, er empfand inneren Frieden.

Die vertrauten braunen Augen meines Vaters folgten mir stumm durch das Krankenzimmer: Daran muss ich heute immer denken, wenn ich auf die Zeit zurückblicke, in der er im Sterben lag. Oft frage ich mich, was hinter ihnen vor sich ging. Es ist unmöglich zu sagen, ob sein Schweigen einem inneren Zusammenbruch entsprach, ob sein Denken selbst langsam zerfiel, oder ob es nur das Ergebnis eines Bruchs in seinem Verhältnis zur Welt war – eine Schranke, die sich senkte, oder eine erschwerte langjährige Verbindung. War die Stille nicht nur äußerlich, sondern auch innerlich? Oder war es für ihn, als blicke er nachts durch ein Fenster in ein helles Zimmer, das Innere hell, das Äußere im Schatten und schwer zu erkennen? Ich weiß es nicht und ich weiß auch nicht, warum es mich derart beschäftigt, das nicht zu wissen. Am Ende verlassen wir die Welt und wir verlassen uns selbst und vermutlich spielt die Reihenfolge dabei gar keine Rolle. Ich könnte nicht mal sagen, was von beidem mir einsamer vorkommt.

Eine der Göttinnen des Todes in der römischen Mythologie hieß Tacita, die Schweigende. Ovid berichtet, die Gläubigen hätten ihr am Tag der Toten, um sie günstig zu stimmen, einen Fisch mit zugenähtem Maul geopfert. Ein geschickt gewähltes Opfer für eine geschickte Göttin. Der Tod vernäht jedem Menschen den Mund; alles daran widersetzt sich der Sprache. Die Toten selbst können nicht sprechen und die Lebenden können nicht aus eigener Erfahrung übers Sterben sprechen, und angemessene Worte zum Trauern zu finden kann extrem schwierig sein. Beim Trauern lernt man etwas über den Trauerprozess, aber es ist einsames, fadenscheiniges Wissen, schwer zu beschreiben, und in fast jedem Detail maßgeschneidert. Nach dem Tod meines Vaters stellte ich mit Erschrecken fest, wie nutzlos ich war, wenn es darum ging, jemandem im Angesicht des Todes Trost zu spenden, wie geradezu unmöglich es war, überhaupt etwas zu sagen, das die naheliegenden Plattitüden an Genauigkeit oder Hilfsbereitschaft übertraf. Selbst wenn ich mich mit meiner Schwester unterhielt, deren Trauer mich mehr schmerzt als meine eigene und die der einzige andere Mensch auf der Welt ist, der meinen Vater als Vater betrauert – selbst dann glaube ich nicht, auch nur ein einziges Mal etwas annähernd Tröstliches oder Brauchbares gesagt zu haben. Ich erinnere mich, eines Nachmittags ein paar Monate nach seinem Tod mit ihr telefoniert zu haben und nach der traurigen gegenseitigen Vergewisserung, wie sehr wir ihn beide vermissten, nur »Ach« in die Stille gesagt zu haben.

Die Silbe war repräsentativ. Ach, bäh, argh, oy: Diese undeutlichen, buchstäblich nichtssagenden kleinen Ausrufe sind an einem weniger schlimmen Tag das Äquivalent zum Stöhnen und Klagen. Selbst wenn die Trauer uns nicht überwältigt, verspotten sie unsere Fähigkeit, die Welt in Worte zu fassen. Die nackte Tatsache in ihrer Mitte – fort,

fort, fort, fort – ist zu offensichtlich, um sie auszusprechen, und gleichzeitig zu schrecklich, um sie so oft und willkürlich auszusprechen, wie wir sie empfinden. Sich die Haare raufen, mit den Zähnen knirschen, die Kleider zerreißen: Der Impuls mag da sein, die Handlung auszuführen wird im Allgemeinen unterdrückt durch das hilfreiche, aber seltsam unpassende Diktat höflichen Miteinanders. Man geht zur Arbeit, man geht zur Babyparty, man sagt, man kommt klar, danke der Nachfrage. Und die ganze Zeit über verdrängt man, dass jemand, den man liebt, den alltäglichen, unvorstellbaren Weg aus dieser Welt genommen hat.

Vermutlich ist das der andere Grund dafür, dass mir das Schweigen meines Vaters geblieben ist: weil es anhält und mir geblieben ist. Es war ein Vorgeschmack auf das dauerhafte Schweigen, das folgte, ein so umfassender Verlust, dass ich sein wahres Ausmaß eine Zeitlang gar nicht begriff. Und dann setzte sich eines Abends, während dieser ersten Trauerphase, als ich nur in Gedichten Trost fand, meine Partnerin zu mir und las mir »Crossing Brooklyn Ferry« vor. Darin lehnt Walt Whitman an der Reling eines Schiffes, etwas nördlich von der Stelle, von der aus mein Vater zum ersten Mal den Hafen von New York sah, und preist alles, was er sieht. Whitmans weiter Blick umfasst nicht nur die Anleger und Segel und die taumelnden Möwen, sondern auch all diejenigen, die die Überfahrt machten: alle, die vor seiner Geburt Ausschau haltend an der Reling standen, alle, die im selben Moment um ihn herum Ausschau halten und alle, die nach seinem Tod da sein und Ausschau halten werden – was er im Gedicht weniger vorhersieht, sondern durch eine wilde, erweiterte Allwissenheit in der

Rückschau erkennt. »Wie Ihr euch fühlt, wenn Ihr den Fluss und den Himmel seht, so fühlte ich mich«, mahnt er freundlich.

Und einfach so, mitten im Gedicht, mitten in der Trauer, offenbarte sich mein Verständnis von Verlust als furchtbar eng. Was ich an meinem Vater vermisste – mit ihm zu reden, mit ihm zu lachen, ihm meine Gedanken und Gefühle anzuvertrauen, um dann seine erzählt zu bekommen – war das Leben, wie es aussah, wenn es durch ihn gefiltert wurde, wenn man es gegen sein inneres Licht gehalten betrachtete. Das Wichtigste, was mit seinem Tod verschwunden ist, so wurde mir in diesem Augenblick klar, ist für mich völlig unerreichbar: das Leben, wie es für *ihn* aussah, das Leben, wie wir es alle leben, von seinem Inneren heraus betrachtet. All meine Erinnerungen reichen nicht aus, um auch nur einen Augenblick lang zu wissen, wie es war, er zu sein, und mein Verlust verblasst neben seinem. Wie bei Whitman war die Liebe meines Vaters zum Leben überschwänglich, erschöpfend; er muss es gehasst haben, wirklich gehasst haben, es zurückzulassen – nicht nur die Menschen, die er liebte, sondern alles, von einem glitzernden Meer zum anderen.

Es raubt einem den Atem, dieses Auslöschen eines Bewusstseins. Mit Abstand betrachtet ist es, das weiß ich, der häufigste aller Verluste, der sich seit Anbeginn der Geschichte jede Stunde jedes Tages wiederholt. Aber von Nahem betrachtet ist es schockierend, dass ein ganzes Universum aus dem Leben verschwindet. Ich habe meinen Vater verloren, mein Vater hat alles verloren. Das ist der absolute Verlust, den sein Schweigen im Krankenhaus vorhersagte:

das Ende des Geistes, das Ende des Ich, das Ende des Teilhabens an all dem – dem Hafen, der Stadt, der Lyrik, der Welt. »Er wurde zu seinen Bewunderern«, schrieb ein anderer Dichter, W. H. Auden, über Yeats, als dieser starb. Jetzt sind wir, die wir meinen Vater liebten, alles, was von ihm übrig ist.

IM WOHNZIMMER MEINER Schwester gibt es einen Sessel, den mein Vater jeden November, wenn unsere Familie sich zu Thanksgiving bei ihr versammelte, als seinen betrachtete. Er setzte sich kurz nach der Ankunft hinein und hielt ihn praktisch besetzt, bis es an der Zeit war aufzubrechen, abgesehen von den Mahlzeiten und gelegentlichen Spaziergängen den Flur hinunter zu seiner Enkelin, um ihr Gutenachtgeschichten zu erzählen und angeregt die derzeitigen Geschehnisse im Land der Puppen und Stofftiere zu diskutieren. Das war gegen Ende seines Lebens – in früheren Jahren hatten meine Eltern das Fest selbst ausgerichtet –, als mein Vater wegen seines schlechten Gleichgewichtssinns, einem kaputten Rücken und der geleisteten Zeit, die er dort verbüßt hatte, endgültig von seinen Küchenarbeiten entbunden worden war. »Ich bin«, erklärte er einmal, als er aufstehen wollte, um zu helfen und ein Chor ihn einstimmig aufforderte, sich wieder hinzusetzen, »zu einer Zierde geworden.«

Weder im abwertenden noch im lobenden Sinne war mein Vater je das, was man als dekorativ bezeichnen würde. Und doch bereicherte er jeden Raum, den er betrat. An Thanksgiving saß er den ganzen Tag in seinem Sessel und obwohl er nicht gerade Hof hielt und auch keine Rede, wirkte er wie unser eigener privater Philosophenkönig. Wenn wir anderen mit ihm im Wohnzimmer herumhingen, spielte er mit großem Vergnügen seine diversen sich überschneidenden Rollen: Vater, Großvater, Gelehrter, Klugscheißer, Fragensteller, wohlwollender Inquisitor, Zeremonienmeister. Waren wir mit Kochen, Arbeiten oder Spazierengehen beschäftigt, schob er sich die Brille auf die Stirn und widmete sich wieder dem Buch, das er gerade las – »*Hebräisch für Alte*«, scherzte er einmal, als ich ihn danach fragte, eine mühelose Doppeldeutigkeit.

»Wo er war, ist jetzt nichts«, schrieb ich weiter oben über meinen Vater, und das stimmt, allerdings mit der Anmerkung, dass »nichts« keine neutrale Leere ist. Auf dem Weg hinter meinem Haus steht ein Baum, in dem ich einmal eine Eule sah; jetzt blicke ich automatisch jedes Mal, wenn ich daran vorbeikomme, auf. Das ist vergleichbar mit der Leere, die der Tod hinterlässt: der Platz im Baum, wo die Eule nicht ist. Vom ersten Thanksgiving nach dem Tod meines Vaters an habe ich nicht ein Mal diesen Sessel angesehen, ohne mich an meinen darinsitzenden Vater zu erinnern. Und es ist nicht nur der Sessel. Mein Vater ist nicht mehr auf dieselbe Weise in meinem Leben, auf die er vor seinem Tod in meinem Leben war: überall und unverkennbar. Ich denke, das trifft auf beinahe jeden zu, der jemanden verloren hat, den er oder sie liebt. Beraubt zu sein bedeutet, mit der ständigen Gegenwart der Abwesenheit zu leben.

Das klingt beunruhigend, und das ist es anfangs auch. Schon fast in dem Moment, in dem er starb, war mir klar, dass mein Vater, der nichts mehr wollte, als dass seine Töchter glücklich sind, nicht wollen würde, dass ich in Trauer an ihn dachte. Und doch verwandelte sich meine Welt danach für lange Zeit in einen negativen Raum: in eine Landkarte der Orte, an denen mein Vater nicht war. Diese Karte umfasste nicht nur all die Orte, an denen er immer gewesen war, wie beispielsweise den Sessel. Sie umfasste auch all die Orte, an denen er nie sein würde. Kurz nach seinem Tod unterhielt ich mich mit einem älteren Freund, der mir erzählte, dass sein eigener Vater noch lebte, er war vierundneunzig Jahre alt. Ich weiß nicht mehr, was ich ihm entgegnete, und ich weiß auch nicht, wie ich das Gespräch danach weiterführen konnte, denn ich konnte nur noch eins denken: *zwanzig weitere Jahre.* Ich hätte meinen Vater noch zwei Jahrzehnte länger in meinem Leben haben können – eine unvorstellbare Verlängerung, buchstäblich eine Generation mehr Zeit mit ihm.

Solche Berechnungen anzustellen ist normaler Bestandteil der Trauer. Egal, wann Ihre Angehörigen sterben, es wird immer eine Reihe von Dingen geben, die sie nicht mehr miterleben konnten: Ihren Schulabschluss, Ihre Hochzeit, das Haus, das Sie gekauft haben, das Leben, das Sie sich aufgebaut haben, das Buch, das Sie geschrieben haben, Ihre Kinder. Selbst wenn diese zukünftigen Ereignisse an sich wunderbar sind, kann es erschütternd sein, nach einem Todesfall an sie zu denken. Die Trauer verwirrt uns, indem sie uns in die Vergangenheit zurückwirft, denn wir haben nur noch Erinnerungen, aber natürlich trauern wir nicht um die Vergangenheit, wenn jemand stirbt, sondern um die Zukunft. Das wurde mir im Gespräch mit meinem Freund klar – alles, was von nun an in meinem Leben geschehen würde, würde noch etwas sein, das mein Vater nicht mehr erlebte.

Es dauert lange, bis man mit Trauern fertig ist, und noch länger, es zu wissen. Die Intervalle der Trauer sind zu unzuverlässig und der Gesamtzustand zu wechselhaft, um ihn mit Gewissheit zu benennen. Trauern Sie noch oder sind Sie nur schlecht gelaunt? Haben Sie die blasse Grenze überschritten, die das Ende der Trauer und den Beginn des Traurigseins markiert, ein Gefühl, das Sie für den Rest Ihres Lebens immer wieder spüren werden? Das ist sehr schwer zu sagen, vor allem, weil selbst nachdem das Schlimmste vorbei ist oder vorbei zu sein scheint, nichts seine Rückkehr verhindern kann. Die Trauer hat eine erschreckend hohe Rückfallquote, und es ist nicht ungewöhnlich, sich in ihr wiederzufinden, wenn man sie längst überwunden zu haben glaubte. Und doch ist sie bei fast allen Menschen irgendwann wirklich zu Ende. An einem beliebigen Punkt, immer rückwirkend, schaut man sich in seinem Leben um und stellt fest, dass es vorbei ist.

Das gilt allerdings nicht für all die Lücken, die der Tod eines geliebten Menschen hinterlässt. Diese fühlen sich nur anders an, weil sie irgendwann mit etwas anderem als Trauer gefüllt sind. Mir fallen immer noch fast täglich all die Orte auf, an denen mein Vater fehlt. Ich bemerke sie auf Fotos und in Büchern, die ich lese, am Klang meiner eigenen Sätze und an der Art meiner Gedanken, an meiner Mutter und meiner Schwester, in meinem eigenen Gesicht im Spiegel, in dem vertrauten Anblick seiner Brieftasche – die jetzt so sicher, wie sie bei ihm nie war, in der obersten Schublade meiner Kommode liegt. Manche dieser Lücken machen mich dankbar dafür, wer mein Vater war, und dafür, einen Moment innehalten und an ihn denken zu können. Manche fühlen sich immer noch melancholisch und zwiespältig an. Manche, wie dieser Sessel, sind eine Art alltägliches Mahnmal, eine Kerze, die ich nicht anzünden muss, weil sie durch ihn immer brennt. Zusammengenommen dienen sie dazu, die Welt etwas weniger unvollständig zu machen, als sie sonst wäre. Anders als er sind sie noch da, und das werden sie vermutlich immer sein, so beständig wie die Liebe, die sie hervorgebracht hat. Das ist das grundlegende Paradox des Verlusts: Er verschwindet nie.

II

Finden

EINE WAHRE GESCHICHTE, die mir sehr am Herzen liegt, handelt von einem elfjährigen Jungen namens Billy, der beinahe von einem herunterfallenden Stern getroffen wurde. Es geschah an einem Sonntagabend im Sommer. Nach der Kirche setzte er sich mit seinen Eltern zum Mittagessen zusammen und ging anschließend über eine Weide und ein Maisfeld zum Hof der Johnsons. Roger Johnsons war in Billys Alter und für die beiden waren Sommersonntage selbst so etwas wie ein Feld – weit und offen, keine Erwachsenen, die auf sie aufpassten, kein Schultag, der drohend vor ihnen lag, der Tag hatte keine Grenze, nur die natürliche der Dunkelheit. Sie spielten Murmeln, sie kletterten auf Bäume, sie veranstalteten Schlachten mit den auf dem Boden liegenden Maiskolben, die ihnen als Munition dienten. Wenn diese Schlachten eskalierten, durchsuchten sie Schuppen und Schrotthaufen, nagelten ein Brett zwischen zwei junge Bäume, spannten einen Fahrradschlauch darüber und erklärten die Konstruktion zum Raketenwerfer. Erst wenn die Vögel anfingen zu lärmen und sich das Licht vom Himmel verzog, sagte Billy auf Wiedersehen und machte sich auf den Heimweg, um zu melken.

In der Kindheit ist die Welt riesengroß. Selbst ein bescheidener Vorstadtgarten hat seine geheimen Gefahren und Königreiche; dort, wo Billy aufwuchs, trennten einen Nachbarn vom andern in der Regel fünfzig Hektar und so ein Heimweg konnte ganze Epochen und Zivilisationen umspannen. Weiter als das Land war nur der Himmel; er musste den gesamten Raum ausfüllen, den der sich fast vollkommen flach von einem Horizont zum anderen erstreckende Boden nicht ausfüllte. An manchen Tagen legten Roger und er sich, wenn sie die Kühe über die Straße treiben sollten, mit ihnen zusammen auf die Weide und sahen den Verwandlungen der Wolken zu: ein einsamer Drache, der seinen Schwanz entrollt, ein Löwe, der sich auf seinen Hinterbeinen zurücklehnt, eine dunkelgraue Weite wie das Meer bei schlechtem Wetter, ständig in Bewegung, aber so sauber gefurcht wie frisch gepflügte Erde. An manchen Abenden saß Billy nach getaner Pflicht allein hinter der Scheune und sah zu, wie die Sterne erschienen, erst einer nach dem anderen, dann in Gruppen und irgendwann in großen Mengen – zehn Millionen Fremde, die sich mit ihren Fackeln auf einem anderen, unfassbar weit entfernten Feld versammeln.

An diesem Abend jedoch begann der Himmel sich gerade an seinem fernen Ende zu verdunkeln, die ersten Sterne waren noch kaum zu sehen, als Billy, der immer noch auf dem Heimweg war, sich umdrehte. In späteren Jahren konnte er nie sagen, was ihn dazu brachte – vielleicht nur eine Laune, der Impuls, ein Weilchen rückwärts zu gehen, wie Kinder es so tun, oder vielleicht eine Bewegung am Rand seines Blickfelds oder ein Geräusch, das er nicht zuordnen konnte. Einen nahen Meteoriten kann man im Fallen genauso wenig hören wie einen Apfel, wenn er vom Baum fällt. Man kann jedoch hören, wie die Erde auf den Sinkflug aus großer Höhe reagiert. Die von Meteoriten erzeugte elektromagnetische Energie ist so stark, dass die Gegenstände, die sie absorbieren – Bäume, Zaunpfähle, Brillengläser, Haare – sich aufheizen und ausdehnen und alle möglichen seltsamen Geräusche von sich geben. Zeugen von Meteoriteneinschlägen beschrieben ein Pfeifen, Knacken, Grummeln, Zischen, Knistern und einen Knall wie von einer Kanone. Weil diese starke Energie auch Veränderungen des Luftdrucks bewirken kann, glauben manche Physiker*innen und Planetenforscher*innen, dass sogar gehörlose Menschen einen Meteoritenfall »spüren« können.

Was auch immer Billy dazu brachte, als er sich umdrehte, raste etwas vom Himmel. Es war klein und dunkel und kam direkt auf ihn zu; erschrocken drehte er sich um und rannte weg. Als er schließlich stehen blieb und sich wieder umsah, war das Etwas verschwunden. Er verfolgte seine Schritte zurück und versuchte es zu finden, aber je länger er suchte, desto schwächer wurde das Licht, bis er es schließlich aufgab und durch die heraufziehende Dunkelheit weiter nach Hause ging. Am nächsten Tag ging er wieder dorthin und obwohl er gar nicht wusste, wonach er suchte, war es ihm sofort klar, als er es entdeckte:

vollkommen fehl am Platz dort in der Erde, glatt und außergewöhnlich schwer in seinen Händen, ergreifend wie das unendliche All, aus dem er gestürzt war – er hatte ihn gefunden.

WIE ERSTAUNLICH ES ist, etwas zu finden. Kinder, die darin besonders gut sind – vor allem, weil die Welt für sie noch so neu ist, dass sie gar nicht anders können, als sie wahrzunehmen – begreifen das und finden automatisch Vergnügen daran. Den fröhlichen Ausruf »Schau mal, Mama, was ich gefunden hab!« hört man deshalb auch dann, wenn es sich beim fraglichen Gegenstand um eine tote Schnecke auf den Stufen vor der Haustür handelt. Und sie haben recht, das so zu empfinden. Etwas zu finden ist normalerweise lohnend und manchmal belebend: das Wiedersehen mit etwas Altem oder die Begegnung mit etwas Neuem, ein glückliches Zusammentreffen von uns mit einem bisher fehlenden oder geheimnisvollen Teil des Kosmos.

Eine Liste solcher Begegnungen würde viel dickere Bücher als dieses füllen, weil Finden, wie Verlieren, eine gigantische Kategorie ist, die vor scheinbar unzusammenhängenden Dingen von Golddublonen bis Gott schier platzt. Wir können Sachen finden wie Stifte zwischen Sofakissen oder aber neue Planeten in weit entfernten Sonnensystemen, oder Dinge, die gar keine Dinge sind: inneren Frieden, alte Mitschüler*innen aus der Grundschule, die Lösung eines Problems. Wir können Dinge finden, die uns gar nicht gefehlt haben in unserem Leben (zum Beispiel einen neuen Job oder eine Imbissbude um die Ecke), und wir können etwas finden, das so gut versteckt war, dass praktisch niemand anders auch nur nach ihm gesucht hätte (wie Quarks oder Gliazellen).

Trotz dieser Vielfalt nimmt Finden immer eine von zwei Formen an. Die erste ist das Wiederfinden: wir können etwas finden, das wir vorher verloren haben. Die zweite ist das Entdecken: wir können etwas finden, das wir nie zuvor gesehen haben. Wiederfinden macht die Auswirkung des Verlustes im Wesentlichen wieder rückgängig. Es ist eine Rückkehr zum Status quo, die Wiederherstellung von Ordnung in unserer Welt. Eine Entdeckung *verändert* dagegen unsere Welt; statt uns etwas zurückzugeben, gibt sie uns etwas Neues.

Beide Ergebnisse klingen wunderbar, aber keine der zwei Formen löst das Versprechen gänzlich ein. Eine Socke wiederzufinden, die fünfzehn Wäschen lang verschwunden war, mag befriedigend sein – eine Art erleichterter Triumph, der eigentlich das Ende eines Ärgernisses ist – aber niemand empfindet deshalb Glück oder Ehrfurcht. Noch schlimmer, manchmal entdecken wir Sachen, die wir lieber nicht entdeckt hätten. Ein Radiologe, der ein Röntgenbild betrachtet, entdeckt den dunklen Schatten eines Tumors; ein Sohn, der seine genetische Geschichte erforscht, erfährt, dass sein Vater Kinder mit einer anderen Frau hatte. Aber das sind die Ausnahmen einer ziemlich zuverlässigen Regel: meistens ist es so erfreulich, etwas zu finden, wie es unerfreulich ist, etwas zu verlieren.

Manchmal ist es sogar mehr als erfreulich; manche Funde verändern unser Leben von Grund auf. Viele Faktoren trugen dazu bei, dass der Tod meines Vaters schwierig war; dazu, ihn erträglich zu machen, trug jedoch eine Sache mehr bei als alle anderen: Im Jahr, bevor er starb, verliebte ich mich. Um diese Erfahrung geht es im Folgenden. Aber so wie jede Trauergeschichte eine Auseinandersetzung mit einem Verlust ist, ist jede Liebesgeschichte die Chronik eines Fundes, die private Geschichte einer außergewöhnlichen Entdeckung. Und so, wie mich der Tod meines Vaters dazu brachte, darüber nachzudenken, was große Verluste mit kleinen gemeinsam haben, brachte mich das Finden der Liebe dazu, darüber nachzudenken, was es mit dem Finden generell gemeinsam hat.

Eine der wichtigsten Eigenschaften des Findens habe ich bereits erwähnt: Etwas zu finden ist fast immer erfreulich. Wenn das Gefundene fraglos einen Wert hat, ist das offensichtlich. Natürlich ist es wunderbar, die wahre Liebe zu finden oder das verlorene Tagebuch oder hundert Dollar auf einem Parkplatz. Aber auch der Akt des Findens *an sich* hat einen Wert. Vor einigen Jahren habe ich beispielsweise auf dem Nachhauseweg einen Umweg gemacht, kam bei einem Trödler vorbei, der mir noch nie aufgefallen war, schaute, was auf dem einzigen staubigen Brett mit Büchern stand und kaufte für einen Dollar die wunderschöne Erstausgabe eines Gedichtbandes von Langston Hughes – mit Widmung und Unterschrift des Autors. Ich bezweifle, dass ich jemals wieder über etwas stolpern werde, das objektiv einen solchen Wert hat, aber es war nicht nur der tatsächliche Wert der Entdeckung, der es aufregend machte. Hätte ich den Hughes einem Antiquar abgekauft, besäße ich genau denselben Gegenstand, es würde sich aber anders anfühlen, und das nicht nur, weil ich viel mehr Geld dafür ausgegeben hätte. Was diesen Fund bemerkenswert machte, war nicht nur der Ort, an dem ich das Buch fand – versteckt zwischen Angelzeug, Farbdosen und Stapeln leerer Bilderrahmen –, sondern auch die unwahrscheinliche Tatsache, dass ich gerade im richtigen Moment da war.

Selbst wenn man den intrinsischen Wert eines Fundes

abzieht, bleibt dieser Wert noch übrig. Bei demselben Trödler erstand ich später einen kleinen gusseisernen Wal, vielleicht zwölf Zentimeter lang, der mich stolze fünfundzwanzig Cents kostete und den ich sehr schätze für sein angenehmes Gewicht und das befriedigende Gefühl, ihn aus dem Treibgut der Welt geborgen zu haben. Und ich bin nicht allein. Neben der Notwendigkeit zu sparen, ist diese Befriedigung der Hauptgrund dafür, dass Millionen von Menschen überhaupt Trödler und Flohmärkte aufsuchen: weil das Finden sogar relativ wertloser Dinge in jedem Fall Spaß macht.

So viel Spaß sogar, dass es uns mit als Erstes einfällt, wenn es darum geht, Kinder zu unterhalten. Ein Autokennzeichen aus North Dakota ist an sich nicht wertvoll, es wird es erst, wenn deine Zehnjährige nach sechs Tagen Reise durch neunundvierzig andere Staaten endlich eins sieht. Dasselbe gilt fürs Versteckenspielen, für Fahnenraub, Wimmelbücher, Buchstabensalat und die unzähligen anderen Spiele, die den Spielenden keine andere Belohnung bieten als die Freude am Finden. In der reinsten Form gilt es auch für Münzen und vierblättrige Kleeblätter, die wir Kindern als Glücksbringer vorstellen. Obwohl diese Dinge an sich kaum einen Wert haben, halten wir sie für Glücksbringer, einfach weil wir das Glück haben, sie zu finden – ein Zirkelschluss.

Dieses Glücksgefühl bildet den Kern beinahe jeden Fundes, so unterschiedlich die Erfahrung sonst auch ausfallen mag. Manchmal ist es ein Wiederfinden. Manchmal ist es eine Entdeckung. Manchmal wirkt es wie eine Erkenntnis. Und manchmal ist es einfach wie Erwachsenwerden, denn die Bedeutung des Lebens hängt mit dem Älterwerden immer mehr an Dingen, die wir selbst ausfindig machen müssen: Freund*innen, Glück, ein Ziel, ein Beruf, unser Soulmate, uns selbst. Und doch ähnelt das Finden im Kern immer dem unvergesslichen Moment, als man als Sechsjährige einen Penny auf dem Boden fand: man steht da und sieht, wie sich die Welt ein kleines Stückchen bewegt und dadurch etwas hell aufleuchten lässt – Nippes beim Trödler, die erste Ahnung einer brillanten Idee, die Frau, die man heiraten wird.

STERNSCHNUPPEN GELTEN WIE Münzen und vierblättrige Kleeblätter als Glücksbringer – aus diesem Grund wünschen wir uns etwas, wenn wir welche sehen. Diese Angewohnheit ist die blassere Version einer älteren Tradition. Den Großteil der Menschheitsgeschichte über hatten Meteoriten, kaum verstanden, aber bereits als etwas Bemerkenswertes begriffen, beinahe den Status von etwas Heiligem. Tausend Jahre vor Beginn der Eisenzeit fand man im alten Ägypten Metall in Meteoriten, begriff seine Herkunft (es gibt eine Hieroglyphe mit der Bedeutung »Eisen aus dem Himmel«) und begann es für zeremonielle Zwecke zu benutzen; unter anderem wurde daraus der Dolch gefertigt, der Tutanchamun ins Grab gelegt wurde. Die alten Griechen bewahrten im Tempel der Artemis in Ephesos einen heiligen Stein auf, der weithin für einen Meteoriten gehalten wurde. Ein weiterer, der zu Zeiten von Adam und Eva vom Himmel gefallen sein soll, wurde eintausendfünfhundert Jahre lang in einer Wand der Großen Moschee von Mekka verwahrt. Besucher eines Shinto-Schreins in der japanischen Stadt Nogata erweisen einem Meteoriten die Ehre, seit er im Jahr 861 n. Chr. dort zu Boden fiel. Und das Clackamas-Volk aus dem Willamette Valley in Oregon betrachtete einen dreißigtausend Pfund schweren Meteoriten Jahrhunderte, wenn nicht Jahrtausende, ehe es von seinem Land vertrieben wurde, als Geschenk des Himmels und benutzte das Wasser, das sich in seinen Mulden sammelte, zur Reinigung und Heilung und dazu, vor einer Schlacht ihre Pfeile zu salben.

Lange Zeit blieb die Herkunft dieser seltsamen Steine ein Rätsel. Manche Menschen, die aus wissenschaftlichen oder theologischen Gründen nicht bereit waren zu glauben, dass Teile des Universums sich lösen und herunterfallen konnten, beharrten darauf, Meteoriten stammten von der Erde. (Zu diesen Skeptikern gehörte Thomas Jefferson, der argumentierte, auch wenn anders schwer erklärbar sei, wie ein Meteorit in Connecticut gelandet sein solle, wäre es doch beträchtlich schwerer »zu erklären, wie er in die Wolken kommen sollte, aus denen er angeblich gefallen sei«.) Andere glaubten zwar, dass Meteoriten aus dem All kämen, waren aber uneins darüber, woher genau. Erst im zwanzigsten Jahrhundert wurde das Rätsel aufgeklärt. Heute wissen wir, dass zwar manche Meteoriten vom Mond oder vom Mars stammen und einige wahrscheinlich von Kometen, die große Mehrheit von ihnen – etwa 99,8 Prozent – aber aus dem über hundert Millionen Meilen entfernten Asteroidengürtel: eine Art riesiger zirkumstellarer Schrottplatz, angefüllt mit den zertrümmerten Überresten von Protoplaneten, die sich vor etwa viereinhalb Milliarden Jahren in der Frühphase unseres Sonnensystems bildeten.

Von Zeit zu Zeit wird eins dieser Trümmerstücke aus seiner Umlaufbahn geschubst, typischerweise durch eine Kollision mit einem anderen Asteroiden oder durch den Gravitationseinfluss von Mars oder Jupiter, und nimmt Kurs auf die Erde. Siebenhundert, tausend, zweitausend Jahre lang bewegt es sich auf seinem seltsamen neuen Kurs weiter, losgelöst aus der Reihe, ein wilder Strich in der Ordnung des Kosmos. Tritt es, mit Geschwindigkeiten von bis zu hundertsechzigtausend Meilen pro Stunde, in unsere Atmosphäre ein, beginnt durch die Reibung seine Oberfläche zu verdampfen und zieht eine Spur aus glühendem Gas hinter sich her, der uns als Sternschnuppe erscheint. Wenn es in die untere Atmosphäre eintritt, ist ein Großteil seiner ursprünglichen Masse verbrannt und der Feuerball ist verloschen – aus einem eben noch flammenden Objekt ist ein schlichter dunkler Stein geworden, der auf die Erde stürzt. Wenn er nicht gerade gigantisch ist, steckt er beim Aufprall nichts in Brand und weist auch keine sichtbaren Anzeichen seiner feurigen Reise auf. Seine Oberfläche schmilzt unterwegs so effektiv, dass sein Kern typischerweise so kalt bleibt wie das All. Was bedeutet, dass Sie einen Meteoriten sofort anfassen können, ohne sich zu verbrennen, falls Sie mal bei einem Aufschlag in der Nähe sind.

Aber vermutlich werden Sie nie Gelegenheit haben, auf diesen Rat zurückzukommen. Die Aussage, dass Billy Glück hatte mit seinem Fund ist eine dramatische Untertreibung: es fällt rund alle zwanzigtausend Jahre mal ein Meteorit auf eine beliebige Quadratmeile der Erde. Das letzte Mal war aller Wahrscheinlichkeit nach einer in die

Nähe dieser Stelle gefallen, als über die Maisfelder seiner Zeit noch Mastodonten streiften.

Das wirkt wie eine Lektion über die Seltenheit von Sternschnuppen, tatsächlich ist es aber eine Lektion über die Ausmaße unseres Planeten. Jedes Jahr treffen ungefähr zweiundvierzigtausend Meteoriten die Erde (mehr, wenn man die unter zehn Gramm mitzählt), aber bei so gut wie allen wird der Aufprall gar nicht bemerkt, weil er irgendwo auf den siebenundneunzig Prozent stattfindet, die entweder von Wasser bedeckt oder nur dünn besiedelt sind. Kaum mehr als das Hundertstel von einem Prozent – vielleicht fünf oder sechs pro Jahr – werden im Fallen schon bemerkt und sofort in Besitz genommen. Die Wahrscheinlichkeit so wie Billy einen zu finden, bewegt sich bei eins zu einer Milliarde.

Es wäre also eine Schande, ihn wieder zu verlieren: Ich werde später noch mehr darüber erzählen, was aus dem Meteoriten wurde und was aus dem Jungen, der ihn fand. In der Zwischenzeit lohnt es sich, etwas dazu zu sagen, *wie* er ihn gefunden hat, und wie wir ganz generell angesichts der Ausmaße der Erde und unserer eigenen relativen Winzigkeit überhaupt jemals etwas finden.

VEREINFACHT GESAGT GIBT es zwei Möglichkeiten, etwas zu finden: man sucht oder man hat Glück. Manchmal hängen unsere Entdeckungen so vollständig vom Zufall ab, dass es fast scheint, als hätten *sie uns* gefunden – als wären sie aus dem Nichts in unser Leben geschlittert. Auf diese Weise sind Menschen im südlichen Alberta über Tyrannosaurus-Knochen gestolpert, in einem französischen Bauernhaus über ein verlorenes Caravaggio-Gemälde, in der Garten-abteilung eines Antiquariats über eine Erstausgabe von Walt Whitmans *Leaves of Grass*. Bei anderen Gelegenheiten finden wir etwas, weil wir gezielt danach Ausschau halten und die Welt Quadratmeter für Quadratmeter danach ab-suchen. Die Ruinen von Troja, den Polio-Impfstoff, unsere fernen Verwandten in einem Dorf in Estland – solche Sachen findet man nicht, ohne anhaltende und ernsthafte Mühe.

Diese zwei Möglichkeiten, etwas zu finden – durch Suchen oder durch einen glücklichen Zufall – schließen sich gegenseitig nicht aus. Nur durch großes Glück war Billy in der Nähe, als ein Meteorit auf die Erde stürzte; nur durch stundenlanges durch die Gegend laufen konnte er ihn finden. Diese Erfahrung ist für viele Entdeckungen charakteristisch. Auch wenn es paradox klingt, müssen wir oft lange nach etwas suchen, auf das wir dann zufällig sto-ßen. Zum Beispiel gruben 1974 in der chinesischen Provinz Shaanxi mehrere Bauern einen Brunnen und stießen dabei durch Zufall auf etwas Bemerkenswertes: Fragmente einer Tonskulptur, die mehr als zweitausend Jahre zuvor im Rah-men der Bestattungsriten für den ersten Kaiser von China vergraben worden war. Es brauchte jedoch ein halbes Jahr-hundert und ganze Generationen von Wissenschaftlern und Arbeitern, um auch nur einen Bruchteil vom Rest aus-zugraben: die rund achttausend lebensgroßen Soldaten, Pferde, Streitwagen und andere Figuren, die zusammen die Terrakotta-Armee bilden.

In der Praxis arbeiten die Suche und das Glück also oft Hand in Hand. Psychologisch dagegen könnten sie nicht unterschiedlicher sein. Etwas zu finden, das wir mühsam gesucht haben, gibt uns das Gefühl, dass die Welt zumindest teilweise unserem Willen unterworfen ist: dass wir uns bemühen können, um etwas zu entdecken, und dass die Entdeckung dann eine gerechtfertigte Belohnung für unsere Arbeit ist. Zufällig etwas zu finden gibt uns dagegen das Gefühl, dass wir dem Willen der Welt unterworfen sind. So wie wir bei unerklärlichen Verlusten an Kobolde und Wurmlöcher denken, so denken wir bei unerwarteten Funden an Schicksal, Karma, Vorsehung und Gott. Seltsamerweise haben solche Erklärungen den größten Reiz, wenn unsere Entdeckung besonders erstaunlich ist; unserem Verstand zufolge fühlt sich eine willkommene Entwicklung seltsamerweise desto schicksalhafter an, je unwahrscheinlicher sie ist. Ein überraschender Fund scheint uns mit den herrschenden Kräften des Universums zu konfrontieren. Diese Behauptung mag etwas gewaltig klingen, aber wahrscheinlich ging es Ihnen mit Ihren eigenen Funden bereits ähnlich; meiner Erfahrung nach ist es fast unmöglich, es anders zu empfinden. Zum Beispiel bekam ich vor vielen Jahren, als ich gerade in Costa Rica lebte und arbeitete, Besuch von einer Freundin, mit der ich eine Woche auf der Insel Osa Wandern gehen wollte; einer spektakulären, wilden Landschaft im Südwesten des Landes mit Dschungel, Stränden und Mangrovensümpfen. An unserem ersten Tag führte uns der Weg über einen breiten braunen Fluss und ein Stück durch einen dichten Wald, bis wir plötzlich an der Küste herauskamen. Es war Ebbe und das Meer hatte sich zurückgezogen, so dass eine unheimliche Landschaft aus riesigen Steinplatten zum Vorschein kam, grobe Rechtecke, gesäumt von schmalen Kanälen aus weißem Sand. Wir nahmen unsere Rucksäcke ab, ließen sie am Strand zurück und gingen weit genug hinaus, um uns nebeneinander auf die riesigen Steine zu legen, jede auf ihren eigenen. Dort lagen wir und redeten ungefähr eine Stunde lang, bis es anfing zu regnen. Die Tropfen, die uns aufschreckten, hinterließen auf den Steinen große dunkle Flecken, wie ein *Platsch!* im Comic. Als wir uns erhoben, kam übers Meer ein riesiger Sturmvorhang auf uns zu, und so holten wir unsere Rucksäcke und wanderten weiter, und erst viel später, als es aufgeklart hatte und wir uns an einem anderen Strand befanden, merkte meine Freundin, dass sie ihre Sonnenbrille abgenommen und neben sich auf dem Felsen hatte liegen lassen, als wir uns im Regen eilig auf den Weg gemacht hatten.

Zusammen blickten wir aufs Meer. Die Flut kam, gigantische grüne Brecher, die sich wie im Rausch ans Ufer schmissen. Riesige, sich überschneidende Schaumkreise kamen auf uns zu, blubberten kurz um unsere Füße und zogen sich wieder zurück. Hinter ihnen wurde der Pazifik erst tiefblau und dann zu ebenem, sonnenbeschienenem Schiefer, so weit das Auge reichte. Wir lachten – so viel zum Thema Sonnenbrille. Weil wir am Abend noch zurück ins Lager mussten und unsere lange Pause auf den Felsen bedeutete, dass wir gefährlich nah daran waren, das Gezeitenfenster zu verpassen, machten wir kehrt und gingen den Weg zurück, den wir gekommen waren.

Als wir wieder zu unserem ersten Strand kamen, war er nicht mehr wiederzuerkennen. Die Steine, auf denen wir uns ausgestreckt hatten, lagen dreißig Meter weit im Meer und wer weiß wie tief unter seiner Oberfläche; das Wasser stand so hoch, dass sich die Wellen am dichten Unterholz des Dschungels brachen. Unsere Stimmung war dagegen am Tiefpunkt. Hungrig, sonnensatt und müde waren wir bereit, eine schöne, aber sehr lange Wanderung zu beenden, deren letzte Kilometer schwierig zu werden versprachen. Bis zur Taille durchnässt griffen wir im Laufen nach den Ästen, um das Gleichgewicht zu halten, und mit jeder neuen Welle trafen uns Treibholz und Kokosnüsse. Ich hörte wegen der Brandung kaum etwas, als meine Freundin hinter mir mit seltsam dringlicher Stimme meinen Namen sagte. Einen Kopf größer als ich, hatte sie in dem Gewirr von Ästen und Algen etwas entdeckt. Als ich mich umdrehte, trug sie ihre Sonnenbrille, an der als Andenken an ihren unwahrscheinlichen Heimweg noch etwas Seetang hing.

In solchen Augenblicken spielt es keine Rolle, ob man von Gott gesegnet ist, das Schicksal einem zulächelt oder ob einem in einer stochastischen Welt ein großer Zufall in die Karten spielt. Entscheidend ist, dass man eine Macht außerhalb seiner selbst spürt – eine Macht, die, ob sie nun an sich wohlwollend ist oder nicht, jedenfalls gelegentlich unbestreitbar wohlwollende Ergebnisse erzielt. Das Universum dreht eine Tasche von rechts auf links und gibt etwas frei, das verschwunden war. Poseidon gibt eine Sonnenbrille zurück. An dem Tag in Costa Rica verschwanden Hunger, Erschöpfung und der Wunsch, am Ziel zu sein, so schnell, wie die Sonnenbrille wieder auftauchte – wir wurden in eine völlig andere Gefühlslage versetzt: Erstaunen, Dankbarkeit, Verwunderung, Ehrfurcht. Die Gefühle, die Zufallsfunde in uns auslösen, sind dieselben, die der Kosmos als solcher in uns auslöst, und auch aus demselben Grund – weil das Leben uns etwas Großartiges geschenkt hat, das wir nicht erwartet, nicht erbeten und in keiner Weise verdient haben.

Etwas zu finden, weil man gezielt danach gesucht hat, ist eine ganz andere Geschichte. Anders als für Zufallsfunde, die rein gar keinen Aufwand bedeuten, braucht es fürs gezielte Suchen Geduld, Planung, Ressourcen, Zeit und Arbeit. Der triumphale Abschluss hingegen kann dem der Zufallsfunde durchaus ähneln, denn egal wie lange man nach etwas sucht, man findet es in der Regel in einem einzigen Augenblick – und ist dann vielleicht genauso zufrieden mit sich und dem Universum. Aber bis dahin geht es beim Suchen weniger um die Lust am Entdecken, als vielmehr um die praktischen Fragen, wie und wo danach gesucht werden soll.

Antworten auf diese Fragen gibt es reichlich, gut sind davon allerdings nur sehr wenige. Viele Eltern, Selbsthilfegurus und Hellseher bieten an dabei zu helfen, verlorene Dinge wiederzufinden, aber ihre Vorschläge sind meist entweder offensichtlich (die eigenen Schritte zurückverfolgen, sich beruhigen, aufräumen), dubios (die »Ein-Meter-Regel«, der zufolge die meisten vermissten Gegenstände weniger als einen Meter von dem Ort entfernt sind, an dem man sie als Erstes vermutet hat), oder New Age (»Stellen Sie sich eine silberne Schnur vor, die von Ihrer Brust bis zu dem verlorenen Gegenstand reicht.«). Katholiken schlagen vielleicht vor, dass Sie zum Heiligen Antonius beten, dem Schutzheiligen der verlorenen Dinge, während Technikbegeisterte

Sie drängen werden, Ihr Problem mit Hilfe von Geräten zu lösen. In einigen wenigen Fällen wird diese letzte Methode tatsächlich funktionieren, wie Sie wissen werden, wenn Sie schon mal Ihre Freundin aufgefordert haben, Ihr verschwundenes Handy anzurufen, oder wenn Sie eins dieser kleinen Bluetooth-fähigen Ortungsgeräte angeschafft haben, die sich an Alltagsgegenständen befestigen lassen, oder den Knopf an Ihrem Schlüsselanhänger gedrückt haben, damit Ihr Toyota Camry für Sie hupt.

Aber diese Tricks, so hilfreich sie sein mögen, haben ihre Grenzen. Ihr Handy muss eingeschaltet und der Akku darf nicht leer sein; Ihr Auto muss in der Nähe stehen; man muss so vorausschauend sein, ein Ortungsgerät an dem Gegenstand anzubringen, den man verlieren wird, bevor man ihn verliert. Wenn diese Bedingungen nicht zutreffen, oder wenn man etwas sucht, das vorher gar nicht im eigenen Besitz war, bringen solche Geräte auch nicht mehr als die Ein-Meter-Regel. Wenn Sie wirklich ernsthaft etwas finden wollen oder, noch schlimmer, wenn Sie wirklich etwas ernsthaft verloren haben, dann brauchen Sie keine Geräte oder Visualisierungsübungen. Sie brauchen Fachwissen.

Zu dieser Erkenntnis gelangte das US-Militär während des Zweiten Weltkriegs, als sich höhere Marineoffiziere, die wegen feindlicher U-Boote in Sorge waren, fragten, ob sich herausfinden ließe, wo sich diese versteckten. Um das Problem anzugehen, gründeten sie die *Anti-Submarine Warfare Operations Research Group*, historisch vermutlich die erste Organisation, die die Suche nach vermissten Objekten als mathematisches Problem betrachtete. Obwohl die Forschungsgruppe speziell den Auftrag hatte, nach U-Booten zu suchen, ging es im Grunde darum, jedes beliebige Objekt mit unbekanntem Standort zu lokalisieren. Zu diesem Zweck legten die Mitglieder der Gruppe nach und nach eine Theorie der optimalen Suche fest, um den Titel des Grundlagenwerks zu übernehmen, auf dessen Gebiet sie Pionierarbeit leisteten.

Heute wird optimale Suche vor allem mit Unternehmensforschung und Informatik in Verbindung gebracht und ist in erster Linie dafür bekannt, die Grundlagen für die jüngsten Fortschritte in der künstlichen Intelligenz gelegt zu haben. Die ursprüngliche Version bezog sich jedoch auf den physischen Raum, und obwohl die mathematischen Grundlagen mit der Zeit verbessert wurden, bildet sie immer noch die Grundlage für anspruchsvolle reale Suchvorgänge, sei es nach vermissten Personen oder nach dem Malaysia-Airlines-Flug 370. Die mathematischen Details sind komplex, aber die Kernaussage ist einfach. Zu Beginn jeder Suche generiert man so viele plausible Hypothesen wie möglich darüber, wo das vermisste Objekt sich befinden könnte. Diese Hypothesen definieren den Suchbereich, der bekannt und überschaubar sein kann (»meine Wohnung«) oder riesig und unbestimmt (»irgendwo im Indischen Ozean«). Dann unterteilt man diesen Bereich in Sektoren und weist jedem Sektor zwei verschiedene Werte zu. Der erste benennt die Wahrscheinlichkeit, dass sich der gesuchte Gegenstand dort befindet. Der zweite benennt die Wahrscheinlichkeit, dass man den Gegenstand auch findet, falls er sich dort befindet. Die Wahrscheinlichkeit, dass Ihre verschwundene Brieftasche im Medizinschrank gelandet ist, mag also gering sein, aber wenn doch, haben Sie eine hundertprozentige Chance, sie dort zu finden. Umgekehrt deuten Satellitendaten und Treibstoffkapazität zwar darauf hin, dass die Maschine mit der Flugnummer MH370 mit ziemlicher Sicherheit in einen bestimmten Bereich des Ozeans gestürzt ist, sie zu finden ist trotzdem unwahrscheinlich, da das Wasser dort achttausend Meter tief ist. Hat man diese beiden Werte, lässt sich daraus die Wahrscheinlich errechnen, das vermisste Objekt in jedem einzelnen Sektor zu finden, und mit diesen Zahlen lässt sich eine Wahrscheinlichkeitskarte des gesamten Suchgebiets erstellen. Erst dann beginnt die Suche, wobei an dem Ort begonnen wird, an dem die größte Aussicht auf Erfolg besteht, und dann nach und nach die weniger wahrscheinlichen Orte abgesucht werden.

All das mag so intuitiv klingen, dass es albern erscheint. Niemand von uns braucht den Rat der US-Marine, um mit der Suche nach einem verlorenen Gegenstand an dem Ort zu beginnen, an dem wir ihn vermutlich am ehesten finden, und anschließend sucht man ganz automatisch an den unwahrscheinlicheren Orten weiter. (Wer von uns hat nicht in Momenten der Verzweiflung auch schon geschaut, ob die Schlüssel nicht doch im Kühlschrank liegen?) Und doch formalisiert die Theorie des Suchens etwas Wichtiges am Prozess des Suchens: Für die Suche sind Ressourcen erforderlich, die – da sie endlich sind – mit Bedacht zum Einsatz kommen müssen. Die beste Herangehensweise ist vielleicht nicht besonders wichtig, wenn man den Rucksack seiner Tochter sucht, aber sie ist besonders wichtig, wenn man seine Tochter sucht.

Eine solche Suche ist zu dringend, um sie der Intuition zu überlassen – und meistens auch zu komplex. Das Buch *Theory of Optimal Search* beginnt mit der Betrachtung der einfachsten Art von Suchproblemen: »ein unbewegtes Zielobjekt suchen, wenn es keine falschen Zielobjekte gibt«. Aber diese einfachen Bedingungen treffen nur selten zu. Vielleicht suchen Sie nicht nach einem unbewegten Zielobjekt, sondern nach einem Floß, das auf dem Meer treibt, oder nach einem verirrten Wanderer, der sich, statt sich zu verstecken und auf Hilfe zu warten, in eine unbekannte Richtung bewegt – möglicherweise auch in einen Sektor, den Sie bereits abgesucht haben. Aber vielleicht gibt es auch tatsächlich falsche Zielobjekte. Da alle Sensoren, mit denen wir nach Dingen suchen, unvollkommen sind (Augen, Ohren, Radar, Sonar, Kameras), kann uns jeder von ihnen in die Irre führen. Sie glauben, dass Sie endlich Ihr Auto im Flughafenparkhaus gefunden haben, aber es stellt sich heraus, dass es der graue Honda Accord eines anderen ist; Sie glauben, dass Sie ein Schiffswrack aus dem sechzehnten Jahrhundert entdeckt haben, aber es stellt sich heraus, dass es nur ein alter Schoner ist, der in den 1970er Jahren versenkt wurde und auf dem Meeresgrund langsam auseinanderfällt.

Schlimmer noch, wenn nicht nur ein falsches Zielobjekt unsere Aufmerksamkeit erregt, sondern wir uns auf das völlig falsche Suchgebiet konzentrieren. Ihre verlorene Brieftasche liegt vielleicht unter dem Beifahrersitz im Auto eines Freundes und nicht in Ihrer Wohnung; der verirrte Wanderer hat vielleicht nach einer Stunde aufgegeben und ist wieder in die Stadt gefahren, oder er hat den Weg verlassen und ist Schwimmen gegangen. Es ist entmutigend, aber wahr, dass wir erst dann mit Sicherheit sagen können, wo etwas verlorengegangen ist, wenn wir es gefunden haben.

ALL DAS LÄSST Suchen wie etwas sehr Trockenes erscheinen, irgendwo zwischen einem untergeordneten Problem und einem Kurs für höhere Statistik. Tatsächlich ist es aber oft aufregend, wenn man dem kollektiven kreativen Output der Menschheit glaubt: Geschichten übers Suchen gehören zu den ältesten, beständigsten und beliebtesten Geschichten, die wir uns erzählen. Typischerweise ist der Gegenstand dieser Suchgeschichten von unermesslichem Wert, das irgendwo an einem unbekannten oder weit entfernten Ort versteckt ist. Was gesucht wird kann dabei konkret oder abstrakt sein, etwas, das Held oder Heldin verloren oder noch nie zuvor gesehen haben: Jason und die Argonauten suchten nach einem goldenen Vlies, Psyche suchte ihren Geliebten, Harry Potter suchte Horkruxe, und von Galahad bis Indiana Jones suchten alle nach dem Heiligen Gral.

Wie die Erfinder von Kinderspielen haben auch die Schöpfer von Abenteuergeschichten verstanden, was für eine Freude es macht, etwas zu entdecken; außerdem haben sie verstanden, dass sie ihr Publikum bei der Stange halten können, indem sie die Entdeckung aufschieben. Spannung entsteht schließlich nicht, weil man nicht weiß, dass etwas da draußen ist, sondern weil man weiß, dass es da draußen ist, aber nicht weiß, wann, wo oder wie man es finden wird. Das weist auf einen weiteren Vorzug solch einer Suche hin: Sie macht nämlich allein schon neun Zehntel eines Plots aus. Sie bringt ein Ziel mit sich (den Versuch, x zu finden) und einen Höhepunkt (x wird gefunden) und dazwischen liefert sie einen Vorwand, interessantes neues Terrain zu erkunden. »Sucht man eine Nadel im Heuhaufen«, so eine Variante des bekannten Sprichworts, »lernt man den Heuhaufen kennen.«

Das führt uns zu der eleganten Umformulierung eines anderen Klischees: Es geht nicht um das Ziel, sondern um den Weg dorthin. Dieser philosophischen Perspektive entsprechend geht es in vielen Sucherzählungen – wenn auch verdeckt – in erster Linie um die emotionale oder mentale Entwicklung der Hauptfigur. Vergesst das angebliche Ziel der Suche, scheinen diese Geschichten zu sagen; tatsächlich suchen wir uns selbst. Bevor sich Frank Baum dem Tal der verlorenen Dinge zuwandte, schickte er die Figuren in *Der Zauberer von Oz* deshalb explizit auf die Suche nach ihrem Herzen, ihrem Verstand, ihrem Mut und – wie eine ganze Reihe von Held*innen von Dorothy bis zu Odysseus – nach ihrer Heimat.

Andere Erzählungen von einer Suche verdeutlichen dasselbe durch ein Negativbeispiel: Eine Hauptfigur, der es nicht gelingt, sich zu entwickeln, fixiert sich gefährlich darauf, das Gesuchte zu finden. Der Theorie der optimalen Suche zufolge besteht die Herausforderung beim Suchen in zweierlei: »wie man sucht und wann man aufhört«. In solchen Geschichten gibt die Hauptfigur auch dann nicht auf, wenn der Wert des vermissten Objekts längst durch den Tribut in den Schatten gestellt wurde, den die Suche an Zeit, Geld, geistiger Gesundheit und Menschenleben gekostet hat. Das vielleicht abschreckendste Beispiel einer

Sucherzählung ist *Moby Dick*, aber es gibt noch viele andere. In *Die Schatzinsel* beispielsweise spielt der titelgebende Schatz kaum eine Rolle; in Wirklichkeit geht es in dem Buch um Habgier, Besessenheit, Naivität, Hybris und Gewalt. Als die Helden den Schatz schließlich finden, sind sie dadurch – wie man es von Lottogewinnern hört – weder verändert noch besser oder glücklicher.

Letztendlich ist die Moral dieser Geschichten eine vernünftige: Pass auf, mit welcher Suche du deine Zeit verbringst. Wähle das Richtige und du wirst belohnt, manchmal über deine kühnsten Träume hinaus; wähle das Falsche und du verlierst vielleicht mehr als du findest. Die gute Nachricht ist, dass Sie diese Entscheidung nicht allein treffen müssen, denn herauszufinden, wonach man im Leben sucht, ist seit Jahrtausenden ein zentrales Anliegen der Philosophie. Die daraus abgeleitete Erkenntnis ist nahezu einhellig eine Warnung, dass unser Glück nicht im Streben nach materiellen Dingen liegt, wie beispielsweise in *Die Schatzinsel*, oder im Streben nach Rache wie in *Moby Dick*. Frank Baum kam dem schon näher, als er seine Figuren auf die Suche nach Herz, Verstand, Mut und Heimat schickte, ganz abgesehen von dem, was sie unterwegs fanden: Freund*innen. Solche Dinge verändern unser Leben wirklich, machen es besser und glücklicher. Die Schwierigkeit besteht darin, dass diese Suche ihre ganz eigenen Probleme mit sich bringt.

VON ALL DEN Dingen, die es erschweren können, etwas zu finden – falsche Sicherheiten, Fehlannahmen, bewegliche Ziele, falsche Suchgebiete, Mangel an Ressourcen, die Launen des Zufalls, die allgemeine Unermesslichkeit der Welt –, ist eins der heikelsten dies: Manchmal wissen wir gar nicht so genau, wonach wir suchen. Vielleicht suchen Sie das perfekte Hochzeitsgeschenk für die berühmte *Freundin, die schon alles hat.* Vielleicht suchen Sie ein Date, um eines Tages selbst zu heiraten. Vielleicht suchen Sie nach einem Medikament, das Ablagerungen im Gehirn verhindert. In all diesen Fällen suchen Sie nach etwas, das vollkommen neu für Sie ist und in einigen Fällen sogar für die Welt. Aber wie sollen Sie es dann finden?

Das ist die Frage, die der thessalische Politiker Meno vor beinahe zweitausendfünfhundert Jahren Sokrates stellte. Die beiden Männer sprechen über Tugendhaftigkeit, und als Sokrates gesteht, nicht zu wissen, was das ist, ist Meno beunruhigt. »Wie willst du nach ihr suchen«, fragt er Sokrates, »wenn du gar nicht weißt, was das ist?« Und »wenn du es finden solltest, woher wirst du wissen, dass es das ist, was du nicht kanntest?« Zusammengenommen wurden diese beiden Fragen als das Paradoxon des Meno bekannt: Wenn man nicht weiß, was man sucht, kann man es nicht finden, und wenn man weiß, was man sucht, braucht man nicht danach zu suchen. Folglich sollte man sich nie die Mühe machen, nach etwas zu suchen, weil die Suche entweder unnötig ist oder unmöglich.

Als logische Behauptung ist das Unsinn. Im Laufe der Geschichte haben wir immer wieder erfolgreich Gegenstände, Ideen, Orte und Menschen aufgespürt, die wir nie zuvor gesehen und zunächst nur schlecht oder gar nicht verstanden haben. Wenn Suchen vergeblich sein soll, bringt das, wie Sokrates betonte, Stillstand mit sich, es erstickt die Neugier. »Ich möchte um jeden Preis in Wort und Tat behaupten«, erklärte er, »dass wir bessere, mutigere und weniger träge Menschen sein werden, wenn wir glauben, dass man suchen muss nach dem, was man nicht kennt.« Wenn Menos Paradox als Behauptung auch absurd ist, als Fragekatalog bleibt es wichtig und weitgehend unbeantwortet. Wie *sollen* wir denn nach dem suchen, was wir nicht kennen? Und wie sollen wir es erkennen, wenn wir es finden?

Nehmen wir eine sehr einfache Form dieses Problems: Sie haben den Namen von jemandem vergessen. Nehmen wir an, Sie sind allein und es ist mitten in der Nacht, Sie sind also darauf angewiesen, in Ihrem Gedächtnis zu kramen. Sie liegen da und versuchen sich denkend grob in die vermutete Richtung des Namens zu bewegen. Ist es Edgar? Evan? Eric? Ian? Nathan? Nein – aber jetzt: Ethan! Ja! Der Name, den Sie gesucht haben, ist Ethan, und in dem Moment, in dem er Ihnen einfällt, wissen Sie auch, dass es der richtige ist.

Bemerkenswert ist zunächst, dass wir überhaupt in der Lage sind, so zu denken. Denn das legt nahe, dass ein in unserem Kopf verlorengegangener Name zumindest eine Gemeinsamkeit hat mit einer im Haus verlorengegangenen Brieftasche: Irgendwie wissen wir, dass es wahrscheinlichere und unwahrscheinlichere Orte gibt, an denen wir ihn finden werden, und entsprechend gehen wir bei unserer gedanklichen Suche vor – in diesem Fall ignorieren wir die Umgebung von »Richard« und »Robert« und suchen in der Nähe von »Ian« und »Nathan«. Mit anderen Worten, obwohl es in unserem Kopf eine Lücke gibt, wo der Name sein sollte, ist diese Lücke nicht leer, sondern enthält, wie William James einmal bemerkte, »eine Art Gespenst des

Namens«. Diese geisterhafte Information hilft dem Verstand, die Suche zu verfeinern und die falschen Antworten zu verwerfen, obwohl er die richtige noch nicht kennt: Nein, es ist nicht Nathan, nein, es war nicht in Chicago, nein, es war nicht dieselbe Reise, auf der der Hund ins Auto gekotzt hat. So zeichnet sich langsam eine Teilantwort auf Menos Frage ab. Sogar wenn wir nicht wissen, wonach wir suchen, wissen wir, wonach wir *nicht* suchen und kommen der Sache durch allmähliches Ausschließen näher.

Diese Fähigkeit ist nicht beschränkt auf unsere Erinnerungen. Wir denken nicht nur zurück an das, was wir vergessen haben, sondern auch voraus an das, was wir nie gewusst haben – sogar an das, was niemand je gewusst hat. Könnten wir das nicht, gäbe es keinen Verbrennungsmotor, keine allgemeine Relativitätstheorie, kein *Giovannis Zimmer* und keine Demokratie. Wie diese Liste zeigt, beschränkt sich die Fähigkeit auch nicht auf ein bestimmtes Sachgebiet. Während William James darüber nachdachte, wie es sich anfühlt, sich an einen vergessenen Namen zu erinnern, dachte sein Bruder darüber nach, wie es sich anfühlt, einen Roman zu schreiben. Am Ende kam Henry James zu dem Schluss, dass Autoren auf dieselbe geheimnisvolle Weise auf neue Ideen kommen wie alle anderen auch: »Seine Entdeckungen sind, wie die des Seefahrers, des Chemikers, des Biologen, kaum mehr als aufmerksame Wahrnehmungen. Er stößt auf das Interessante wie Kolumbus auf die Insel San Salvador stieß, weil er sich in die richtige Richtung bewegt hatte.«

Diese Fähigkeit, auf neue Ideen zu kommen, indem wir einfach in ihre Richtung denken, ist eins der prägenden

Merkmale unserer Spezies, und trotzdem wissen wir eigentlich nicht, wie es funktioniert. Wir wissen allerdings, dass es komplizierter ist, als es einfach auszuprobieren und gegebenenfalls einen Fehler zu machen, denn wir bewegen uns nicht einfach in eine zufällige Richtung, sondern wir erkennen die richtige. So wie wir »David« ablehnen, aber bei »Nathan« verweilen, spüren wir bestimmte abstrakte Merkmale der richtigen Antwort, bevor wir sie kennen. Wie Kinder beim Versteckenspielen wissen wir, wo es kälter wird und wo wärmer. Wir wissen auch, oft sofort und mit Sicherheit, wenn wir gefunden haben, was wir suchten. Interessanterweise sind es nicht nur intellektuelle, sondern auch emotionale Hinweise, die uns dabei helfen: Wie bei den meisten Dingen ist auch das Finden einer Antwort etwas sehr Lustvolles. Jeder von uns hat schon die niederschwellige Version davon erlebt, wenn ein verlorener Name oder eine verlorene Tatsache wieder ins Gedächtnis zurückkehrt, so befriedigend und fast so unwillkürlich wie ein Niesen, und viele von uns haben mindestens ein oder zwei echte Heureka-Momente erlebt – »Heureka« ist griechisch für »Ich habe es gefunden«. Solche Entdeckungen sind wie der Meteorit auf dem Feld: eine plötzliche und umwerfende Erscheinung, nur eben auf den Feldern unseres eigenen Geistes.

Wie bei allem anderen, was wir finden, können uns diese neuen Gedanken langsam oder plötzlich kommen. Viele Epiphanien treten erst nach unzähligen Stunden des Nachdenkens auf, andere gehen einer längeren Denkphase *voraus*: Wie bei den Terrakotta-Kriegern müssen wir auch bei Ideen manchmal erst suchen, was wir bereits gefunden haben. Carl Friedrich Gauß entdeckte einmal die Lösung eines schwierigen mathematischen Problems, lange bevor er beweisen konnte, dass sie richtig war. »Ich habe meine Ergebnisse schon seit längerer Zeit«, soll er darüber gesagt haben, »aber ich weiß noch nicht, wie ich zu ihnen gelangen soll.« Viele weiter Wissenschaftler*innen und Mathematiker*innen, von Barbara McClintock bis Albert Einstein, berichteten ebenfalls, dass sie Antworten durch plötzliche Geistesblitze fanden und dann Wochen, Monate oder Jahre brauchten, um sie zu überprüfen.

Das ist die Art Erfahrung, die Meno verblüffte. Wie können wir etwas denken, das wir noch nie zuvor gedacht haben, und wissen, dass es wahr ist? Sokrates hatte eine Antwort: Man kann es nicht. Er glaubte, dass wir bei diesen scheinbaren Epiphanien in Wirklichkeit nur Dinge wiederentdecken, die wir bereits wussten, nur nicht in diesem Leben, sondern zuvor. »Da die Seele unsterblich ist, oft geboren wurde und alle Dinge hier und in der Unterwelt gesehen hat«, schrieb er, »gibt es nichts, was sie nicht kennt; es ist also keineswegs überraschend, dass sie sich an die Dinge erinnern kann, die sie schon wusste.« Für Sokrates ist jeder neue Gedanke und jede neue Erfindung in Wirklichkeit ein Akt der Erinnerung.

Das ist eine schöne Vorstellung, die das Paradoxon des Meno auf sehr anschauliche Weise erklärt. Da wir bereits alles gesehen haben, was es zu sehen gibt, kommt uns manches vor wie ein kosmisches Déjà-vu: in den Lücken des Geistes ein Gespenst der gesamten Schöpfung. Diese Erklärung ist jedoch nur dann überzeugend, wenn man Sokrates' Überzeugung teilt, dass die Seele unsterblich und in der

Lage ist, Erinnerungen zu bewahren – und wenn man sich nicht an der Beleidigung des Geistes stört, der in dieser Vorstellung gar keine neuen Ideen hervorbringen kann. Als praktischer Leitfaden zum Auffinden von Dingen ist diese schöne Geschichte jedoch unbrauchbar. Obwohl sie beansprucht, im Nachhinein zu erklären, wie wir etwas scheinbar Neues entdecken konnten, kann sie uns nicht im Voraus sagen, wie wir das machen sollen.

Fairerweise muss man aber auch sagen, dass bis heute niemand außer Sokrates diese Fähigkeit vollständig erklärt, geschweige denn geholfen hat, sie zu verbessern. Das ist schade, denn von allem, wonach wir suchen, sind die schwer fassbaren Dinge zugleich die wichtigsten. Wir stehen nicht nur im Dunkeln, wenn wir nach einem vergessenen Namen suchen, sondern auch, wenn es um die grundlegendsten und erfüllendsten Bereiche des Lebens geht. »Wie also soll ich dich suchen, o Herr?«, fragt Augustinus in seinen *Bekenntnissen*, beunruhigt von der Frage, wo er nach Gott suchen soll, und – als kürzlich zum Christentum Bekehrter, der einst leidenschaftlich für einen anderen Glauben eintrat – woher er wissen soll, wann er den richtigen gefunden hat. Wir könnten seine Frage auf eine ganze Reihe entscheidender Dinge beziehen. Wie suchen wir nach einer Berufung? Wie suchen wir nach einem Sinn? Wie suchen wir nach Freunden, einer Gemeinschaft, einem Zuhause? Wie suchen wir nach jemandem, den wir lieben können? Sollten wir uns auf die Suche nach diesen fehlenden Bestandteilen unseres Lebens machen? Oder müssen wir einfach warten, bis sie sich durch Schicksal, Zufall oder Absicht von selbst einstellen?

BILLY WUSSTE SCHON lange bevor er seine Sternschnuppe fand, wie es ist, unerwartet in eine neue Welt zu stürzen. Von seinen leiblichen Eltern kurz nach seiner Geburt abgegeben, wurde er adoptiert und wie im Märchen von einem armen, aber liebevollen Paar aufgezogen, das keine eigenen Kinder hatte: Er war, wie wir es nannten, ein Findelkind. Seine Adoptiveltern – für ihn immer nur seine Eltern – arbeiteten zuvor in einer Konservenfabrik und sparten ihr Geld in Kaffeedosen, um sich irgendwann eine Farm kaufen zu können. Als in der Barackensiedlung, in der sie lebten, ein Feuer ausbrach und die Dosen samt Inhalt verbrannten, begannen sie von vorn. Als sie genug beiseitegelegt hatten, um ein Haus zu kaufen, waren sie bereits nicht mehr die Jüngsten und wünschten sich jemanden, der ihnen bei der Bewirtschaftung des Hofes half und ihn nach ihrem Tod weiterführte. So kam es, dass Billy zu ihnen stieß.

Amerika schwelgte zu der Zeit in seiner Modernität. Im Radio war Elvis zu hören, Fernseher eroberten die Wohnzimmer, und auf den Straßen sah man Tausende nagelneuer Thunderbirds. Aber Billy fuhr in die Stadt, wie es der Vater seines Vaters getan hätte, mit dem Pferdewagen, und das Haus, das er mit seinen Eltern teilte, hatte keine Sanitäranlagen. Er spürte den Mangel, die Knappheit und die Armut kaum, die um ihn herum herrschten. Was im Rest des Landes auch geschah, er wuchs an einem Ort auf, an dem ein Mann, der nach seinem Beruf gefragt wurde, beispielsweise »Kaninchenjäger« antwortete, und an dem ein Junge in der Erntezeit einen Monat lang nicht zur Schule ging, um auf der Farm zu helfen.

Billy war so ein Junge, aber die Unterbrechung machte

ihm nichts aus. Er war ein mittelmäßiger Schüler, der selten Spaß am Unterricht hatte, und auf den Feldern sowieso glücklicher als im Klassenzimmer war. Dennoch hatte er einen ungewöhnlichen Verstand – er erfasste ein Problem schnell und löste es geduldig – und er lernte mit Leichtigkeit, was seine Eltern ihm beibrachten. Sein Vater war gerecht, anspruchsvoll, wortkarg und außerordentlich fleißig – die Art von rauem, zurückhaltendem, praktischem Typ, den Wallace Stegner einmal als »einen Mann mit Borke« bezeichnete. Seine Mutter war weicher und liebte ihren gutmütigen Sohn, der so spät im Leben zu ihr gekommen war. Billy, der sich entwickelte, wie er erzogen wurde – ehrlich, dankbar, gutgelaunt, ohne Angst vor harter Arbeit –, trug sie beide vor seinem fünfundzwanzigsten Geburtstag zu Grabe.

Zu diesem Zeitpunkt konnte er, wie zuvor sein Vater, praktisch alles bauen oder reparieren; und wie sein Vater wusste er schon früh, dass er Landwirtschaft betreiben wollte. Er versuchte es auch, aber für seine Generation war es praktisch unmöglich, wenn man weniger als zweihundert Hektar Land hatte und sich die Ausrüstung nicht leisten konnte, die Zehntausende von Dollar kostete. Für Bill, wie man ihn überall nannte, war das nicht zu schaffen. Er verkaufte die Farm seiner Eltern und fand Arbeit im örtlichen Supermarkt, erst als Kassierer und später in der Abteilung für Milchprodukte. Die Zeit verging schneller als früher. Eines Tages kam eine junge Frau in den Laden und erledigte ihre Einkäufe. Er erkundigte sich beim Brotlieferanten nach ihr, der wusste, dass sie aus der Gegend stammte, Sandy hieß und eins von sieben Kindern einer früh verwitweten Mutter war. Bill sagte, der Brotlieferant könne Trauzeuge bei ihrer Hochzeit sein, wenn er ihm ihre Nummer gäbe. Am Ende ihrer ersten Verabredung hatte sie aus dem anderen Geschenk des Universums an ihn das zweitbeste gemacht, das er je gefunden hatte. Sechs Monate später heiratete er sie in der kleinen Kirche, die sie schon als Kind besucht hatte.

Wie seine Eltern war auch Bill sparsam. Egal, wie wenig er verdiente oder mit wie wenig er auskommen musste, er hörte nie auf zu sparen, und egal, wo er lebte oder was für eine Arbeit er hatte, er hörte nie auf, sein Zuhause zu vermissen. Nach der Hochzeit kaufte er es zurück, jedoch war das Haus inzwischen von Termiten befallen; er weinte an dem Tag, an dem er beschloss, es abzureißen. Doch eines Wintermorgens, nachdem ein Schneesturm durchgezogen war, legten er und seine Frau sich auf die Erde und machten Schneeengel, um zu markieren, wo sie für sich und ihre zukünftigen Kinder eine Blockhütte bauen würden. Schon kurz darauf machten sie den ersten Spatenstich. Morgens vor der Arbeit, abends nach der Arbeit, an den Wochenenden, an Feiertagen: Drei Jahre lang schufteten sie, schleppten zweitausend Schubkarrenladungen Erde fort, um das Fundament auszuheben, kerbten und meißelten und setzten Hunderte Baumstämme, vermörtelten die Fugen, nagelten die Schindeln fest, richteten die Zimmer ein, zogen den Schornstein hoch und setzten die Feuersteine für die beiden Holzöfen, die das ganze Haus warm halten sollten. Freunde und Familienangehörige halfen beim Legen des Fundaments und beim Heben der Dachbalken, aber den größten Teil des Hauses bauten sie mit ihren eigenen Händen.

Als die Hütte fertig war, stand sie auf einer großen, von Bäumen umgebenen Lichtung, durch die je nach Jahreszeit ein Bächlein floss. Drinnen gab es neben dem Wohnzimmer eine Küche, ein Bad, unten zwei Schlafzimmer und unterm Dach ein drittes, dazu hinten einen Raum, in dem das Feuerholz lagerte. Vor der Tür lagen sechzehn Hektar Land – die Felder seines Vaters, das Milchhaus seiner Mutter und der lange Weg, über den er früher mit dem Pferdewagen die Ernte in die Stadt gebracht hatte. Er war endlich wieder zu Hause, und mit ihm noch etwas anderes. Was wir finden, halten wir für unser Glück: Er legte den Meteoriten in die Küche auf den Boden neben dem Holzofen, fünfundzwanzig Jahre und ein paar Hundert Meter von der Stelle entfernt, an dem er ihn gefunden hatte.

WIE SOLLEN WIR die Liebe finden? Als ich Single war, war das für mich, wie für viele Menschen, eine schwierige Frage. Liebe ist schließlich etwas anderes als ein verlorener Gegenstand – wir können nicht herausfinden, wo sie ist, indem wir unsere Schritte zurückverfolgen oder die Umgebung gründlich absuchen. Aber sie ist auch nicht die Lösung einer Aufgabe; wir können sehr lange über sie nachdenken, wir können sie uns bis ins kleinste Detail vorstellen, aber in unserem Kopf werden wir sie nie finden. Eher ist sie wie ein Mensch, der einem fehlt – tatsächlich handelt es sich buchstäblich um einen Menschen, der einem fehlt –, aber die Gegend, in der wir nach ihm suchen müssen ist per Definition grenzenlos. Dieser Mensch könnte im nächsten Café auf uns warten oder drei Staaten entfernt sein oder zur Belegschaft eines Krankenhauses im Senegal gehören oder er könnte auf einer Party sein, auf die man keine besondere Lust hat und die vierzig kalte, verregnete Blocks von zu Hause entfernt stattfindet. Es kommt erschwerend hinzu, dass man diesen Menschen in der Mehrheit der Fälle noch nie gesehen hat.

Das ist die Art von Dilemma, die Meno meinte: Wie sollen wir jemanden finden, den wir noch nicht kennen und über den wir nichts wissen? Die Liebe ähnelt, bevor wir ihr begegnen, einer Idee, die wir noch nie hatten. Wir können versuchen, uns an sie heranzutasten, aber wann sie sich wie manifestiert, bleibt ein Geheimnis. Das gehört zu ihren vielen Reizen: Es überrascht uns oft, wann und wo die Liebe auftaucht und vor allem, wer sie verkörpert. Aus Sicht derjenigen, die auf Liebe aus sind, ist das allerdings ein ernstes Problem. Obwohl die Liebe zu den wunderbarsten Dingen gehört, die wir im Leben je zu finden hoffen, gibt es keine offensichtliche Möglichkeit, sie zu finden.

Dementsprechend glauben manche Menschen, wir sollten es gar nicht erst versuchen. Aus philosophischen, praktischen oder taktischen Gründen vertreten sie die Meinung, es sei sinnlos, aktiv nach einem*r Partner*in zu suchen – dass wir nur verzweifelt wirken, dass Liebe sowieso nie dort ist, wo man nach ihr sucht, dass sie am wahrscheinlichsten dann auftaucht, wenn wir glücklich und erfüllt und vielbeschäftigt nach unseren eigenen Bedingungen unser Leben führen. Andere glauben, dass Mühe und Einsatz nötig sind, um Liebe zu finden, wie bei jedem anderen Ziel auch; dass man sich »rauswagen« muss, »zu allem ja sagen«, dass genügend schlechte Dates – gewissermaßen falsche Ziele – dem

Gesetz der großen Zahlen zufolge irgendwann ein grandioses mit sich bringen.

Ich gehörte den Großteil meines Lebens zu dem Lager, das Liebe im Grunde als Meteoriten betrachtet – als etwas, das plötzlich aus dem Nichts kommt; etwas, das wir aus reinem Glück finden, falls wir es finden. Ich will damit nicht sagen, dass ich dieses Modell, die Liebe zu finden, für besser halte als alle anderen, aber ich weiß, warum ich es lieber mag. Zum einen spiegelt es eine grundlegende Wahrheit über die Liebe wider, nämlich dass sie sich unserer Kontrolle entzieht. Es gibt nur wenige Dinge im Leben, die schwerer zu erklären sind als die Frage, warum wir uns in diesen Menschen verlieben und nicht in jenen, und wenig, was sich durch bloße Willenskraft schwerer ändern lässt. Zum anderen bedeutet es, dass es keinen Grund gibt, sein Leben um die Liebe herum zu organisieren, also auch keinen Grund, es nicht um die Arbeit oder Freunde oder Reisen oder Freiwilligenarbeit oder was auch immer herum zu organisieren – eine umfassende, autonome, erfüllende Vorstellung vom Leben, für die ich dankbar bin, nicht zuletzt, weil sie Frauen in der Vergangenheit vorenthalten wurde.

Schließlich, und das ist vielleicht das Wichtigste, habe ich selbst die Liebe immer nur durch Zufall gefunden. Als Single in den Dreißigern kam mir irgendwann der Gedanke, dass die Dinge, die mich kurzfristig glücklich machten – zu Hause sitzen und lesen, alleine lange Wanderungen unternehmen, in der Stille meiner Arbeit verschwinden –, mich niemals zu den Dingen führen würden, die ich mir langfristig wünschte: eine Partnerin, Kinder, ein Haus voller Menschen, die ich liebte. Es war eine ernüchternde Feststellung. In jenem Stadium meines Lebens wurde aus dem Alleinsein, das ich so schätzte, immer öfter Einsamkeit und immer öfter war ich traurig, keine eigene Familie zu haben. Ich hatte zum ersten Mal Angst, nie jemanden zu finden.

Also brach ich mit meiner lebenslangen Angewohnheit und fing an, aktiv nach der Liebe zu suchen, Freund*innen und Familie zu mobilisieren und Online-Dating eine Chance zu geben. Erstere waren mitfühlend und nahmen meine Bitte ernst, aber sie waren auch nutzlos. Eine von ihnen sagte mir irgendwann, mein engster Freund*innenkreis könnte mir gar nicht dabei helfen, jemanden zu finden, denn würden sie diesen Menschen kennen, hätten sie uns ja längst einander vorgestellt. Die Liebe lauere in weiter entfernten Kreisen, ein Asteroid, der aus seiner Umlaufbahn gedrängt werden müsse; sie schlug vor, ich solle die Hilfe neuer Freund*innen in Anspruch nehmen, von Bekannten von Freund*innen, Kolleg*innen, Zufallsbekanntschaften – ein sehr guter Rat, aber ich hatte nicht den Mut, ihn zu befolgen. Mein äußerst kurzlebiger Ausflug ins Online-Dating brachte Ergebnisse, die lächerlich wenig mit Liebe zu tun hatten. In ihrer Mischung aus Komik, Vergeblichkeit und Unbeholfenheit ähnelte diese Erfahrung dem Versuch, in einer Umkleidekabine eine Jeans halb anzuziehen und festzustellen, dass sie viel zu groß oder zu klein ist. Es dauerte nicht lange und ich gab auf, unterdrückte meine Traurigkeit und ignorierte das Problem wieder.

Allerdings bin ich keine statistisch belastbare Stichprobe, und ich habe beobachtet, wie die Menschen um mich herum die Liebe auf alle möglichen Arten fanden: indem sie da-

nach suchten; obwohl sie anderswo danach suchten; ob-
schon sie überhaupt nicht danach suchten. Ich habe eine
Freundin, die nach einer Trennung fünfzig erste Dates
hatte, und eine andere, die nach ihrer Trennung in ihre
Heimat zog, um in der Nähe ihrer Familie zu sein und sich
auf die Arbeit zu konzentrieren. Beide sind jetzt glücklich
verheiratet. Ich kenne Menschen, die jeden Versuch, ihnen
beim Suchen der Liebe zu helfen, mit eiserner Entschlos-
senheit abwehren, und andere, die einen ganzen Suchtrupp
mobilisieren, um gemeinsam die Landschaft zu durchkäm-
men. Und ich kenne Menschen, die nach der Liebe suchen,
wie ich es kurz probiert habe und wie wir heutzutage nach
so vielen Dingen suchen: online, über eines der unzähligen
Unternehmen, die zu diesem Zweck gegründet wurden.

Wie diese Unternehmen Übereinstimmungen generie-
ren, ist ihr Geheimnis, denn die von ihnen verwendeten
Algorithmen sind urheberrechtlich geschützt. Auf die eine
oder andere Weise verschlüsseln sie jedoch, was bei der
Suche nach Liebe offensichtlich ist: Um einen potenziellen
Partner zu finden, müssen wir das Suchgebiet irgendwie ein-
grenzen, den riesigen Pool von Möglichkeiten irgendwie ein-
schränken, sei es geographisch oder physiologisch oder durch
Lieblingsserien oder bevorzugte Haustiere. Wer Online-
Dating schon mal ausprobiert hat, wird eine Schwierigkeit
dabei bestätigen können: Egal, wie zahlreich und spezifisch
die Einschränkungen sind, es kommen immer noch viele
eher schreckliche Treffer dabei heraus. Das ernstere Problem ist allerdings das Gegenteil: Dieselben von uns gewählten Einschränkungen können dafür sorgen, dass jemand
aussortiert wird, der oder die perfekt für uns wäre – weil wir

in Sachen Liebe keine wirkliche Vorstellung davon haben, wonach wir suchen. Oder besser gesagt, wir haben sehr viele Vorstellungen, nur können die alle falsch sein.

Das ist ein Problem, weil es überraschend schwierig ist, etwas zu erkennen, wovon wir eine falsche Vorstellung im Kopf haben. Wir kennen das aus alltäglicher Erfahrung, zum Beispiel, wenn wir unser Regal nach einem Buch absuchen und es nicht finden, weil wir uns an einen orangefarbenen Einband erinnern, er in Wirklichkeit aber blau ist. Genauso übersehen wir manchmal unsere*n zukünftige*n Partner*in. Eine *der* Tropen des Verliebtseins – in Büchern, in Filmen, im Leben – besteht darin, dass wir ihn oder sie nicht erkennen, obwohl die Person bereits direkt vor uns stand. Wir kannten sie vielleicht, möglicherweise sogar schon seit Jahren, nahmen aber kaum ihre Existenz zur Kenntnis; vielleicht waren wir gute, sogar beste Freund*innen und haben einfach nie die Möglichkeit in Betracht gezogen, dass es mehr sein könnte. Vielleicht hatten wir sogar leidenschaftliche Gefühle für den richtigen Menschen, nur in die falsche Richtung, so wie beispielsweise Elizabeth Bennet Mr. Darcy in *Stolz und Vorurteil* zunächst verachtet.

Die Suche nach einer romantischen Beziehung wirft also nicht nur die erste, sondern auch die zweite Frage des Meno auf – nicht nur, wie man die Liebe sucht, sondern auch, wie man weiß, wann man sie gefunden hat. Die Antwort scheint nicht besonders rätselhaft zu sein, wenn zwei Menschen bereits miteinander bekannt sind – sie lernen sich mit der Zeit besser kennen und haben das Gefühl, dass sie zusammengehören. In solchen Fällen entsteht die Liebe wie ein Foto durch die Belichtung. Aber in anderen, seltsameren Fällen ähnelt sie eher einem Blitzlicht. Von all dem Rätselhaften an der Liebe (wo sie herkommt, welchen Zweck sie hat, der seltsame und diktatorische Auswahlprozess, auf den wir, die Subjekte, so wenig Einfluss haben) ist das vielleicht das rätselhafteste: Manchmal scheinen wir sofort zu wissen, dass wir sie gefunden haben – sogar, wenn sie sich nicht als das herausstellt, wonach wir gesucht haben; selbst dann, wenn wir eigentlich gar nicht nach ihr gesucht haben.

WIR TRAFEN UNS auf der Main Street. C. war dafür zweihundertfünfzig Meilen weit gefahren, allerdings nicht, um mich zu sehen. Sie fuhr von ihrem Haus in Maryland nach Vermont, wo sie eine Woche verbringen und von wo aus sie anschließend zu einer Hochzeit im Norden New Yorks fahren wollte, und die Stadt, in der ich lebte, bot sich als Zwischenstopp an. Ein paar Monate zuvor hatte uns ein gemeinsamer Freund per E-Mail einander vorgestellt und vermutet, ohne sich viel dabei zu denken, dass wir uns sehr mögen würden. Wir tauschten höfliche Nachrichten aus und irgendwann im Frühling, als sie ihre Reise plante, wurde ihr klar, dass sie in meiner Nähe vorbeikommen würde. Sie schlug ein gemeinsames Mittagessen vor, ich das passende Café. Zu der verabredeten Zeit ging ich in die Stadt, steckte den Kopf durch die Tür, um sicherzugehen, dass sie noch nicht da war, und wartete dann draußen.

Das war Mitte Mai, an einem Tag, der kühl begonnen hatte und dann schnell sehr schön wurde. Vor mir schlängelte sich die Straße zum Hudson River hinunter; hinter mir lag in blassem Frühlingsgrün der Gipfel eines der östlichen Ausläufer der Appalachen. Am Morgen war ich dort oben joggen gewesen, auf einem Weg, der an einem Bach entlang aufwärts führte, bis zu dem felsigen Gipfel, von dem aus man im Westen über dem Fluss die Catskills sah und im Süden fast bis nach Manhattan blicken konnte. Ich war vor fast zehn Jahren aus New York City weggezogen, was bedeutete, dass ich zu meiner großen Überraschung schon länger in dieser Stadt mit ihren Hügeln lebte als irgendwo sonst seit meiner Kindheit. Daran hatte ich während des Laufens gedacht – an die schöne, aber auch etwas willkürliche Beschaffenheit meiner Heimat. Ich weiß nicht mehr, woran ich dachte, als ich auf der Main Street stand, bevor ich aufblickte und C. auf mich zukommen sah.

Es ist seltsam, so viele Jahre später die damalige Version von ihr und die damalige Version von mir heraufzubeschwören. In Platons *Symposion* stellte sich Aristophanes die Liebenden als zwei Hälften eines Wesens vor, die von den Göttern getrennt werden und sich nicht ganz vollständig fühlen können, bis sie ihr fehlendes Gegenstück gefunden haben; aber C. und ich waren absolut ganz, bevor wir uns kennenlernten. Wenn ich mich heute an diesen Moment erinnere, fällt mir insbesondere ihre Ganzheit auf: Sie kam in all ihrer bemerkenswerten Besonderheit auf mich zu, und ich wusste noch gar nichts über sie. Schlank, hellhäutig, dunkles Haar, das ihr über die Schultern fiel, in Oxford-Hemd und Jackett – keine besonders naheliegende Kleidung für eine längere Autofahrt: Das war die Summe der verfügbaren Informationen über das, auch wenn ich es noch nicht wusste, was gerade zu meinem neuen Leben wurde. Im Nachhinein bin ich mir nicht einmal sicher, woher ich wusste, dass sie diejenige war, mit der ich zum Mittagessen verabredet war, so fremd war sie mir bis zu diesem Moment. Und sie wäre es für immer geblieben, hätte man die Geschichte um ein Milliardstel Grad gedreht. Aber so sah ich zu, wie sie die Straße entlang auf mich zukam und das letzte kurze Stück Raum und Zeit zwischen uns schloss.

Es ist nicht ganz korrekt zu sagen, ich hätte es sofort gewusst. Bei diesem ersten Mittagessen war ich vor allem äußerst aufmerksam. Sie war ernsthaft und außergewöhnlich intelligent, so dass meine Aufmerksamkeit die eines Bergsteigers in steilem Gelände war: die Gipfel hoch und unterschiedlich, die Aussicht weit, schön und überraschend. Irgendwie vermittelte sie den Eindruck, gleichzeitig offen und zurückhaltend zu sein, und als sie das erste Mal lachte, mit plötzlicher, aufrichtiger Freude, verspürte ich sofort den Wunsch, sie noch einmal dazu zu bringen. Ich beobachtete sie beim Sprechen, ihre langen Finger teilten die Luft zwischen uns so präzise wie die einer Dirigentin; ich beobachtete ihre Bewegungen, als es wärmer wurde, sie ihre Jacke auszog und ihre Ärmel aufknöpfte – formvollendet und doch lässig. Wir saßen zweieinhalb Stunden lang im leeren Innenhof des Cafés und unterhielten uns, aber es fühlte sich nur halb so lange an – eigentlich war es, als wären wir der Eile der Dinge ganz enthoben, als hätte *Old Man Time* uns entdeckt und die Regeln vorübergehend außer Kraft gesetzt, so wie der freundliche Flughafenpolizist, der uns einige Wochen später lachend erlaubte, uns in der Halteverbotszone vor dem Abflugbereich ausgiebig voneinander zu verabschieden.

Schließlich, nachdem wir eine letzte überflüssige Tasse Kaffee getrunken und unser Geschirr wieder auf den Tresen im Innenraum gestellt hatten, gab ich einem Impuls nach, der mir undurchsichtig blieb, und bot an, ihr mein Haus zu zeigen, bevor sie sich wieder auf den Weg machte. Wir gingen gemeinsam zu mir und ich zeigte ihr das kleine Kutscherhaus, in dem ich wohnte, und den Garten vor dem Haus, in dem die Tomaten und Paprika noch nicht höher waren als unsere Knöchel und die Bohnenpflanzen sich gerade wie winzige Periskope aus der Erde falteten. Als ich dann plötzlich nicht mehr wusste, warum ich sie mitgebracht hatte und was ich als Nächstes tun sollte, wünschte ich ihr eine gute Reise und wir verabschiedeten uns mit einem etwas unbeholfenen Lächeln. Wieder im Haus, stellte ich erschrocken fest, wie spät am Tag es schon war.

An diesem Abend schrieb sie mir: »Ich bin in solchen Dingen furchtbar aus der Übung, und du wohnst drei Staaten entfernt, aber ich würde dich gerne zum Abendessen einladen, wenn wir das nächste Mal in der Nähe derselben Stadt sind.« Zweierlei passierte so schnell, dass ich nicht sicher bin, ob ich überhaupt bis zum Ende des Satzes gekommen war, bevor mein Gehirn seine lebensverändernde Umstrukturierung begann. Erstens ordnete sich der Nachmittag, den wir gerade zusammen verbracht hatten, wie bei einer optischen Täuschung, bei der sich ein Bild plötzlich in ein anderes auflöst, völlig neu. Vor dieser Nachricht war mir gar nicht in den Sinn gekommen, dass C. sich für Frauen interessieren könnte – deshalb hatte ich wohl auch nicht richtig verstanden, welcher Art mein eigenes starkes Interesse an ihr war. Zweitens wusste ich, ohne auch nur zu überlegen, dass ich ja sagen würde.

Eine Woche später, als C. auf dem Rückweg von der

Hochzeit ihrer Freundin war, gingen wir zum ersten Mal zusammen aus. Nach einem Abendessen und einem Kinofilm, den wir beide furchtbar fanden, gingen wir spazieren. Ich weiß noch genau, wo wir langgingen, erinnere mich an den sich schlängelnden Weg, den sich verändernden Raum zwischen uns. Die Nacht war mild und wolkenlos. Eine Mondsichel begleitete uns in diskreter Entfernung, verschwand und tauchte zwischen den Schornsteinen und Dächern wieder auf. Ab und zu stieg ihr Lachen in die Luft wie von ihrem Schlafplatz aufgeschreckte Stare. Als wir zu Hause ankamen und uns auf meiner Couch niederließen, war mir sehr bewusst, wie gern ich sie berühren und ihr gleichzeitig weiterhin zuhören wollte. Es ist deshalb meine Schuld, dass es weit nach Mitternacht war, als wir uns endlich küssten.

Ich werde nicht versuchen, es zu beschreiben, obwohl ich es könnte; aber es ist einer dieser seltenen Momente, von denen man im Leben nur eine Handvoll bekommt, die in all ihren Einzelheiten unvergänglich bleiben. Wir waren inzwischen wieder nach draußen gegangen. Der Mond war nicht mehr zu sehen. Sterne und Stille erfüllten den Himmel. Um uns herum dehnte sich das Universum aus, nicht von irgendetwas, nicht in irgendetwas hinein, sondern ganz von selbst, veränderte die Dimensionen des Raums und weitete die Grenzen der Existenz. Schwerkraft, Elektromagnetismus, die starken und die schwachen Kräfte, alle bekannten und unbekannten Kräfte wirkten auf den Kosmos. Wenn wir sie spürten, wenn wir sie überhaupt spürten, wussten wir es nicht, denn wir glühten vor eigener Kraft und drehten uns in all dem wie die kleinste von Ptolemäus' Himmelskugeln. Danach gingen wir zusammen ins Haus. Anschließend wurde für lange Zeit alles, was nicht sie war – das Haus um uns herum, der Rest der Welt, der Lauf der Zeit, die Vergangenheit und die Zukunft – unwichtig.

Am nächsten Morgen wachten wir schüchtern, glücklich und erstaunt auf, im Großen wie im Kleinen. Wie wenig wir doch voneinander wussten: Sie war erschrocken über die Tätowierung auf meiner Schulter, die sie im Dunkeln nicht bemerkt hatte; ich war erschrocken, als ich feststellte, dass ihre ernsten braunen Augen sich in ein wunderschönes, sonnenbeschienenes Grün verwandelt hatten. Nussbraun, sagte sie, aber ich dachte, *magisch*, und seitdem ist das für mich ihre Augenfarbe. Wir verließen gemeinsam das Haus und beschlossen, unseren Kaffee in der Stadt zu trinken. Auf dem Weg den kleinen Hügel hinauf vor meiner Haustüre nahm ich ihre Hand. Es war anders, aufregend anders als unsere Berührungen in der Nacht zuvor, keuscher, aber auch entschiedener. Über Nacht war ich zu jemandem geworden, der auf dem Weg zum Frühstück die Hand von jemandem halten wollte.

Sie ging gegen Mittag, aber nicht, ohne vorher heimlich einen Gedichtband aus meinem Regal zu nehmen und ihn, aufgeschlagen auf einer perfekt gewählten Seite, dort liegen zu lassen, wo ich ihn sicher finden würde. Als es ein paar Stunden später so weit war, flammte etwas in mir auf wie eine frisch entzündete Kerze. Wenn ich es nicht schon vorher gewusst hatte – da wusste ich es.

ALS DANTE ALIGHIERI neun Jahre alt war – fast schon zehn, wie er mit der Aufmerksamkeit eines Kindes für die feinen Abstufungen der Zeit anmerkt –, fiel ihm in seiner Heimatstadt Florenz zufällig ein Mädchen auf, das etwa so alt war wie er. Ihr Name war, wie er in Erfahrung brachte, Beatrice: Segensspenderin. Viel später beschrieb er in *La Vita Nuova* mit bemerkenswert technischen Begriffen, was in dem Augenblick geschah, als er sie sah: »Der vitale Geist, der in den hohen Kammern des Schädels wohnt, zu dem alle Nerven berichten, sprach in seinem Erstaunen zu meinen Augen und sagte: ›Nun ist deine Glückseligkeit erschienen.‹«

Von allen großen Leidenschaften, die die abendländische Literatur überliefert, ist die von Dante für Beatrice eine der seltsamsten. Unerwidert, nie gelebt und fast völlig unbegründet scheint sie zunächst weniger ein Modell für dauerhafte Liebe zu sein als vielmehr der Prototyp hoffnungsloser Verliebtheit. Neun Jahre nach dieser ersten Begegnung treffen sie sich wieder – und zu Dantes unendlicher Freude begrüßt Beatrice ihn. Danach gehen sie auf der Straße manchmal aneinander vorbei, wechseln aber kein weiteres Wort. Und dann, als Beatrice gerade fünfundzwanzig ist, stirbt sie unerwartet.

Es ist eine Tragödie, der keine Romanze voranging, es sei denn, man glaubt an Liebe auf den ersten Blick – Dante glaubte daran. Er erklärte Beatrice zur perfekten Frau, schrieb ihr seinen eigenen geistigen Fortschritt zu und widmete ihr Dutzende von Gedichten, ganz zu schweigen von seinem gesamten Leben, seiner Vergangenheit, Gegenwart und Zukunft. Und doch wusste er, von ihrem guten Ruf abgesehen, so gut wie nichts über sie – nichts über ihre

Geisteshaltung, nichts über ihre Sorgen und Träume, nichts über die Topographie oder Temperatur ihrer inneren Welt. Es gab, kurz gesagt, nichts, was seine Liebe zu ihr hätte begründen können, außer der unmittelbaren Reaktion seines »vitalen Geistes«.

Es ist leicht, die Vorstellung, jemand könnte auf diese Weise die Liebe finden, als lächerlich abzutun. Viele ihrer Kritiker halten die Vorstellung von der Liebe auf den ersten Blick bestenfalls für albern, schlimmstenfalls für gefährlich und in jedem Fall für völlig phantastisch – eine nebulöse, überholte Fiktion, von Hollywood-Drehbuchautoren, Romanciers und hoffnungslosen Romantikern in die Moderne übertragen. Diesen Kritikern zufolge ist das, was wir für eine tiefe emotionale Erfahrung halten, nur eine oberflächliche Reaktion auf körperliche Schönheit – denn was sonst könnte unsere Aufmerksamkeit in den ersten Momenten einer Begegnung derart fesseln? Auch sei das, was wir als Zeichen betrachten, die richtige Person gefunden zu haben, nichts dergleichen. Wir wären weniger beeindruckt von Paaren, die sich übereilt in die Liebe stürzen, argumentieren sie, würden wir das Ergebnis konsequent nachverfolgen. Viele Beziehungen beginnen schnell und mit leidenschaftlicher Überzeugung, um dann genauso schnell wieder zu verpuffen; andere enden Jahre oder Jahrzehnte später, nachdem die, die sich schnell verliebt haben, sich allmählich wieder entliebt haben. Wir kennen die Antwort auf die Frage nach dem alternativen Szenario nicht, die *La Vita Nuova* uns reizt zu stellen: Wären Dante und Beatrice miteinander glücklich geworden?

Diese skeptische Betrachtungsweise ist ein nützliches

Korrektiv für die seit langem bestehende märchenhafte Vorstellung von der Liebe, die nicht nur alle möglichen Menschen als mögliche Geliebte ausschließt, sondern auch das meiste ausklammert, was für ernsthafte, dauerhafte und erwachsene Beziehungen erforderlich ist. »Wir werden täglich mit der Annahme bombardiert, bei der Liebe ginge es um ein Geheimnis, um etwas, das man nicht wissen kann«, schrieb die Wissenschaftlerin und Aktivistin bell hooks in *All About Love.* »Wir sehen Filme, in denen Menschen als Verliebte dargestellt werden, die nie miteinander reden, die ins Bett fallen, ohne jemals über ihre Körper, ihre sexuellen Bedürfnisse, ihre Vorlieben und Abneigungen zu sprechen. Die Botschaft der Massenmedien lautet, dass Wissen die Liebe weniger unwiderstehlich macht.« Doch in Wirklichkeit, so hooks, ist Wissen – ein tiefes, intimes, manchmal hart erarbeitetes Verständnis der Partnerin und der eigenen Person – »ein wesentliches Element der Liebe«.

Ich stimme all dem vollkommen zu. Und doch ist die Liebe unbestreitbar geheimnisvoll, und eines ihrer vielen Geheimnisse besteht darin, dass wir manchmal schon sehr früh wissen, dass, wie Dante es ausdrückte, unser Glück erschienen ist. »Auf den ersten Blick« mag eine Übertreibung sein, aber um die Redewendung geht es ja hier auch nicht. Unabhängig von der genauen Dauer einer flüchtigen Begegnung – einem ersten Blick, einer ersten Interaktion, einem ersten Gespräch, einer ersten Verabredung – können wir manchmal unglaublich schnell erkennen, dass wir unsere Geliebte gefunden haben. In dem Moment, als er sie im Supermarkt sah, wusste Bill, der erwachsen gewordene Sternschnuppenentdecker, dass er seine zukünftige Frau getroffen hatte. Meine Mutter machte meinem Vater bei ihrer zweiten Verabredung einen Heiratsantrag. Für sie, wie für viele andere Menschen, war die Liebe so plötzlich und offensichtlich wie eine Idee, die ihnen kam. Heureka: Ich habe ihn gefunden; ich habe sie gefunden.

Aber was genau bemerken wir da? Auch wenn es die Kritiker behaupten, es kann nicht nur die körperliche Schönheit sein. Wir haben alle schon mal das Äußere eines fremden Menschen bewundert, für den wir nichts weiter empfanden, wir sind also durchaus in der Lage, das Äußere einer Person wertzuschätzen, ohne uns gleich zu ihr hingezogen zu fühlen. Wenn Letzteres der Fall ist, müssen wir also auf etwas anderes reagieren als auf die äußeren Merkmale des Menschen. Man könnte argumentieren, dass dieses »Mehr« nur ein ungewöhnlich intensives Maß an Anziehung ist, aber das würde das Problem nur wiederholen, statt es zu lösen: Was ist es, das wir an dieser einen Person über andere sehr attraktive Menschen hinaus wahrnehmen, das wir so unwiderstehlich finden? Und, ebenso rätselhaft: Wie tun wir das? Welcher noch nicht erforschte Teil unserer Selbst vermittelt uns genügend Informationen über jemanden, um so schnell zu dem Schluss zu kommen, wir wären füreinander bestimmt?

Die Menschen versuchen schon seit langer Zeit, diese Fragen zu beantworten. Platon glaubte seiner allgemeinen Auffassung von Wissen zufolge, wir würden unsere Geliebten durch unsere Erinnerungen erkennen. Für ihn gab es keine Liebe auf den ersten Blick; es gab nur Liebe, die wir erkennen, weil wir sie schon einmal erlebt haben, vor langer Zeit, bevor unser eigenes Leben begann. (Manche Paare erleben ihre Verbindung tatsächlich so und haben von Beginn an das Gefühl, sich schon ewig zu kennen.) Diese Theorie wirft zwar viele andere Fragen auf, hat aber den Vorteil, eine plausible Erklärung dafür zu bieten, wie sich Menschen so schnell verlieben können. Eine flüchtige Begegnung mit einem fremden Menschen vermittelt uns nicht besonders viele Informationen, eine Erinnerung kann dagegen, wie schwach oder flüchtig sie auch sein mag, sofort starke Gefühle hervorrufen.

Viele von Platons Zeitgenossen hatten jedoch eine andere Erklärung dafür, wie wir uns auf den ersten Blick verlieben können. In der römischen und der griechischen Mythologie wurde Leidenschaft oft als etwas von außen Auferlegtes dargestellt, von Amor oder Eros, die Pfeil und Bogen benutzten, um die Liebe blitzschnell durch die Luft fliegen zu lassen. Als dann der Monotheismus das Abendland beherrschte, wichen die Götter und ihre Waffen den Zauberern und Unheilstiftern, die oft mit Tinkturen bewaffnet waren – einige von ihnen wurden, ganz im Sinne der Liebe auf den ersten Blick, direkt auf die Augen aufgetragen, wie Oberon und Puck bei Demetrius oder Titania und Lysander in *Ein Sommernachtstraum*. Im Laufe der Jahrhunderte waren noch viele andere Denker und Schriftsteller, von Boccaccio bis Yeats, der Meinung, dass die Leidenschaft im Allgemeinen auf diese Weise vermittelt wird – dass, wie Letzterer schrieb, »die Liebe durch das Auge eintritt«. Dante jedoch sah es anders. Seiner Meinung nach sind die Augen die Letzten, die es erfahren; sie erkennen die Geliebte erst, wenn der »vitale Geist« es ihnen meldet.

Von all diesen Erklärungen ist die mythologische die

anschaulichste. Sie verherrlicht unsere sterblichen Neigungen und verspottet sie zugleich: Die Liebe fühlt sich manchmal an wie ein privates Wunder, manchmal wie ein kleiner Akt Gottes. Was den metaphorischen Reichtum anbelangt, ist diese Darstellung wohl kaum zu übertreffen, auch wenn wir die Patina des Vertrauten von den Pfeilen abwischen müssen, um uns zu erinnern, wie golden sie sind und wie spitz. Aber es war Dante, der das Verlieben auf den ersten Blick modern wirken ließ. Er wandte sich, um es zu erklären, nicht unserem vergangenen, sondern unserem gegenwärtigen Leben zu, nicht dem Außen, den Göttern, sondern dem Inneren, dem Gehirn, dem Körper, der Psyche – den Orten, denen wir uns heute auf der Suche nach Sinn gewohnheitsmäßig zuwenden. Zusammengenommen bilden diese verschiedenen Bereiche eine Art dezentralisierten Informationsverarbeitungsapparat, dessen Schlussfolgerungen dem Bewusstsein erst mit Verspätung zugänglich gemacht werden.

Dantes Apparat ist natürlich der menschliche Verstand, diese bemerkenswerte Maschine, mit der wir uns selbst und die Welt verstehen. Wir wissen noch heute nur unwesentlich mehr darüber als er, aber angesichts dessen, was wir wissen, sollten wir nicht allzu überrascht sein, wie schnell wir merken, dass wir einen geliebten Menschen gefunden haben. Ein Charakteristikum der menschlichen Wahrnehmung ist die Fähigkeit, aus begrenzten Daten umfassende Schlussfolgerungen zu ziehen, und das oft mit unglaublicher Geschwindigkeit. Wir reagieren beispielsweise auf ein grollendes Krachen in Verbindung mit einer plötzlichen Lichtveränderung, indem wir vor dem herabfallenden Ast wegspringen; oder wir schließen aus der zweisilbigen Begrüßung unserer Schwester am Telefon, dass sie schlechte Nachrichten hat; und wir wissen beim Betreten eines Raums angesichts der Blicke von einem Dutzend unbekannter Gesichter, dass irgendwas ganz und gar verkehrt ist. Warum sollten wir also nicht jemand Unbekanntem begegnen und genauso schnell – aus einem Blick, einem Dialog, einem Mittagessen – schließen, dass wir in Sicherheit sind, dass es gute Nachrichten gibt, dass etwas ganz und gar richtig ist?

Skeptische Menschen werden immer noch an unserer Fähigkeit zweifeln, für eine praktisch fremde Person so viel zu empfinden. Das ist allerdings eine armselige Einschätzung unserer menschlichen Fähigkeiten, und außerdem inkonsequent angewandt. Schließlich ist nicht jede plötzliche Liebe gleich verdächtig; niemand stellt die überwältigende Liebe in Frage, die Eltern für ihre Kinder empfinden, sobald sie geboren werden. Ich will damit nicht sagen, dass die Liebe zu einem Säugling und die Liebe zu einem Erwachsenen analoge Erfahrungen sind, sondern nur, dass tiefes gegenseitiges Verständnis nicht der einzige Grund dafür sein kann, eine überwältigende Verbindung zu einem anderen Menschen zu spüren. Auch nicht jedes plötzliche Wissen ist gleich verdächtig. Unzählige Worte wurden geschrieben, um Ahnungen und Bauchgefühle zu huldigen, und obwohl uns unsere Intuition auch in die Irre führen kann, wird noch der konservativste Erkenntnistheoretiker zugeben, dass sie gelegentlich auf eine Weise, die nicht als Zufall abgetan werden kann, spektakulär richtigliegt. Obwohl wir noch nicht erklären können, wie wir es machen, kommen wir zu mancher Art Wissen praktisch augenblicklich.

Wenn es sich bei diesem Wissen um das Wissen der Liebe handelt, kann es unser Leben nicht nur unglaublich schnell, sondern auch mit unglaublicher Gründlichkeit ändern. Das versuche ich den Menschen zu erklären, die noch nach jemandem suchen und kaum noch daran glauben, jemals eine Partnerin oder einen Partner zu finden: Die Liebe noch nicht gefunden zu haben und die Liebe zu finden sind völlig unvereinbare Zustände, und doch kann man an einem einzigen Tag vom einen zum anderen wechseln. Dante tat dies in dem Moment, als er Beatrice begegnete – eine Erfahrung, die er später mit perfekter Prägnanz und, obwohl er normalerweise auf Italienisch schrieb, auf Latein beschrieb, um ihr die gebührende Schwere zu verleihen. *Incipit vita nova*, schrieb er über den Moment, in dem er die Liebe fand – Ein neues Leben beginnt.

VOR UNSEREM ZWEITEN Date war ich nervös. Es schien mir sehr gut möglich, dass C. kein Interesse mehr an mir hatte; und es schien auch sehr gut möglich, dass das Hochgefühl, das ich bei unserem ersten Treffen empfunden hatte – ein wildes Glück, noch verstärkt durch die Erwartung von noch mehr Glück –, verfliegen würde, wenn wir uns wiedersahen. Zu der Zeit hatte ich bei meinen Freund*innen den Ruf, in Sachen Romantik vollkommen stur zu sein. Ich hatte viel gedatet, aber meist nur kurz; seit dem College war nichts Ernstes mehr entstanden. In meinen Zwanzigern war das noch normal, erst recht, nachdem ich nach New York gezogen war. Aber mit Mitte dreißig, als immer mehr Menschen in meinem Umfeld jemanden gefunden hatten und mit ihm oder ihr zusammenzogen, erschien meine anhaltende Unfähigkeit, mich zu verlieben, mehr und mehr als Problem. Eine Freundin erkannte meine Tendenz, innerhalb weniger Tage sämtliche Gründe zu finden, aus denen eine Beziehung scheitern würde, und sagte, mein Herz sei dafür optimiert, Warnsignale zu erkennen. Eine andere witzelte, ich warte darauf, dass ein weiblicher Prince Charming auftauche.

Von den beiden Vorwürfen traf letzterer es besser. Es stimmte zwar, dass mir immer ein Grund einfiel, warum eine Frau, mit der ich mich traf, nicht die Richtige für mich war, aber das war nie wirklich der Grund. In Wahrheit lag es in sämtlichen Fällen nicht daran, dass irgendetwas mich *Nein* denken ließ; es fehlte vielmehr etwas, das mich *Ja* denken ließ. Ich hatte genau ein Mal versucht, eine Beziehung ohne diese starke innere Zustimmung zu führen – zum einen, weil ich die Theorie ernst nehmen wollte, dass mir meine romantische Anspruchshaltung in Wirklichkeit dazu diente, mich durch die Liebe nicht verletzbar zu machen; zum anderen, weil es mir möglich schien, dass sich dieses Gefühl des Sicherseins erst mit der Zeit einstellte; und zum dritten, weil diese spezielle Beziehung theoretisch wirkte, als müsste sie funktionieren. Aber das tat sie nicht, und die Mühe, die es mich kostete, so zu tun als ob, war unangenehm für mich und schrecklich unfair gegenüber der anderen Person. Nach unserer Trennung schwor ich mir, diesen Fehler nie wieder zu machen. Als ich dann C. kennenlernte und dieses »Ja«-Gefühl unaufgefordert in mir aufstieg, empfand ich eine große Erleichterung darüber, dass ich mich selbst richtig eingeschätzt hatte und das Warten richtig gewesen war. In der Zeit vor unserem zweiten

Date machte ich mir Sorgen, weil ich auf der Grundlage von so wenig bereits so viel empfand, und fürchtete, diese Gefühle würden sich verflüchtigen, wenn ich sie wiedersah.

Und dann stand sie an einem sonnigen Freitagnachmittag mit einem Blumenstrauß in der Hand in meiner Tür. Viele Jahre später schenkte sie mir ein Buch des Literaturkritikers Philip Fisher über das Gefühl des Staunens – unter anderem ging es darum, wie wir auf seltene, bemerkenswerte Anblicke reagieren, von Regenbögen bis hin zu großen Kunstwerken oder einem Wassertropfen unterm Mikroskop. Darin schreibt er, dass Menschen in dem Moment, in dem sie etwas Neues erfassen (»der Moment, in dem sie es haben«) fast immer lächeln. Als ich C. an jenem Tag wiedersah, lächelte ich und konnte gar nicht aufhören. Damals begriff ich, dass mein Glücksgefühl darüber, sie gefunden zu haben, gar nicht unverhältnismäßig sein konnte. Ich nahm die Blumen, legte sie auf den Tisch und nahm den Platz in ihren Armen ein, wo sie gerade noch gewesen waren, und zu dem Durcheinander der Gefühle gehörten zwei beinahe widersprüchliche: nichts auf der Welt könnte sich natürlicher anfühlen; nichts auf der Welt könnte erstaunlicher sein.

Die offensichtlichen Kandidaten mal beiseite – Dinge wie Leidenschaft, Bewunderung, Angst und Glückseligkeit – das charakteristische Gefühl beim Verlieben ist das Staunen. Vor allem anderen empfindet man Erstaunen über das, was einen erwartet. »Ich kann nicht glauben, dass du echt bist«, sagen sich Verliebte ganz im Ernst, als wäre der geliebte Mensch der Vogel Greif oder ein Engel. In vielen anderen Zusammenhängen lässt uns die plötzliche Konfrontation mit der Unberechenbarkeit der Welt ernüchtert oder verzweifelt zurück – etwa, wenn wir schockiert sind, wie abrupt etwas Geliebtes verschwinden kann. Sich zu verlieben ist die strahlende Kehrseite davon, ein Beispiel für die tiefe Freude, die wir empfinden können, wenn das Leben uns überrascht.

Überraschungen offenbaren etwas, das zuvor verborgen war; sie lehren uns etwas und decken oft zugleich auf, wie wenig wir wissen. Während des gesamten zweiten Treffens mit C. musste ich immer wieder an die Zeilen von John Keats denken: »Und fühlte mich wie ein Beobachter des Himmels, / Wenn ein neuer Planet in sein Blickfeld schwimmt.« Mein Verständnis des Universums veränderte sich, als ich C. kennenlernte. Fast sofort erkannte ich, dass ich nun eines der wichtigsten Dinge im Leben wusste – ich kannte den Menschen, mit dem ich es teilen wollte – und gleichzeitig war mir bewusst, dass ich fast gar nichts über sie wusste. Diese Art Unwissenheit ist im Gegensatz zu vielen anderen Arten nicht unsichtbar oder passiv. Sie ist offensichtlich und dringlich, und sie strebt aktiv nach ihrer eigenen Auslöschung: Verliebtheit ist in nicht geringem Maße ein Zustand, in dem man sich nach Informationen sehnt. Werden die Gefühle nicht erwidert, wie bei Dante, versucht man, aus der Ferne jedes noch so kleine Detail in Erfahrung zu bringen. Hat man mehr Glück, fertigt man eine umfassende und intime Studie über die geliebte Person an – über ihren Körper, ihren Geist, ihr Herz, ihre Gewohnheiten, ihre Wohnung, ihr ganzes Leben. Dieser Wissensdurst ist in seiner Gründlichkeit und Begierde durchaus repräsentativ. In der Liebe ist jede Sehnsucht – körperlich, emotional, intellektuell, existenziell – immer die Sehnsucht nach mehr.

Das dürfte auch der Grund dafür gewesen sein, dass mein zweites Date mit C. neunzehn Tage dauerte. Wir hatten natürlich nicht geplant, einfach immer mehr Zeit miteinander zu verbringen. Aber sie war auch deshalb wieder in den Norden gekommen, weil sie in diesem Monat mehrere Termine in New York City hatte, und ich wohnte nur eine kurze Zugfahrt von Manhattan entfernt. Es war Spätfrühling im Hudson Valley. Die Kirsch- und Zierapfelbäume am Wegesrand leuchteten noch rosa und weiß, die Geschäfte auf der Main Street hatten ihre Türen geöffnet, die Saison der Bauernmärkte, Erdbeerfeste und Open-Air-Musikveranstaltungen hatte gerade begonnen. Bleib doch, sagte ich, und das tat sie.

Incipit vita nova: In den folgenden Tagen bewegten wir uns gemeinsam durchs Leben und es herrschte alles andere als Nebel – wir waren so lebendig und wach, als wären wir nicht nur neu füreinander, sondern auch für die Welt. Einmal, ganz am Anfang, spazierten wir durch einen Park und an einem Bach entlang, bis wir zum Hudson River mit seinen unzähligen blauen Taschen kamen, die das Nachmittagslicht mit Gold und Silber füllten. Schau, sagte C. alle paar Minuten, während wir Richtung Süden am Fluss entlang gingen, und deutete auf den Schatten eines Blaubarsches, der unter einem Stein lang flitzte, auf eine Kröte, die halb im Schlamm versunken war, und auf einen Reiher, der regungslos am Ufer stand. Als sie klein war, erzählte sie mir, habe sie sich sehr für indigene Kulturen interessiert, und ihr Vater sei stundenlang mit ihr auf Feldern und an Ufern spazieren gegangen und habe ihr geholfen, Tonscherben, Axtköpfe, Mörser und Pfeilspitzen zu identifizieren. Mit zehn Jahren verbrachte sie den ganzen Sommer in der behelfsmäßigen archäologischen Ausgrabungsstätte, die ihre Eltern für sie hinter ihrem Haus eingerichtet hatten; mit zwölf durchsuchte sie bei einem Strandbesuch den Sand und fand den vermissten Ehering eines dankbaren Fremden. Vielleicht hatte dieses frühe Training ihren Blick geschärft oder sie ist einfach von Natur aus aufmerksam für die Welt; auf jeden Fall merkte ich bald, dass ihr alles auffiel. Im Schritttempo bemerkt sie ein vierblättriges Kleeblatt im Gras, eine Gottesanbeterin auf einem Blatt und ein Gelege in einem Nest in einer Astgabel. Sogar beim Autofahren, das sie liebt, entdeckt sie Schildkröten am Flussufer, Falken auf den Ästen der Bäume und einen Fuchs, der anmutig über ein entferntes Feld trottet, und das, ohne dabei je die Straße aus den Augen zu lassen.

Von Anfang an fühlte sich so für mich das ganze Leben mit C. an: voller ungewöhnlicher Details, ungewöhnlich klar. Ich liebte es, mit ihr auf der Welt zu sein, sie mir mit ihr anzusehen und zu sehen, was sie sah. Eines Tages gingen wir auf dem Storm King spazieren, dem Berg mit diesem wunderschönen Namen und dem genauso wunderschönen Skulpturengarten, und bekamen einen leichten Sonnenbrand unter einem Himmel, der vollkommen wolkenlos war – das Wort, mit dem Vladimir Nabokov seine zweiundfünfzigjährige Ehe mit Véra Slonim beschrieben hatte, wie C. mir erzählte. An einem anderen Tag streiften wir durch ein Museum mit zeitgenössischer Kunst, das ich scherzhaft als das Museum angstbasierter Kunst bezeichnete, weil zur Ausstellung hoch aufragende Megalithen gehörten, zerquetschte Autos und Haufen aus zerbrochenem Glas. Ich verstehe, was du meinst, sagte C., die neben mir stand und zu einer fast drei Meter großen Spinne von Louise Bourgeois aufsah; dann erzählte sie mir von James Hamptons *Throne of the Third Heaven* mit der Aufschrift »Fürchte dich nicht«. Später, zu Hause, streckten wir uns gemeinsam auf der Couch aus, schauten *Double Indemnity* und verschlangen eine ganze Pizza, träge und zufrieden wie Hauskatzen. In der nächsten Woche spazierten wir gemeinsam die Nebenstraßen des Hudson Valley hinauf und hinunter, kreuzten Bäche, bewunderten alte Bauernhäuser und sprachen über die Art von Haus, das wir uns erträumten; und als sie sich im Auto umdrehte, streckte und mich anlächelte, geschmeidig und sonnengebräunt, auf den Wangen die ersten Sommersprossen, dachte ich an Pablo Neruda, der uns die süßesten schmutzigen Gedichtzeilen schenkte, die je geschrieben wurden: »Ich will / mit dir machen, was der Frühling mit den Kirschbäumen macht«. Das wollte ich auch mit C., und natürlich tat ich es. Die Zahl der Dinge, die ich mit ihr tun wollte, war unendlich.

Der arme Dante; er fand die Liebe, aber er machte nie die Erfahrung, dass Liebe eine eigene anhaltende Art des Findens ist. Der Nervenkitzel dieses ersten Augenblicks des Erkennens wiederholt sich in den ersten Tagen der Liebe immer wieder, wie die einzelne Goldmünze, die vom Meeresgrund aufleuchtet und zu den unermesslichen Schätzen einer spanischen Galeone führt. Jeder dieser ersten Tage mit C. war angefüllt mit neuen Entdeckungen – manche tiefgründig und eine bewusste Enthüllung, andere gewöhnlich und entstanden aus bloßer Nähe, aus dem Zusammensein, während das Leben weiterging. Im Laufe dieses ausgedehnten zweiten Dates erfuhr ich, dass C. ihren Kaffee schwarz trinkt und das den ganzen Tag über; dass sie nicht gern telefoniert, aber regelmäßig dutzendweise handgeschriebene Briefe einwirft; dass sie ihren beiden Schwestern nahesteht, die eine zwei Jahre älter, die andere sechs Jahre jünger, obwohl sie ganz anders ist als sie; dass sie nach fünf Stunden Schlaf vollkommen ausgeschlafen aufwacht; dass sie überhaupt nicht auf Süßes steht, aber zu Salz ein ähnliches Verhältnis hat wie Elefanten, Büffel und Bergziegen, die Flüsse und Gebirge überqueren, um ihren Bedarf zu decken. C. ihrerseits lernte, dass ich gern reise, aber leicht Reisefieber bekomme; dass ich am liebsten in einem Zimmer schlafe, das so dunkel ist wie ein mittelalterliches Dorf in einer mondlosen Nacht; dass ich vor zehn Uhr morgens keine Musik ertragen kann; dass die richtige Antwort auf die Frage »Soll ich joggen gehen?« immer »Ja« lautet, egal wie schlecht das Wetter ist oder wie müde ich bin oder wie bald wir irgendwo sein müssen.

Liebe hat, wie Trauer, die Eigenschaften einer Flüssigkeit: Sie fließt überall hin, füllt jedes Gefäß, sättigt alles. Bei diesem zweiten Zusammensein waren noch die alltäglichsten Aktivitäten von ihr durchdrungen. Ich liebte es, mit C. einkaufen zu gehen, ich liebte es, mit ihr den Abwasch zu machen, ich liebte es, in ihrer Nähe zu sein, während ich meine täglichen Aufgaben erledigte. C. ist, wie ich, Schriftstellerin; während dieses langen zweiten Dates arbeitete sie meist an meinem Esstisch, umgeben von Büchern und Akten, während ich in der Nähe an einem Stehpult schrieb, das sie mit einem lachenden Blick als mein Einrad bezeichnete. An Tagen, an denen wir einen Tapetenwechsel brauchten, nahm ich sie in eine öffentliche Bibliothek ein paar Städte weiter südlich mit, die ich mochte. Dort saßen wir in einem kleinen Arbeitszimmer mit grün schattierten Lampen, großen Ölporträts und Sesseln, die aussahen, als wären sie extra dafür gemacht, dass Wolfshunde vor ihnen schlafen. Wenn dieser Raum besetzt war, belegten wir stattdessen einen breiten Holztisch in einem luftigen Atrium, vor dessen Tür Kaninchen und Rotkehlchen vierzig Mahlzeiten pro Tag auf dem Rasen zu sich nahmen, und ich abgelenkt wurde von ihrem Gesicht im Nachmittagslicht, schiefgelegt und in Gedanken versunken. Irgendwann zeigte ich ihr erstmals eine frühe Fassung eines Textes, mit dem ich gerade rang, und sie zeigte mir die ersten Seiten des Buchs, das sie gerade begonnen hatte.

Wenn wir nicht schrieben, lasen wir oft, manchmal für unsere Arbeit und manchmal zum Vergnügen, mal zusammen und mal jede für sich. Eines Tages holte sie James Galvins *The Meadow* aus meinem Regal, nahm es mit auf die Couch und las es in einer Sitzung durch – wobei es eigentlich keine Sitzung war, denn sie lag auf dem Bauch, die Beine abgewinkelt wie ein lesebegeistertes Kind an einem verregneten Sonntag, und war zu sehr in den Roman vertieft, um zu bemerken, wie oft ich von meiner Arbeit aufsah, um sie zu betrachten. Abends lasen wir uns gegenseitig vor, aus dem Buch, das wir gerade in der Hand hielten, oder aus etwas, das wir liebten und mit der anderen teilen wollten, so wie damals, als ich ihr gestand, dass ich nicht viel von Frank O'Hara gelesen hatte, und sie einen Band seiner Gedichte mit ins Bett brachte. »Wenn ich mich deprimiert und ängstlich mürrisch fühle, / musst du bloß deine Kleidung ablegen«, begann sie mit leiser, intimer und amüsierter Stimme, und ich war sofort bekehrt.

Das war also mein neues Leben; es war kaum zu glauben. Ich war erstaunt – täglich, stündlich –, dass mir etwas so Wunderbares widerfahren war. Ich werde nie die besonders akute Version dieses Gefühls vergessen, das mich überkam, als ich irgendwann im Laufe dieses langen zweiten Treffens um drei Uhr morgens in der Küche stand und Pfannkuchen machte. Wir waren aus dem Schlafzimmer nach unten gekommen, nachdem C., die die Figur einer Elfe, aber, wie ich inzwischen weiß, den Stoffwechsel eines sechzehnjährigen Jungen hat, verkündet hatte, sie hätte Hunger. Jetzt saß sie auf einem Hocker, den Teller auf dem Schoß, und verschlang gelassen ihren achten oder neunten Pfannkuchen. Ein Glas Marmelade stand offen auf dem Tresen. Die Luft war von dem Bäckereiduft nach Mehl und Butter erfüllt. Vor dem Fenster schwebte golden in der Dunkelheit das Duplikat dieser Szene. Mein Glück war so gigantisch, dass es war, als wäre noch ein dritter Mensch bei uns.

Bis zu diesem Zeitpunkt hatte ich im Leben außerordentlich viel Glück gehabt. Sicherheit, Wohlstand, gute Gesundheit, hervorragende Bildung, ein Beruf, den ich sehr genoss, liebevolle Eltern, die mich in Ruhe ich selbst sein ließen und dafür sorgten, dass ich mich in der Welt wohlfühlte: alles, was im Leben so ungerecht verteilt ist, stand mir zur Verfügung. Mein Anteil am Leid war bescheiden – eine zu frühe Bekanntschaft mit Trauer, alltägliche Sorgen und Ängste, denen niemand entgehen kann –, mein Anteil an Schönem war enorm. Zu spüren, wie sehr und wie schnell er noch wuchs, als ich C. kennenlernte, war deshalb schockierend. Der »Beobachter des Himmels«, über den Keats schrieb, war William Herschel, der Astronom, der mit der Entdeckung des Uranus die bekannten Grenzen des Sonnensystems fast über Nacht um neunhundert Millionen Meilen erweiterte. Das entsprach der Ausdehnung meines Glücks, als ich C. kennenlernte.

Am Morgen nach den Pfannkuchen wachte ich in einem leeren Bett auf. Als ich die Treppe hinunterging, sah ich C. durch die großen Fenster meines Hauses am Picknicktisch auf der Terrasse sitzen, wo sie schon in die Arbeit vertieft war. Sie trug Jeans und ein kariertes Hemd, dessen Ärmel hochgekrempelt waren; neben ihr stand eine Tasse Kaffee und vor ihr lag ein Schreibblock. Sie saß mit dem Rücken zu mir, und ich beobachtete sie lange durchs Fenster. In der Nacht zuvor, in der Küche, war mir die Welt mit ihr darin wie verzaubert erschienen – in ihrer flirrenden, nächtlichen Freude fast unwirklich. An diesem Morgen konnte ich dagegen nicht aufhören, das Normale an dieser Szene auszukosten: Sie war da und führte ihr Leben in meinem Haus, führte ihr Leben in meinem Leben. Als sie am nächsten Tag zu einem Arbeitstermin nach Manhattan fuhr, rief ich meine Schwester an und erzählte ihr, dass ich die Frau kennengelernt hatte, die ich heiraten würde.

DIE GESCHICHTE EINER romantischen Liebe, hat die Dichterin Anne Carson einmal gesagt, ist immer eine Geschichte über die Liebenden, die Geliebten und das, was sie unterscheidet. Das stimmt. Aber die Geschichte einer romantischen Liebe ist auch, vor allem wenn die Liebenden sie selbst erzählen, immer eine Geschichte über die Liebenden, die Geliebten und das, was sie *verbindet.* Gegensätze und Ähnlichkeiten sind in der Liebe unvermeidlich, und unsere Kultur ist uneins darüber, was wichtiger ist. Dem Volksmund zufolge ziehen sich Gegensätze an, er kennt aber auch das Gegenteil. »Du musst dich unbedingt mit So-und-so treffen«, sagt der Möchtegern-Verkuppler entschieden. »Ihr habt so viel gemeinsam.«

Was haben C. und ich gemeinsam? Das Seltsame an der Liste, die ich erstellen könnte, ist, wie schwierig zu entscheiden ist, welche Punkte darauf wesentlich zu unserem Glück beitragen und welche unbedeutend sind. Als ich das erste Mal in ihr Auto stieg, startete sie den Motor und aus dem Radio dröhnte Miranda Lambert, weil sie den lokalen Country-Sender laut gestellt hatte. Ihr war das peinlich, aber ich war ganz irrational begeistert. Ich liebe Country-Musik und nur relativ wenige meiner Freund*innen teilen diese Vorliebe (viele verachten sie), trotzdem weiß ich nicht, warum es mich dermaßen berührte oder mir so vielsagend erschien, sie dabei zu erwischen, diese Musik ebenfalls zu lieben. Gibt es aufs Ganze gesehen irgendwas Unwichtigeres?

Ja, gibt es, und auch da haben wir viel gemeinsam: eine Vorliebe für Secondhandläden, einen Vorrat an Flanellhemden, der fürs ganze Leben reicht, eine Abneigung gegen das beunruhigende Pseudo-Gemüse, das als Baby-Mais bekannt ist. All das ist offensichtlich natürlich unwichtiges Zeug. Es hat nichts mit unseren Überzeugungen zu tun, wenn es um Liebe und Beziehungen geht, um Kindererziehung und Familie, Ethik und Politik, die Beschaffenheit des Selbst und die Ursprünge des Universums. Aber es spielt sich eben ein Großteil des Lebens in diesem kleinen Rahmen ab. Wer entscheidet also, dass solche Dinge weniger wichtig sind als die Visionen und Werte, die wir teilen? Wenn Paare bei ihrer Hochzeit ihre gemeinsame Liebe für etwas feiern, das für eine dauerhafte Partnerschaft bestenfalls nebensächlich zu sein scheint – *Dungeons & Dragons* oder Speck oder Cosplay oder den Filmen von Wim Wenders –, dann nicht einfach, weil diese Sache dazu beigetragen hat, dass sie zueinander gefunden haben, sondern weil sie für sie mit Bedeutung aufgeladen ist. Auch oder vielleicht gerade in seiner scheinbaren Trivialität ist es eine Art Erkennungszeichen: ein Beweis dafür, dass sie füreinander bestimmt sind; eine Bestätigung der erstaunlichen Unwahrscheinlichkeit, jemals die eigene, maßgeschneiderte und perfekte Liebe zu finden. Vielleicht ist das der Grund, warum man meiner Erfahrung nach nur selten ein glückliches Paar findet, das sich nicht an einer scheinbar oberflächlichen Gemeinsamkeit erfreut.

Doch selbst wenn Sie und Ihr*e Partner*in sich sowohl auf oberflächliche, als auch tiefgründige Weise ähnlich sind, sind Sie sich mit Sicherheit nicht *extrem* ähnlich. »Ähnlichkeit lässt Dinge einander weniger ähnlen, als Unterschiedlichkeit sie voneinander unterscheidet«, bemerkte Montaigne. »Die Natur ist bemüht, nicht voneinander zu trennen, was nicht unterschiedlich wäre.« C. und ich sind in gewisser Hinsicht extrem unterschiedlich. Einige dieser Unterschiede entdeckte ich mit der Zeit, andere bemerkte ich von Anfang an. Während unseres ersten Mittagessens, als mir noch nicht klar war, warum mich ihre Biographie so faszinierte, registrierte ich mit demselben gesteigerten Interesse, das ich an diesem Tag allem entgegenbrachte, eine Reihe offensichtlicher Unterschiede zwischen uns: Alter, Herkunft, Wohnort, Religion.

Letzterer war erst mal der auffälligste. Mütterlicherseits und väterlicherseits bin ich Jüdin. Als ich klein war, nahmen meine Eltern meine Schwester und mich an den Hohen Feiertagen mit in die Synagoge, sie veranstalteten an jedem Pessachfest einen Seder, füllten alle acht Tage von Chanukka mit Freude und sorgten dafür, dass wir im Laufe des Jahres noch ein paar andere kinderfreundliche Feiertage begingen – Purim, Sukkot, Simchat Tora, Tu Bischwat. Ich besuchte sieben Jahre lang die Samstagsschule (die allerdings sonntags stattfand – vermutlich, um nicht mit dem Hockey- und Fußballtraining zu konkurrieren; unser Tempel war derart vorstädtisch, dass er tatsächlich Vorstadttempel hieß), und als es an der Zeit war, lernte ich einen Teil der Tora auswendig und wir feierten meine Bat Mizwa.

Manchen Kindern hätte das gereicht, um ein gläubiges Leben zu führen. Aber unsere Synagoge war keine besonders gute und ich war auch nicht die beste Schülerin; ich beendete meine vorgebliche religiöse Erziehung mit einer oberflächlichen Ahnung der jüdischen Geschichte, sehr wenig Verständnis von Theologie und überhaupt nichts, das man Glauben hätte nennen können. So ziemlich das Einzige, was ich mitnahm, war das Gefühl, mit etwas sehr Altem und sehr Zerbrechlichem verbunden zu sein, und die Liebe zu den Traditionen, die diese Verbindung mit sich brachte. Ich zünde an den jüdischen Feiertagen immer noch Kerzen an, im Namen meiner Vorfahren und aus Respekt vor der Vorstellung, dass jeder von uns verpflichtet ist, die Dunkelheit in der Welt zu vertreiben. Ich freue mich immer noch über das Schehechejanu, das aufsteigende Gebet der Dankbarkeit, das für besondere Anlässe reserviert ist, und das Rezitieren des Kol Nidre am Versöhnungstag stimmt mich immer noch feierlich; und nur sehr wenig versetzt mich so schnell in ein staunendes Kind wie ein Fragment einer hebräischen Schrift oder die Schönheit eines hebräischen Liedes. Der uralte Ruf des Schofars, der in der heiligen Stätte so lange nachhallt, hallt auch in mir lange nach.

Aber damit endet meine Religiosität auch. Fragen nach Güte und Gerechtigkeit, nach Leid und dem Bösen, dem Ursprung und Ende des Universums, der Beschaffenheit des Ich, die Frage, wie man einander behandeln soll, wie man dieses kurze Leben am besten verbringt: all das interessiert mich leidenschaftlich, dennoch haben Antworten auf diese Fragen, die auf Glauben basieren, mich nie zufriedengestellt oder getröstet. Ob es in meiner Natur liegt oder an meiner Erziehung – oder an beidem – ich bin zutiefst skeptisch gegenüber religiösen Autoritäten, und obwohl ich mich sehr für die unergründlichen Geheimnisse des Universums interessiere, glaube ich nicht, dass ein allmächtiger Schöpfer dazu zählt.

C. glaubt das. Sie spürte von frühester Kindheit an, dass die Welt, wie es der Dichter Gerard Manley Hopkins ausdrückte, »mit der Größe Gottes aufgeladen ist«; für sie zeigte sich diese Heiligkeit schon immer in allem. Sie wuchs in der lutherischen Kirche auf, studierte nach dem College Theologie und überlegte eine Zeitlang, selbst Geistliche zu werden. Schließlich wandte sie sich der Schriftstellerei zu, aber erst nachdem sie eine Zeitlang als Krankenhausseelsorgerin und in der Gemeindearbeit tätig war. Als wir uns kennenlernten, predigte sie immer noch gelegentlich am Sonntagvormittag, wenn der örtliche Pfarrer krank oder verreist war, auf Anfrage führte sie auch Hochzeiten und Beerdigungen durch.

Ein derartiger Unterschied zwischen uns konnte nicht unbemerkt bleiben, bereits in unseren ersten gemeinsamen Tagen nicht. Mein eigener religiöser Hintergrund und meine unreligiösen Überzeugungen waren nicht eben dezent, und als wir zum ersten Mal eine Samstagnacht zusammen verbrachten, stand C. am nächsten Morgen auf und ging in die Kirche. Meine erste und anhaltendste Reaktion darauf – nicht auf ihren Glauben, sondern darauf, dass ich mich in eine so gläubige Frau verliebt hatte – war, das als großen kosmischen Scherz zu betrachten. Ich hatte mal einen durch und durch brillanten Lektor, dem ich ausführlich von der Internationalen Raumstation vorschwärmte und der mir daraufhin gestand, dass ihn alles oberhalb der Stratosphäre nicht besonders interessierte. Vor C. hatte ich Beziehungen mit Menschen, denen es genauso ging: fasziniert von allen möglichen weltlichen Dingen, aber weitgehend gleichgültig gegenüber vielen kosmologischen und existenziellen Fragen, die mich brennend interessieren. Manche Abenteuer bei der Partnersuche waren schon aus diesem Grund zum Scheitern verurteilt, und nicht in meinen kühnsten Träumen hätte ich erwartet, dass ich das Problem lösen würde, indem ich mich in eine Frau verliebe, deren erste und dauerhafteste Beziehung im Leben die zu Jesus ist.

Aber komisch hin oder her, ich war nicht so naiv zu glauben, dieser doppelte Unterschied – nicht nur die Kluft zwischen ihrem Christentum und meinem Judentum, sondern zwischen ihrem Glauben und meinem Atheismus – würde keine Rolle spielen. Zum einen warf es praktische Fragen auf. Ich wollte eigentlich keinen Weihnachtsbaum in meinem Haus haben, und ich wollte, dass unsere Kinder sich später wenigstens zum Teil jüdisch fühlten und besser darüber informiert wären, was das bedeutete, als ich. (Offensichtlich würden unsere Kinder zur Samstags- *und* zur Sonntagsschule gehen.) Und potenziell warf es auch emotionale Fragen auf. Mir wird immer wieder bewusst, dass es eine Art Glück gibt, das ich C. nicht bereiten kann – die Art, die sie mit einer Person finden könnte, die jeden Sonntag mit ihr in die Kirche geht, beim Beten den Kopf senkt und im Schutz eines gemeinsamen Glaubens neben ihr steht.

Aber C. versichert mir, sich diese Art Glück weder vorzustellen, noch es zu vermissen, und es stimmt, dass ich bei ihr niemals den Wunsch verspürte, dass ich anders wäre als ich bin. Genauso wenig wie ich das Bedürfnis hätte, ihre Überzeugungen den meinen anzugleichen; sie berühren etwas in mir, sind erhellend für mich und nicht davon zu trennen, wer sie ist, und ich würde sie auch dann nicht ändern, wenn ich könnte. Und doch bleiben sie mir fremd, was man manchmal auch merkt. Anders als C., die mein Jüdischsein und meinen Atheismus immer ernst genommen hat und beides moralisch vertretbar findet, bin ich dem Christentum nicht immer wohlgesinnt. Als sie mir mal erzählte, dass sie in der Kirche ihrer Kindheit sowohl als Kreuzträgerin gedient hatte (das Kreuz in den Altarraum hinein- und wieder hinaustragen), als auch als Messdienerin (Anzünden der Kerzen auf dem Altar), entgegnete ich neunmalklug, dass die Letztgenannte eigentlich Luzifer heißen müsste.

Sie lachte, wie sie jedes Mal lacht, wenn ich über ihren Glauben lästere oder mich über ihn lustig mache. Soweit ich mich erinnere, haben unsere unterschiedlichen Weltanschauungen nie zu ernsthaften Reibereien oder Schwierigkeiten geführt – zum Teil, weil sie beide zu robust sind, um den Gehorsam oder die Beteiligung der anderen zu erfordern, aber vor allem, weil sie bei aller Unterschiedlichkeit gar nicht derart unvereinbar sind. Die schwierige Lektion, die ich in meinen früheren Beziehungen gelernt habe, war, dass man Menschen, die sich nicht für dieselben Fragen interessieren wie man selbst, nur begrenzt nahekommen kann, und dass das kein Versagen ihrerseits ist, sondern einfach daran liegt, dass sie sich an anderen Meridianen orientieren als man selbst. Die wunderbare Lektion, die ich lernte, als ich mich in C. verliebte, bestand darin, dass man nicht unbedingt zu denselben Antworten kommen muss, auch wenn man sich für dieselben Fragen interessiert. C. und ich kamen nicht zu denselben Antworten, aber unsere Gedanken wenden sich ganz von selbst den gleichen Dingen zu – den Fragen nach dem Woher und Wohin, und der Frage, wie man dazwischen sinnvoll leben kann. Sie weist mich darauf hin, jeden Tag, in ihren endlosen Variationen, auf die Falken in einem Baum oder auf die Reiher im Schilf, und ich kann mir nicht vorstellen, jemals mehr zu brauchen als das: an ihrer Seite zu sein in der Unendlichkeit der Mysterien.

DAMALS WUSSTEN WIR es natürlich nicht, aber mein Vater hatte noch achtzehn Monate zu leben, als ich mich in C. verliebte. Ich wünschte, er wäre weitere fünf, zehn oder zwanzig Jahre bei uns gewesen, aber ich bin jeden Tag dankbar dafür, dass er noch so lange lebte, dass die beiden sich kennenlernen konnten. Ich erzählte ihm und meiner Mutter irgendwann während unserem zweiten Marathon-Date von ihr, und als ich bald darauf plante, sie für ein Wochenende in Ohio zu besuchen, wurde mir klar, dass ich C. sehr gern dabeihätte. Es war früh in der Beziehung, um so etwas vorzuschlagen, schockierend früh verglichen mit meinem Verhalten in früheren Beziehungen; aber ich wusste, dass mein Vater nicht gesund war und ich wusste auch bereits, wie ernst es mir mit C. war. Ich fragte meine Eltern, wie es ihnen damit ging, und sie wollten sie unbedingt kennenlernen. Daraufhin fragte ich C., was sie dachte, und sie sagte, es wäre ihr eine Ehre. Und so kam es, dass wir zwei uns eine Woche später am Straßenrand irgendwo am Ende der Welt wiederfanden und auf einen Abschleppwagen warteten.

Das Ende der Welt befand sich in diesem Fall mitten in Pennsylvania. Wir waren am Freitagnachmittag im Hudson Valley aufgebrochen, hatten geredet, bis zweihundert Meilen Highway hinter uns lagen und es dunkel geworden war, und uns dann ein Bett für die Nacht gesucht. Am nächsten Morgen standen wir auf, frühstückten, und nachdem wir zwanzig Minuten gefahren waren, hatten wir einen Platten. Ich hatte weder einen Reservereifen, noch war ich Mitglied bei irgendeinem Pannendienst (eigentlich hatte ich nicht mal ein Auto; ich brachte meinen Eltern aus komplizierten

Gründen ihr Auto zurück), aber C. hatte eine Triple-A-Mitgliedschaft, also rief sie den Abschleppdienst. Dann holte sie unsere Eiskaffees vom Vordersitz, führte mich zu einem schattigen Grasfleckchen, auf dem Löwenzahn wuchs, und wir warteten.

Im oberen Flur meiner Eltern dreihundert Meilen weiter westlich hing zu der Zeit ein Fotorahmen, den meine Mutter irgendwann in grauer Vorzeit besorgt hatte. Es war so einer, in dem für jedes Jahr vom Kindergarten bis zur zwölften Klasse Platz für ein Schulfoto ist, um diejenigen von uns zu demütigen, die zehn Jahre lang eine peinliche Phase durchmachten. Ich hatte es nie fertiggebracht, meine Mutter zu bitten, ihn abzunehmen, und obwohl er an der Wand nicht mehr als einen Quadratmeter einnimmt, beanspruchte er jetzt, als C. und ich unsere Fahrt fortsetzten, etwa dreißig Prozent meines Gehirns. Schon in der Grundschule, wenn Kinder in der Regel noch niedlich sind, war ich eine ästhetische Katastrophe, und danach wurde es nur schlimmer. Neben Babyspeck, Zahnspange und Locken, mit denen ich nicht umgehen konnte, hatte ich absolut kein Gefühl für Mode und auch keine Lust, es zu entwickeln. Diese Aufgabe überließ ich meiner wohlmeinenden, aber altmodischen Mutter, was zur Folge hatte, dass ich in der Schule jahrelang jeden Tag wie eine Miniaturversion einer Frau mittleren Alters auftauchte.

Als Erwachsene amüsiere ich mich eher über meine sozial unbedarfte Kindheit und bin in mancher Hinsicht sogar dankbar dafür. Ich war deshalb überrascht, bei der Vorstellung, wie C. diese Fotos ansah, einen Anflug echter Verlegenheit zu spüren. Rational verstand ich, dass wir alle in unserer Vergangenheit Dinge haben, die uns peinlich sind, und dass echte Intimität es erfordert, früher oder später darüber zu sprechen. Aber bei ihr und mir war es nun mal noch ziemlich früh, und ich fragte mich damals auf dem Pennsylvania Highway, ob ich mich nach unserer Ankunft nicht für einen Moment davonstehlen und mein Elternhaus von dieser Demütigung befreien könnte.

Aber natürlich war das unmöglich. Die Bilder waren nicht das Einzige, was mir Sorgen bereitete, und der Rest ließ sich nicht auf die Schnelle entfernen, während C. mit meinen Eltern plauderte. Da war mein Zimmer am Ende des Flurs, das immer noch voller Kindheitstrümmer war (öffnete man den falschen Schrank, konnte es passieren, dass ein Sammelsurium von Spielzeugpferden, Billy-Joel CDs und Marschkapellen-Utensilien auf einen herabstürzte); da war das Haus selbst, das sogar für eine vierköpfige Familie groß war und jetzt, wo nur meine Eltern darin lebten, unangemessen gigantisch erschien; und am wenigsten vermeiden ließ sich das feine Städtchen, in dem es lag, mit seinen gepflegten Rasenflächen und Tudor-Villen. Der Vorort von Cleveland war ein guter Ort, um dort aufzuwachsen, aber auch – und das denke ich bereits, seit ich über solche Dinge nachdenke – ein guter Ort zum Wegziehen. Das Zutreffendste, was ich über meine Gefühle für meinen Heimatort sagen kann, ist, dass sie zwiespältig sind: Er ist ein so grundlegender Teil von mir, dass ich mir gar nicht vorstellen kann, ohne diesen Ort ich selbst zu sein, und zugleich so untypisch für mich, dass ich mir nie aussuchen würde, dort zu leben.

Als ich an diesem Vormittag mit C. Richtung Westen

fuhr, konnte ich nicht aufhören, alles mit ihren Augen zu sehen. Es brachte sozusagen eine andere Art von Unterschied zwischen uns zum Vorschein, einen, der so offensichtlich war wie die Religion, auf den ich aber jetzt erst aufmerksam wurde, da wir direkt auf ihn zusteuerten. C. war vierhundert Meilen und viele kulturelle Zeitzonen von mir entfernt aufgewachsen, an der Ostküste von Maryland – jenem abgelegenen Teil des Staates, der zur Delmarva-Halbinsel gehört und im Westen von der Chesapeake Bay und im Osten vom Atlantischen Ozean begrenzt wird. Bis 1952, als die Bay Bridge gebaut wurde, brauchte man mehrere Stunden, um von ihrer künftigen Heimatstadt aus das Festland zu erreichen, was zur Folge hatte, dass sich das Gebiet wie eine Insel entwickelte: langsam und eigenwillig in relativer Isolation. In den Jahrzehnten, die seitdem vergangen sind, hat es diesen Charakter weitgehend beibehalten, womit es kulturell genauso weit vom Nordostkorridor entfernt ist, wie es physisch nah dran ist.

Diese kulturelle Kluft ist zum Teil auf die politische Geographie zurückzuführen. Die nördliche Grenze von Maryland verläuft genau an der Mason-Dixon-Linie, und das Leben an der Ostküste ist, anders als in Bethesda oder Baltimore, sehr vom Süden geprägt. Die Küste gab uns die große Patriotin Harriet Tubman und den großen Patrioten Frederick Douglass, aber auch die Männer und Frauen, die sie versklavten. Das Scheitern der Reconstruction, die versuchte, diese Parteien zu versöhnen und das Unrecht wiedergutzumachen, wirkt in der Region wie in vielen Teilen der Nation nach – in Form von anhaltender Rassenungerechtigkeit, weitverbreiteter de facto Rassentrennung und vereinzelten Flaggen der Konföderierten. Aber an der Küste sind auch andere, bessere südliche Einflüsse spürbar: der Sinn für Gastfreundschaft, das Lebensgefühl an Augustnachmittagen, eine Bevölkerung, die zu etwa gleichen Teilen aus geborenen Schweigsamen und geborenen Geschichtenerzähler*innen besteht, und die bewusst gepflegten und häufig erzählten Stammbäume der Gegend, denen zufolge der Großvater von So-und-so mit Großonkel Jack mütterlicherseits in der Werkstatt an der Hog Barn Road arbeitete, bevor Tante Lula geboren wurde. Der Süden oder etwas davon ist auch in dem Akzent zu spüren, mit dem all dies erzählt wird und der klingt, als hätte die Stadt Pittsburgh ihre Konsonanten an die Carolinas verkauft. Immer wenn C. in der Nähe ihrer Familie ist, verfällt sie in diesen Akzent, und jedes Mal möchte ich sie küssen.

Traditionell verdienten die meisten Menschen an der Ostküste ihren Lebensunterhalt mit dem Land oder mit dem Wasser, aber der Bau der Bay Bridge brachte wohlhabende Menschen mit sich, die schon in Rente waren oder pendelten und einen Zweitwohnsitz am Wasser suchten. Abgesehen von einigen kleinen Städten und einigen besonders wohlhabenden Gegenden ist das Gebiet jedoch nach wie vor weitgehend ländlich und von der Arbeiterklasse geprägt. Als ich Kind war, waren die Eltern meiner Freunde beispielsweise Ärztinnen und Psychologen, Anwältinnen und Wirtschaftsprofessoren und Erdölingenieure. Die Erwachsenen in C.s näherem Umfeld waren Fernfahrer und Bauarbeiter, Farmerinnen und Pumpenwärter, Schweißer und Kellnerinnen. Wie fünfundneunzig Prozent der Menschen in ihrer Heimatstadt haben auch ihre Eltern nicht studiert. Ihre Mutter arbeitete als Briefträgerin für den United States Postal Service und half in ihrer Freizeit C.s Vater, der, um die Familie zu ernähren, mehrere Jobs gleichzeitig hatte: er putzt in einer Bank, füllte die Regale eines Ladens auf, entsorgte Müll, verschrottete Metall und arbeitete für die Besitzer*innen der Zweitwohnungen als Gärtner und Hausmeister.

Die Stadt, in der C. geboren wurde und aufwuchs, ist genau genommen gar keine Stadt – eher ein Gebiet, in dem laut Volkszählung einhundertsiebenundsechzig Familien leben, darunter auch ihre. Der Doppelkultur der Küste entsprechend, wuchs sie auf einer Farm auf und fuhr Traktor, lange bevor sie Autofahren lernte, und zugleich verbrachte sie ihre Kindheit damit, Krebse zu sammeln und ihre Onkel und Freunde der Familie zu bitten, sie zum Fischen mitzunehmen. Außerdem verbrachte sie ihre Kindheit damit, ihren Eltern bei deren Arbeit zu helfen – Schrott zu sortieren, Brennholz zu stapeln, bei der Müllentsorgung zu helfen und in der Bank die Teppiche zu saugen. In ihrer Freizeit besuchte sie abends die Landjugend und im Sommer die Ferienbibelschule, und sie war schockiert, als sie bei ihrem Auszug realisierte, dass New York City nur vier Stunden entfernt liegt. Kurzum, C. stammte aus der Arbeiterklasse des kleinstädtischen Südens, während ich aus dem wohlhabenden Mittleren Westen stammte, dem Land der Ölmagnaten und Eisenbahnbarone, nicht dem Land der Farmer und Autoarbeiter – und das ist der Kontrast, der mir durch den Kopf ging, als wir plötzlich mitten in Pennsylvania einen Platten hatten.

Sich zu verlieben ist immer eine Art Unterbrechung,

eine Pause in der normalen Ordnung der Dinge. Verliebte Workaholics machen um fünf Uhr Feierabend, verliebte Frühaufsteher bleiben bis mittags im Bett, verliebte Zyniker betrachten mit leuchtenden Augen die Welt und finden sie wunderschön. Aber dieser Vormittag auf dem Highway war noch etwas anderes, eine Art Pause in der Pause – genau wie unser erstes Mittagessen war er ein kleiner Hohlraum, in den wir uns stahlen, während die Zeit diskret wegschaute. Es gab rein gar nichts anderes zu tun, als zusammen dazusitzen und zu warten. Wir waren an keinem schönen Ort. Ich erinnere mich zwar nicht daran, aber es wird Müll am Straßenrand gelegen und Dieselgeruch die Luft erfüllt haben und ab und zu der heiße Windstoß eines vorbeirauschenden Sattelschleppers. Aber falls all das existierte, spielte es keine Rolle. Was zählte, war, dass mein Gefühl einer drohenden Gefahr irgendwie schwand, während wir dort saßen und uns unterhielten, und sich in mir die Überzeugung vertiefte, eine Frau gefunden zu haben, die mein Leben besser machen würde, wenn ich an ihrer Seite bliebe, egal, was mit mir, mit uns oder mit der Welt geschähe.

Wir waren noch so neu, unsere Beziehung noch so jung; wir hatten noch so viel übereinander zu lernen, so viel zu klären, so viel zu entscheiden. Doch dort am Rand der Autobahn schien die Zeit für einen Moment zu sein, wie sie wirklich ist: die Vergangenheit längst vergangen, die Zukunft unwirklich, die Gegenwart vollkommen ausreichend. Der Mann vom Abschleppdienst hatte am Telefon gesagt, dass er circa anderthalb Stunden brauchen würde. Zwei Stunden waren vergangen. Das Eis in unserem Kaffee war geschmolzen. Es gab keinen Schatten mehr. Unsere Jeans waren im hellen Mittagslicht angenehm warm geworden, und der Löwenzahn wirkte wie von Kindern gemalte Sonnen, rund und strahlend gelb. Es schien möglich und keineswegs beunruhigend, dass wir für immer dort nebeneinandersitzen würden. Tja, scherzte C. und schaute auf die Straße, auf der immer noch kein Abschleppwagen zu sehen war, vielleicht stimmt es ja: Es führt kein Weg zurück.

Ich lachte laut. Na klar! Warum hatte ich mir auf der Fahrt gen Westen solche Sorgen gemacht, was C. über mein Zuhause denken würde? Die meisten von uns passen nicht mehr gut in ihr altes Ich, und die meisten von uns fühlen sich in ihrem alten Zuhause nur noch bedingt zu Hause. Auch wenn wir sie lieben, auch wenn wir uns manchmal nach ihnen sehnen, auch wenn wir noch das letzte uralte Obstmesser in der Küchenschublade kennen – es lässt sich nicht vermeiden, dass wir ihnen entwachsen; die Welt ist so groß, im Vergleich dazu ist jeder Herkunftsort klein. Nicht nur begegnet man, sobald man seine Heimatstadt hinter sich lässt, ganz anderen Menschen und Orten als denen, die man vorher kannte – das eigene Leben sieht in der Rückschau auch ganz anders aus. Die Scham, die ich in Bezug auf das Zuhause meiner Kindheit empfand, hatte also (wie so oft) weniger mit mir zu tun, als damit, wie ein mir so vertrauter Ort auf jemanden wirken würde, der noch nie dort gewesen war.

Aber wie mir in dem Moment klar wurde, war es dumm, sich bei C. derartige Sorgen zu machen, weil sie so viel besser wusste als ich, wie es sich anfühlt, nicht gut in sein eigenes Leben zu passen. Sie hatte schon als kleines Kind einen ungewöhnlich ernsten, hungrigen Verstand, und sie hatte sich – teils deswegen, teils aus Gründen, die sie erst viel später benennen konnte – schon immer etwas von anderen Menschen abgesondert. Als sie früh entdeckte, dass sie gerne las, begann ihre Mutter, ihr von ihrer Postroute gebrauchte Bücher mit nach Hause zu bringen; ihr Vater, der ihre literarische Neigung nicht teilte, unterstützte sie so gut er konnte, indem er ihr in dem Zimmer, das sie sich mit ihrer jüngeren Schwester teilte, Regale baute. Als sie entdeckte, dass sie auch gerne dachte, kultivierte sie die Fähigkeit, dieses unabhängig von ihrer Umgebung zu tun; eine Angewohnheit, die dazu führte, dass sie die Menschen um sie herum manchmal mit ihrem Schweigen verunsicherte. In der Schule hätte ihre unermüdliche Konzentration auf die akademischen Fächer einem anderen Kind (z. B. mir) den Ruf einer Streberin eingebracht. Sie aber hatte die unnachgiebige Gelassenheit von jemandem, der immer ein wenig Abstand hält.

Mit siebzehn zog sie aus und ging nach Harvard, mit einem Stipendium, das weder die Lehrbücher abdeckte noch Fahrten nach Hause oder ein Treffen im Café, statt in der Cafeteria. Um Geld zu verdienen, putzte sie die Toiletten des Wohnheims, und in ihrem ersten Semester gab sie insgesamt dreiundzwanzig Dollar aus. Sie war in vieler Hinsicht uneins mit ihrer Umgebung, aber in einem entscheidenden Punkt passte es: Zum ersten Mal in ihrem Leben befand sie sich an einem Ort, an dem das Bildungsangebot ihrem Bedürfnis zu lernen entsprach. Sie studierte Anglistik, war Herausgeberin der Literaturzeitschrift, freundete sich mit Doktorand*innen und Professor*innen und dem Hauptpastor der Memorial Church an. Die Abende verbrachte sie in den Bibliotheken, um zu lesen und nachzudenken, während ihre Kommiliton*innen annahmen, sie wäre auf cooleren Partys als sie selbst. Nach ihrem Abschluss ging sie mit einem Rhodes-Stipendium nach Oxford, das überzählige Geld aus dem Stipendium nutzte sie, um ganz Europa und den Nahen Osten zu bereisen. Schließlich, zehn Jahre nachdem sie ihre Heimat verlassen hatte, zwei Jahre bevor wir uns kennenlernten, und unzählige kulturelle Lichtjahre entfernt von der, die sie gewesen war, zog sie zurück an die Ostküste.

Zu diesem Zeitpunkt lebte sie in zwei sich kaum überschneidenden Welten, wie so viele Menschen, die sich weit von ihren Wurzeln entfernen. Bestimmte Seiten ihres Wesens waren für die, mit denen sie aufgewachsen war, unsichtbar oder unerklärlich; andere blieben denen, die sie erst als Erwachsene kennenlernten, undurchsichtig oder fremd. Sie konnte mit dieser Zweiteilung meistens gut umgehen, aber wir alle sehnen uns danach, in unserer Gänze wahrgenommen zu werden, ganz besonders, wenn wir uns verlieben. Wir sehnen uns sogar so sehr danach, dass wir uns davor fürchten – oder besser gesagt, wir fürchten, *wenn* wir in unserer Fülle wahrgenommen werden, nicht mehr geliebt zu werden.

Darum machte ich mir im Auto auf dem Weg zu meinem Elternhaus Sorgen: dass C. und ich dort ankamen und sie in mir die Überreste meines unbeholfenen jüngeren Ichs sehen würde, die ganze Banalität, Engstirnigkeit, den Dünkel und die Anspruchshaltung, die man – manchmal zu Recht – mit Vorstädten in Verbindung bringt. Erst später erfuhr ich, dass ihre Ängste das Spiegelbild von meinen waren. Ungeachtet ihres außergewöhnlichen Lebenslaufs, ihres enzyklopädischen Geistes und der Tatsache, dass sie die Feinheiten der Hegelianischen Philosophie erklären und Marianne Moore zitieren kann, befürchtete C. immer noch, vor dem Hintergrund ihrer Vergangenheit zu wirken wie ein vom Winde verwehtes Samenkorn, das zu hoch hinauswollte, wie man dort sagt, wo sie herkommt. Bis zum heutigen Tag fürchtet sie in manchen Momenten, sie könnte sich mir oder der Welt irgendwie als Tölpel offenbaren.

Nichts erscheint mir absurder, aus allen möglichen Gründen: weil sie brillant ist und kosmopolitisch (auch im ursprünglichen Wortsinn: eine Bürgerin des Kosmos); weil ich ihre ländlichen Wurzeln liebe; weil die Annahmen über das Leben auf dem Land und in der Arbeiterklasse, auf denen ihre Befürchtungen beruhen, der Realität kaum gerecht werden, wie sie selbst am besten weiß. Gleichzeitig habe ich für nichts mehr Verständnis. Egal, wo man herkommt, egal, wie stolz man auf seine Familie ist, egal, wie sehr oder wie wenig man sich von der Person, die man liebt, unterscheidet – es ist schwierig, sich *nicht* dafür zu schämen, wer man ist, wenn man ganz genau betrachtet wird.

Schließlich führen Paare unweigerlich ein Leben, das sich weitgehend überschneidet. Mit der Zeit teilt man immer mehr: die Freund*innen, die Familien, das Haus, die Morgenroutine, das Lieblingsrestaurant, den nervigen Nachbarn, den Winter, in dem die Rohre immer wieder einfroren, die Katze, die gerne auf dem Kühlschrank schläft, das erste Weihnachten, den fünfundvierzigsten Seder, die Panik vorm Krankwerden, die Erinnerung an den Platten auf dem Pennsylvania Highway. Trotz dieser ständigen Zunahme der Gemeinsamkeiten bleibt es in jeder Beziehung eine Herausforderung, über Unterschiede hinweg zu lieben. Das gilt unabhängig davon, wie ähnlich Sie und Ihre Partnerin oder Ihr Partner sich sind oder geworden sind. Über die Liebe wird so oft in Analogien geschrieben – »meine Liebe ist wie eine rote, rote Rose« usw. –, aber das Wesentliche an der geliebten Person, der Grund, aus dem Sie sich in sie verliebt haben, ist, dass sie ist wie keine andere auf der Welt. Das schließt ein: Ihre Geliebte ist nicht wie Sie.

Niemand findet sich mit dieser Tatsache sofort ab, und niemand tut es nur einmal. Wir werden immer wieder aufgefordert, uns daran zu erinnern, dass die Person, die wir lieben, nicht immer dieselben Gedanken, Gefühle, Bezugspunkte, Reaktionen, Bedürfnisse, Ängste und Wünsche hat wie wir selbst. Aber im Großen und Ganzen beginnt der Weg einer glücklichen Beziehung mit der Wertschätzung der Gemeinsamkeiten und endet mit der Wertschätzung der Unterschiede. Ich könnte nie mit Bestimmtheit sagen, was ich an C. am meisten liebe – ich liebe zu viel an ihr. Aber es ist kein falscher Trost und keine bequeme Übertreibung, wenn ich sage, dass mir an ihr das, was mir am wenigsten ähnelt, am häufigsten Dankbarkeit, Zärtlichkeit und Bewunderung einflößt – weil ich sie darin am deutlichsten sehe und weil meine eigene Welt dadurch so viel größer geworden ist. Und ich kann mit Fug und Recht behaupten, dass ihre Fähigkeit, an mir das zu lieben, was ihr am wenigsten ähnelt, das größte Geschenk ist, das mir – abgesehen von meinen Eltern – je jemand gemacht hat.

Den schönsten Ausdruck dieses friedlichen Umgangs mit

Unterschieden fanden C. und ich zufällig in etwas, das wir gemeinsam haben. Eines Abends, als mich die Unterschiedlichkeit unserer Auffassungen beunruhigte – worum genau es ging, weiß ich gar nicht mehr –, griff sie in ihr mentales Bücherregal und holte ein Gedicht hervor, das auch ich seit Jahren liebte: Robert Frosts »West-Running Brook«, das die Form eines Gespräches zwischen zwei jung Verheirateten hat. Sie gehen spazieren, folgen dem Verlauf eines Flusses, der nach Westen fließt, und einer von beiden weist darauf hin, wie seltsam das ist, denn alle anderen Flüsse der Gegend fließen zum Meer, Richtung Osten. Der Natur der Dinge zufolge wird auch dieser irgendwann dort enden, doch:

> Der Bach kann es wohl
> Riskieren Widersprüchen nachzugehen
> Wie ich es kann mit Dir – und Du mit mir

Sich Widersprüchen aussetzen – das ist es, was C. und ich von Anfang an getan haben, ohne einen Ausdruck dafür zu haben, und das ist es, was wir uns in dieser Nacht versprachen: uns immer gemeinsam durch die Welt zu bewegen, aber jede auf ihre Weise.

Es ist mir nie schwergefallen, dieses Versprechen zu halten, vor allem, weil ich wie der Bach, egal wohin ich mich in einem bestimmten Moment bewege, letztlich in eine Richtung gezwungen bin. »›Wo ist Norden?‹ ›Norden ist dort‹«, beginnt das Gedicht, aber als ich in dieser Nacht C.s Stimme lauschte, die den Rest des Gedichts vorlas, schön und schattig und sonnenbeschienen, dachte ich, was ich seitdem immer denke: *Norden bist du.*

IRGENDWANN KAMEN WIR tatsächlich in Ohio an. An den Rest der Fahrt erinnere ich mich kaum noch, aber an unsere Ankunft. Meine Eltern – die keine Dummköpfe waren und mich gut kannten – wussten, was es für mich bedeutete, ihnen jemanden vorzustellen, und als wir auf die Auffahrt fuhren, waren sie wegen C. ungefähr genauso aufgeregt wie ich. (»Wir haben die Hecke geschnitten, die Löcher im Dach ausgebessert, die Garage von innen gestrichen, die Zähne geputzt und uns vollkommen umarmbar gemacht«, hatte mein Vater geantwortet, als ich am Morgen gemailt hatte, dass wir unterwegs waren.) Ich erinnere mich, wie wir im Flur aufgeregt alle einander vorstellten und mein Vater sich mit der für ihn typischen Ausführlichkeit erkundigte, was wir an Essen und Getränken bräuchten, und wie meine Mutter strahlte vor Freude, uns in ihrem Haus zu haben. Dann begleitete ich C. ins Wohnzimmer, setzte mich neben sie aufs Sofa und hörte zu, wie sie sich einem klassischen Isaac-Schulz-Verhör stellte.

Erst als Erwachsene wurde mir klar, wie sehr mein Vater viele Menschen bei der ersten Begegnung eingeschüchtert haben muss. Wer in seine Nähe kam, wurde sofort zum Gegenstand seiner allumfassenden Neugier und seines grenzenlosen Sinns für Gastfreundschaft, und beide zusammen steuerten in einem Schwall von Witzen, Fragen, Eilinformationen und Englisch mit starkem Akzent auf ihr Ziel zu. Mich beeindruckte all das nicht, ich wusste von klein auf, dass er nur bluffte, im Grunde wohlwollend und bewundernd war, aber einige meiner schüchterneren Freund*innen erschreckte es zu Tode. In Country-Songs begrüßen Väter die Verehrer ihrer Töchter, indem sie schweigend auf der Veranda sitzen und ein Gewehr polieren. Mein Vater würde ihn hereinbitten, ihm ein Sandwich, einen Scotch und drei verschiedene Sorten Eis anbieten, ihm alles erzählen und ihn alles Mögliche fragen – was für manche Menschen doppelt so beängstigend ist.

Wie sich herausstellte, gehörte C. nicht zu diesen Menschen. Ich war selten so zutiefst glücklich – und in gewisser Weise stolz, so aufregend fand ich es, sie in meinem Leben zu haben – wie an jenem ersten Tag, als ich dasaß und sie mit meinen Eltern reden hörte. (Die beiden machte es genauso glücklich, uns da zusammen sitzen zu sehen, wie meine Mutter mir später erzählte.) Von all den Fragen und Antworten sticht ein Wortwechsel besonders hervor, ausgelöst durch die Tatsache, dass C. dazu erzogen worden war, zu Erwachsenen »Sir« und »Ma'am« zu sagen – was in meiner Kindheit nicht vorgekommen war. Meine Mutter, die hart daran gearbeitet hatte, ihren eigenen Kindern gute Manieren beizubringen, fand das charmant; mein Vater wollte wissen, ob ihre Eltern beim Militär gewesen wären. Nein, Sir, erklärte sie; sie käme einfach aus einer Familie und einer Gegend, wo man das so machte. Nun, wie dem auch sei, sagte mein Vater, ab jetzt bin ich Isaac. Ich habe noch nie erlebt, dass C. sich eine Gelegenheit entgehen ließ, schlagfertig zu antworten, so auch jetzt nicht, als sie antwortete: »Okay, Sir Isaac.«

Mein Vater lachte, nicht nur, weil er das zu schätzen wusste, sondern auch, wie ich glaube, weil er etwas wiedererkannte. Er hatte C. von Anfang an in sein Herz geschlossen, und obwohl die beiden bei der Geburt zwei Kontinente und vierzig Jahre trennten, vermute ich, dass er in ihr etwas von sich selbst sah. Wie üblich war er deshalb schneller als ich: vor diesem Tag waren mir keine Ähnlichkeiten zwischen den beiden aufgefallen, zweifellos wegen der sehr viel auffälligeren Unterschiede. Zu den offensichtlichen Unterschieden – Alter, Geschlecht und Hintergrund – kam hinzu, dass mein Vater im Grunde immer gesellig war, während C. sehr reserviert sein konnte, wenn sie nicht zu Hause war. Aber sie waren beide Menschen, die sich allein kraft ihres Intellekts aus ihrem ursprünglichen Kontext in einen ganz anderen bewegt hatten, und als ich dasaß und ihrem Gespräch zuhörte, wurde mir klar, wie sehr ihr Denken mich an seins erinnerte.

Wie mein Vater hat auch C. zur Bildung das Verhältnis, das sich aus frühem Mangel entwickelt – oder, vielleicht treffender, aus spätem, plötzlichem Überfluss, aus der Erfahrung, zum ersten Mal eine Zeitung zur Hand zu haben oder in einer Bibliothek zu sein und zu erkennen, dass man sich einfach fürs Lernen entscheiden kann. Ich kann mir vorstellen, dass jemand, der von Kindheit an selbst für seine Bildung zuständig war, später um die Legitimität seines Wissens besorgt ist. Aber sowohl C. als auch mein Vater, die gelernt hatten, selbst zu denken, schafften es irgendwie, *allein* weiterzudenken: Sie hatten tiefe, ernsthafte, originelle Köpfe, die weit weniger anfällig waren fürs Nachplappern oder für Unbedachtes als die meisten anderen. Außerdem verfügten sie über die bemerkenswertesten Gedächtnisse, die mir je begegnet sind – Gedächtnisse, die so schnell, umfassend und zuverlässig waren, dass sie als eine Art zusätzliche Intelligenz fungierten, die bereitwillig die nötigen Informationen lieferte und zwischen verschiedenen Themen subtile und überraschende Zusammenhänge herstellte.

Die Kehrseite dieser besonderen Gabe ist, dass sie jede Panne in ihrem normalerweise nahezu perfekten Erinnerungsvermögen verrückt machte. Mein Vater schob sich dann die Brille auf die Stirn, kniff ein Auge zu, schaute mit gequältem Gesichtsausdruck nach oben, stieß ein langes, rollendes Aaaaaaaaaaaaaaaccchhhhhhhh aus – eine Art semitisches »Verflixt«, bestehend aus Lauten, die mein Gaumen gar nicht bilden kann – und sagte in vollkommen verärgertem Ton: »Komm schon, Isaac.« C.s Version besteht, wie ich inzwischen verstanden habe, darin, zu sagen: »Eine Sekunde« (womit sie meint: »Mach jetzt auf keinen Fall ein Geräusch oder sag irgendwas, auch nicht ›Egal‹«), dann vergräbt sie den Kopf in den Händen, und wenn sie sitzt, krümmt sie sich nach innen, als wäre die fehlende Information irgendwo zwischen ihren Knien gespeichert. Ich war dabei, wie die beiden sich selbst beschimpften, um sich endlich an den Namen einer Nebenfigur in einem weniger bedeutenden Balzac-Roman zu erinnern, den sie vor zehn Jahren zum letzten Mal gelesen haben – Umstände, unter denen ich mich nicht mal an den Titel erinnern könnte.

Mit der Zeit entdeckte ich weitere Dinge an C., die mich an meinen Vater erinnerten, nicht alle brillant und charmant auf dem Spektrum der Charaktereigenschaften. Dazu gehören eine gelegentliche beeindruckende Hartnäckigkeit; die Fähigkeit, andere Menschen einzuschüchtern, meist, aber nicht immer, aus Versehen; und, im Widerspruch zu ihrer allgemeinen Ausgeglichenheit, eine kurze Zündschnur, entzündet durch eine Art aufflackernden Stolz angesichts empfundener Kränkungen. Aber an diesem Tag, als ich neben C. auf der Couch saß, lagen all diese Entdeckungen in der Zukunft. In diesem Moment, als ich sie mit meinem Vater reden hörte und mir klar wurde, wie ähnlich sie sich in gewisser Hinsicht waren, wurde mir auch klar, dass mich das überhaupt nicht überraschen sollte, dass es nicht mal Menschen überraschen würde, die meinen Vater oder C. oder mich gar nicht kennen. Denn das ist eine weitere Theorie zum Finden der Liebe: Wir erkennen sie, wenn wir ihr begegnen, weil sie uns vertraut ist, nicht aus der Zeit vor unserem Leben, wie Platon dachte, sondern aus unseren frühesten Tagen. Wenn es stimmt, dass unsere Beziehungen zu unseren ersten Bezugspersonen die romantischen Entscheidungen prägen, die wir im Erwachsenenalter treffen, dann ist es kein Wunder, dass ich mich zu jemandem hingezogen fühlte, der so eigensinnig, selbständig, unabhängig, hingebungsvoll und brillant war.

Zu den anderen Dingen, die C. und mein Vater gemeinsam hatten, gehörte – wie ich wusste, seit sie eine Verabredung mit mir wegen eines Spiels der Orioles verschoben hatte – eine Liebe zum Sport. Am Vormittag nach dem Verhör auf dem Sofa, als wir vier dem Eingang eines Diners zustrebten, wo wir brunchen wollten, sagte sie sachlich: »Da ist LeBron James.« Und tatsächlich, da kam er in seiner ganzen Größe aus dem Restaurant nebenan. Das war nach Miami Heat und ehe er zu den Lakers zurückkehrte, während der langen, schönen Phase, in der er die Cavaliers von einem der schlechtesten Teams der League zu NBA Champions machte und damit die ein halbes Jahrhundert währende Pechsträhne sämtlicher Mannschaften der Stadt beendete. Weil C. und ich nur ein Wochenende zu Besuch waren und es von so großer Bedeutung war, sie meinen Eltern vorzustellen, war mir gar nicht in den Sinn gekommen, irgendwas Touristisches mit ihr zu unternehmen – zum Beispiel mit ihr ins Museum zu gehen oder in die *Rock & Roll Hall of Fame*. Aber an diesem Vormittag LeBron zu sehen, war das Cleveland-mäßigste, was in Cleveland passieren konnte; es war, als würde man eine Patisserie in Paris betreten und der Eiffelturm käme heraus.

Im Diner fingen C. und mein Vater an, über Sport zu fachsimpeln. Er schimpfte sie dafür aus, die Cleveland Browns gestohlen und in Ravens umbenannt zu haben; sie konterte, indem sie gleichzeitig jegliche Verantwortung für Franchises in Baltimore von sich wies (»the Western Shore«, wie die Leute an der Ostküste den Rest von Maryland nennen, die Leute von dort allerdings nicht) und anmerkte, dass die Browns um 1996 herum so wenig ernst zu nehmen gewesen wären, dass es sich nur um ein Bagatelldelikt handeln könnte. Als die Sandwiches, der Krautsalat und die Essiggurken gebracht worden, mehr Ketchup angefordert und Wasser und Kaffee nachgefüllt waren, fragte C. meine Eltern, wie sie sich kennengelernt hätten.

Ich hatte die Geschichte natürlich schon unzählige Male gehört. Meine Mutter hatte sich in ihrem ersten Semester an der University of Michigan mit einem Kommilitonen getroffen – wie es das Schicksal wollte Lee Larson, seit ihrer gemeinsamen Zeit in Detroit der beste Freund meines Vaters. Als Kinder hatten sie sich feierlich geschworen, die Zustimmung des anderen einzuholen, wenn es einem von ihnen jemals mit einem Mädchen ernst werden sollte. Lee war ein Mann, der zu seinem Wort stand, also organisierte er ein gemeinsames Mittagessen, als er sich ein Jahrzehnt später in meine Mutter verguckte. Was auch immer mein Vater von dieser Verbindung gehalten haben mag, es erwies sich als irrelevant. Am Ende des Essens wusste meine Mutter, dass sie von den beiden Männern am Tisch den heiraten wollte, den sie gerade kennengelernt hatte.

Als Kind habe ich diese Geschichte geliebt, auch weil sie den aufregenden Beigeschmack von etwas Skandalösem hatte. (Und am Ende war sowieso *Ende gut, alles gut*: »Onkel Lee«, wie ich ihn von klein auf nannte, fand seinerseits eine wunderbare Frau, zog mit ihr in eine Stadt dreißig Minuten von meinem Elternhaus entfernt und blieb, solange mein Vater lebte, sein engster Freund.) Aber als ich mit C. meinen Eltern gegenüber saß und sie gemeinsam die Geschichte erzählten – wobei sie sich gegenseitig unterbrachen, ergänzten und die Version des anderen bearbeiteten –, nahm ich sie plötzlich ganz anders wahr, so wie ich es vielleicht getan hätte, wenn sie und ich mit zwei Freund*innen gebruncht hätten, die erst seit kurzem zusammen waren. Plötzlich wurde mir klar, dass meine Eltern schon immer so empfunden hatten wie ich jetzt; zum ersten Mal begriff ich ihre Geschichte als Liebesgeschichte.

Um es deutlich zu sagen: Ich hatte immer gewusst, dass meine Mutter und mein Vater sich liebten. Das war unmöglich nicht zu verstehen; sie waren offen und zärtlich und im Fall meines Vaters manchmal fröhlich-frivol miteinander. Ich wusste sogar, dass sie sich nach all den Jahren immer noch liebten, dass sie zu den glücklichen Paaren gehörten, bei denen die Zeit die scharfen Kanten gerundet und den Kern geschliffen hatte. Wenn überhaupt, dann hatte mein Vater seine Liebe im Laufe der Jahre immer deutlicher zum Ausdruck gebracht, war er meiner Mutter offener dankbar. Sie war, so verstand ich, sein Fels, sein Trost, seine rechte Hand und weiß Gott seine linke Gehirnhälfte, seine Modeberaterin, seine Ethikkommission und die schönste Frau, die er je gesehen hatte. Und ich wusste, dass mein Vater das Sonnen- und Sternenlicht meiner Mutter war, ihr bester Freund, ihre allerbeste Entscheidung, ihre Bibliothek von Alexandria, ihre gelegentliche Nervensäge und der Hauptgrund, aus dem sie jeden Tag viel lachte. Aber bis ich C. traf hatte ich nichts, worauf ich dieses Wissen übertragen konnte, keine Möglichkeit, mir vorzustellen, wie sich ihre Beziehung von innen heraus angefühlt hatte. Als ich jetzt neben ihr saß und meinen Vater und meine Mutter ansah, achtundvierzig Jahre, nachdem sie sich zum ersten Mal hingesetzt und einander angesehen hatten, war ich plötzlich irrational glücklich für die beiden.

Und auch für mich: mir wurde klar, was für ein Glück ich hatte. Dank meiner Eltern erkannte ich die Liebe, als ich sie fand, weil ich sie von frühester Kindheit an mit angesehen hatte. Ohne je darüber nachdenken zu müssen, hatte ich immer gewusst, wie sie aussehen würde: treu, tragfähig, zugewandt, lustig, nachsichtig, beständig. Meine Schwester hatte das als Erwachsene mal sehr schön ausgedrückt. Unsere Eltern hatten uns die Liebe zu Vorstellungen mitgegeben und eine Vorstellung von der Liebe.

EINE VORSTELLUNG VON der Liebe zu haben ist das eine, sie zu leben etwas anderes. Nehmen wir zum Beispiel den dümmsten Streit, den C. und ich je hatten, bei dem es darum ging, ob es wahrscheinlicher ist, beim Wandern oder bei einer Rucksacktour einen Bären zu sehen. Vielleicht hilft es zu wissen, dass wir zu der Zeit im Shenandoah-Nationalpark wandern waren und tatsächlich gerade einen Bären gesehen hatten. Er war sehr auffällig, wie Bären nun mal sind, hatte eine blasse Schnauze, eine zottelige Bon-Jovi-Frisur und schaukelte nur wenige Meter abseits des Weges ruhig durch den Wald. Er war prächtig, wie alle Tiere in freier Wildbahn, und konnte nichts für unsern Streit.

Wir stritten nicht sofort. Erst mal waren wir damit beschäftigt, uns glücklich zu schätzen, an einem schönen Tag draußen zu sein, in einem herrlichen, anscheinend von Megafauna bewohnten Wald. Wir diskutierten noch eine Weile über den Bären, nachdem er zwischen den Bäumen verschwunden war – seine etwas komische Gestalt, seine völlige Gleichgültigkeit uns gegenüber, die Art und Weise, wie er seine Größe mit sich herumschleppte, wie jedes andere normale Wesen – und dann schlängelte sich unser Gespräch, wie der Weg, auf dem wir uns befanden, so dahin. Irgendwann fingen wir wieder an, über Tiersichtungen zu reden, und ich machte eine beiläufige Bemerkung darüber, wie lustig es sei, dass ich nach all den Rucksacktouren im Bärenland, bei denen ich fleißig mein Essen in Kanistern mitgeführt oder hoch oben in den Bäumen aufgehängt hatte, nun endlich einen Bären aus der Nähe gesehen hatte, obwohl wir nur einen einzigen Tag wandern waren.

Es gibt in Beziehungen bestimmte Kampfbegriffe: *du immer x, du nie y, beruhige dich, werd erwachsen, für so was hab ich keine Zeit.* Nicht dazu gehört: »Wie lustig, einen Bären zu sehen, wenn man nur einen einzigen Tag wandern geht.« Auch auf der Liste der Themen, über die sich Paare am häufigsten streiten, taucht die Tierwelt nicht auf; da geht es im Allgemeinen eher um Geld, Sex, Romantik, Kinder, Schwiegereltern und Hausarbeit. Das liegt allerdings daran, dass eine solche Liste naturgemäß etwas irreführend ist. Es stimmt zwar, dass Geld, Hausarbeit und so weiter häufig Ursache für Reibereien sind, viele Streitigkeiten zwischen Paaren werden aber auch durch etwas ausgelöst, das für Außenstehende nicht sichtbar ist. An jenem Vormittag auf dem Wanderweg war der aufrührerische Charakter meiner Bemerkung zunächst sogar für mich unsichtbar. Ich hatte gesagt: »Ich war nur einen Tag wandern«, und C. verstummte, und ich wusste sofort, dass etwas nicht stimmte, wie das in Beziehungen so ist.

Natürlich streitet sich jedes Paar. Selbst wenn man das Glück hat, eine Partnerin oder einen Partner zu finden, die oder der genauso am eigenen Wohlergehen interessiert ist wie man selbst, ist kein Mensch permanent ausgeglichen, und es gibt wohl keine zwei Menschen, die völlig reibungslos durch ein Leben gleiten, das ausschließlich aus Zärtlichkeit, Lust und Zufriedenheit besteht. Erst mal muss man sich mit den Problemen auseinandersetzen, die man selbst und der andere Mensch in die Beziehung mitgebracht haben, mit den äußeren und den inneren. Diese sind in Zahl und Vielfalt praktisch unbegrenzt, auch wenn sie oft weithin bekannte Formen annehmen: Gesundheitsprobleme, finanzielle Sorgen, wenig hilfreiche Angewohnheiten, die sich in früheren Beziehungen gebildet haben, innere Belastungen, entstanden aus der Art und Weise, wie eine Kultur mit ihren unterschiedlichen Individuen umgeht, und die Nachwirkungen emotionaler Traumata. In manchen Fällen lässt so ein Trauma die Idee der Liebe selbst verdächtig erscheinen. Für diejenigen, die Liebe vor allem als Rückzug oder Grausamkeit erlebt haben, denen sie von Eltern, Partnerinnen, Partnern oder anderen aufgezwungen wurde und die in ihrem Namen leiden mussten, kann es schwierig sein, an eine zärtliche und großzügige Variante zu glauben, geschweige denn, sie zu finden und zu erhalten. Eine bedauerliche Wahrheit über unsere Spezies ist, dass unsere Fähigkeit zu lieben nur von unserer Fähigkeit übertroffen wird, diese Fähigkeit zu verletzen und zu behindern. Ein Maß dafür, wie viel Glück man in Bezug auf das Schicksal, die Familie und die Gesellschaft hat, liegt in der eigenen Freiheit, mit einem anderen Menschen das Glück zu finden.

Doch selbst wenn Ihre Liebesfähigkeit relativ ungehindert ist, werden Sie, die Person an Ihrer Seite oder Sie beide zusammen früher oder später eine Menge Wege finden, sie zu strapazieren. C. und ich haben das Privileg, in glücklichen Familien aufgewachsen zu sein, auch wenn wir sonst sehr unterschiedliche Kindheiten hatten. Unter anderem deshalb fällt es uns beiden nicht schwer, uns eine Liebesbeziehung vorzustellen oder uns zu binden. Das Leben ist noch in anderer Hinsicht einfach für uns. Wir haben in Bezug auf Geld die gleichen Wertvorstellungen und sind so gut situiert, dass unsere Beziehung nur selten durch Finanzielles unter Druck gerät. Wir haben auch denselben Beruf, und obwohl wir ihn sehr unterschiedlich ausüben, fällt es uns leicht, einander zu helfen und Rücksicht auf den Zeitplan, die Gewohnheiten, die Eigenarten und die arbeitsbedingte schlechte Laune der anderen zu nehmen. Wir haben beide Freude am Kochen und Putzen (so sehr, dass ein Freund einmal scherzte, dadurch, dass wir beide zusammen wären, würden wir zwei anderen potenziellen Partnerinnen saubere Bettwäsche und anständige Abendessen vorenthalten), es ist also praktisch unmöglich, sich über Wäsche oder Abwasch zu streiten. Aber nichts davon hielt uns davon ab, eine rundum perfekte Wanderung durch eine Meinungsverschiedenheit über einen Bären zu verderben.

Wie die meisten unserer Auseinandersetzungen, oder zumindest die meisten denkwürdigen, fand diese im ersten Jahr unserer Beziehung statt, einer Zeit, in der C. und ich uns furchtbar stritten. Damit meine ich nicht, dass wir uns besonders furchtbar stritten (auch wenn mir das in dem Moment so vorkam), oder dass wir uns furchtbar oft stritten (das taten wir nicht). Ich meine, dass wir furchtbar im Streiten waren. Es stellte sich heraus, dass all die offensichtlichen Unterschiede zwischen uns, die mich bei unserem Kennenlernen beunruhigt hatten – Alter, Wohnort, Klasse, Religion –, nicht annähernd so eine Rolle spielten wie einer, der mir lange Zeit gar nicht bewusst war. Und zwar der Temperamentsunterschied zwischen uns, der sich vor allem darin zeigte, dass wir völlig unterschiedliche Strategien hatten, mit Konflikten umzugehen.

C. ist aufs Ganze gesehen niemand, der vor einem Streit davonläuft. Einmal, als wir zusammen in New York City waren, kamen wir in einen U-Bahn-Wagen, in dem ein

Mann mit einer Frau stritt – kein kleiner häuslicher Streit, sondern die Art laute, bedrohliche Konfrontation voller Schimpfwörter, die jeden Moment in körperliche Gewalt umschlagen kann. C. wurde von ihrem Instinkt in seine Richtung getrieben, um gegebenenfalls eingreifen zu können; mein Instinkt riet mir, mit ihr das nächste Auto anzusteuern, um jeder Gefahr fernzubleiben. Ihre Reaktion erschien mir beängstigend, meine kam ihr nutzlos vor. Wie das Beispiel zeigt, hat C. keine Angst vor Konfrontation. Sie würde eine körperliche Auseinandersetzung niemals beginnen, bewundert jedoch den Mut derjenigen, die sich zwischen die Schwachen und die Gefährlichen stellen. Bei einer verbalen Konfrontation ist sie furchterregend. Es ist nicht so, dass sie dazu neigt, die Beherrschung zu verlieren, im Gegenteil, sie verliert *nie* die Beherrschung, oder jedenfalls nicht auf die übliche Weise. Wenn überhaupt, wird sie in Konflikten ruhiger, konzentrierter, noch genauer in ihrer Logik. Wenn es darum geht, jemanden von etwas zu überzeugen, ist sie absolut beeindruckend; einmal hat sie ein paar Fremde in unserer Straße überredet, die Flagge der Konföderierten vor ihrem Haus zu entfernen, ein Akt nachbarschaftlicher Diplomatie, der für mich zum Scheitern verurteilt war. Aber wehe dem, der sie belächelt, unterschätzt oder ihren Widerwillen provoziert. Ich habe sie schon so wütend gesehen – es erinnert an eine im Sturm schlagende Fahne.

Seltsamerweise ist C. in der Zweisamkeit ganz anders. Bei einem Konflikt mit mir zieht sie sich instinktiv in sich selbst zurück, um ihre Wunden zu lecken, über ihren Ärger, ihre Verletzung oder ihre Angst nachzudenken und sie schließlich zu überwinden. Ich hingegen stürme demselben Konflikt nur so entgegen – nicht, weil ich keine Angst vor Konfrontation hätte, sondern weil ich bis ins letzte Nukleotid Versöhnerin bin und das Gefühl nicht ertrage, dass etwas zwischen uns nicht stimmt. Das führte dazu, dass wir in den ersten Tagen auf beinahe komische Weise nicht zusammenpassten, wenn in unserer Beziehung etwas nicht stimmte. Was sie in solchen Momenten am meisten brauchte – Raum und Zeit für sich selbst – war das, was ich am wenigsten bieten konnte, weil ich meinerseits darauf angewiesen war, sofort zu wissen, was nicht stimmte, um mich daran zu machen, es zu beheben. Keine von uns konnte sich bisher aus dieser Zwickmühle befreien, nicht mal, als wir lange genug zusammen waren, um die Bedürfnisse der anderen zu verstehen, und obwohl wir der anderen wirklich entgegenkommen wollten. Nach ihrem Verschwinden ruhig dazusitzen und nichts zu tun, war für mich, als würde ich in einem Wespennetz sitzen und nichts tun dürfen. Ich hielt es nicht eine Minute aus, und während ich es versuchte und über ihr Schweigen und ihren Rückzug nachdachte, wurde ich nur immer weiter zerstochen.

In dieser Phase unserer Beziehung befanden wir uns während der Wanderung im Shenandoah Valley, als ich die Bemerkung über den Bären machte und sie still wurde. Wie zu erwarten war, sagte sie auf meine Frage, was los sei, »Nichts«. Irgendwann verstand ich, dass diese Antwort nicht dazu gedacht war, mich auszuschließen – obwohl es sich so anfühlte –, sondern dazu, sich selbst abzukapseln und etwas Zeit zu schinden, um sich davon zu überzeugen, dass es stimmte. Dasselbe galt für »Mir geht's gut«, wenn das gar nicht der Fall war: Ich empfand es als offensichtliche Lüge (was es auch war), aber sie meinte es als Relativierung, als Zugeständnis, eine Möglichkeit, sich davon zu überzeugen, dass das, was sie störte entweder irrational war oder im Gesamtzusammenhang unserer Beziehung unbedeutend. Und auch im Gesamtzusammenhang der Welt: Für C., die manchmal Mühe hat zu glauben, dass ihre eigenen Gefühle eine Rolle spielen, war »gut« auch eine Möglichkeit, ihr Problem überschaubar zu machen, sich klarzumachen, dass sie weder am Verbluten noch am Verhungern war.

Beide Reaktionen passten zu C.s Charakter, denn sie ist eine echte Stoikerin. Einmal war sie bei der Gartenarbeit, während ich drinnen das Mittagessen zubereitete. Ich hörte, wie die Haustür geöffnet und geschlossen wurde und ging davon aus, dass sie ins Haus gekommen war, um zur Toilette zu gehen. Als ich ein paar Minuten später nichts weiter gehört hatte, rief ich freundlich aus der Küche nach ihr, um mich zu vergewissern, dass es ihr gutging. »Bleib, wo du bist«, sagte sie ruhig, aber natürlich tat ich nichts dergleichen, und so entdeckte ich, dass sie versehentlich mit der Schaufel in ein Wespennest unter einem alten Baumstumpf geraten war und nun im Badezimmer stand, um lebende Wespen von ihrem Hemd zu schütteln und zu töten. Sie war schon mehr als zwanzigmal gestochen worden und gab dabei weniger Geräusche von sich als der Mond, wenn er untergeht. Wäre ich nicht gekommen, um nach ihr zu sehen, hätte sie wohl ihre Stiche behandelt, sich umgezogen und mir irgendwann später erzählt, ich solle besser erst mal nicht rausgehen, weil da ein paar Wespen rumflögen. Und so wäre es ihr auch lieber gewesen, denn passend zu ihrem Stoizismus hasst sie es, wenn Gewese um sie gemacht wird. (Eine Vorliebe, die ich inzwischen fröhlich ignoriere, einerseits, weil es in einer Beziehung zum Schönsten gehört, Gewese um den geliebten Menschen zu machen, und andererseits, weil ihre Haltung vollkommen einseitig ist: *sie* liebt es, Gewese um *mich* zu machen.)

Als eine, der bei romantischen Komödien die Tränen kommen, die ihre Gefühle angesichts ihrer Gefühle analysiert und ihre Schnitte und blauen Flecken vorzeigt wie eine Sechsjährige, finde ich Stoizismus natürlich absurd. Die Wahrheit ist jedoch, dass C. wirklich gut darin ist, sich selbst zu beruhigen, sowohl körperlich als auch emotional, und wäre ich an dem Tag beim Wandern in der Lage gewesen, sie mal zwanzig Minuten in Ruhe zu lassen, hätte das Ganze sich verzogen wie die fedrigen kleinen Zirruswolken über unseren Köpfen. Aber das konnte ich nicht, ich trieb sie dazu, mit mir zu reden, woraufhin ich erfuhr, dass meine Aussage »nur einen Tag Wandern« für sie abschätzig klang – als wäre das, was wir da taten nur ein schwacher Abklatsch dessen, was ich eigentlich machen wollte.

Hintergrund war, dass ich in der langen Einsamkeit, bevor ich C. kennenlernte, so viel Zeit wie möglich in der Wildnis verbracht hatte. Sie wusste, wie gut ich dort zur Ruhe kam – vor allem in den Bergen, besonders im Westen – und sie fürchtete, mir etwas genommen zu haben, das ich brauchte und liebte. Ich hätte ihr sagen sollen, dass ich *sie* brauchte und liebte, dass ich das Leben, wie wir es zusammen gestalteten, zutiefst zu schätzen wusste und dass es natürlich nicht um ein Nullsummenspiel ging; die Berge würden mich ihr nicht wegnehmen, aber ich konnte sie in die Berge mitnehmen. Stattdessen war ich verwirrt und verletzt, weil sie aus meiner Nebenbemerkung etwas so Negatives heraushörte, das meinen tatsächlichen Gefühlen derart widersprach; ich wurde defensiv und sagte, das hätte ich überhaupt nicht gemeint, ich hätte nur gemeint, was ich auch gesagt hatte und dass es doch schließlich wirklich überraschend wäre, bei einer vergleichsweise kurzen Wanderung einen Bären zu sehen. Das Problem war, dass diese Bemerkung schon bei der ersten Äußerung relativ unüberlegt gewesen war, und die Wiederholung machte es nicht besser. Man muss über das Vorkommen von Schwarzbären in Shenandoah nicht viel wissen, um zu ahnen, dass ihr Auftauchen an Orten voller Menschen, die unbedacht mit Essen umgehen, durchaus wahrscheinlich ist. C., die eigentlich gar nicht über ihre Gefühle hatte sprechen wollen, war nur zu bereit, diese logische Schwäche aufzunehmen und stattdessen über Bären zu streiten.

Auf diese Weise kommt es dazu, dass sich Paare über idiotische Dinge streiten. Ich weiß noch, wie ich einmal in den Sommerferien, als ich noch klein war, mit meiner Schwester auf den Stufen eines kleinen Ferienhauses im Norden Michigans saß, während meine Eltern drinnen ewig lang stritten. Ich war alarmiert – auch damals schon eine Versöhnerin, machte es mir Angst, wenn sie stritten –, aber meine Schwester, die drei Jahre älter und besonnen genug war, um zu wissen, dass dieser Knatsch nicht zur Scheidung führen würde, war amüsiert. »Weißt du, worüber die streiten?«, fragte sie, um mich zu trösten. Ich wusste es nicht. »Sie streiten sich, weil Dad vergessen hat, Thunfisch mitzubringen«, sagte sie. Wie können Menschen, die sich lieben, sich wegen so was wie Thunfisch derart streiten, fragte ich mich damals. Heute weiß ich es.

C. und ich brauchten über ein Jahr, um damit klarzukommen (nicht mit dem Bären, sondern generell damit, wie wir stritten), und die Lösung sah anders aus, als ich gedacht hatte. Erst mal hörte ich damit auf, so früh und laut an die Wände ihrer Ungestörtheit zu hämmern, wenn sie aufgebracht war, und sie versuchte, mich nicht zu lange in der Tundra ihres Rückzugs allein zu lassen. Aber so wichtig Kompromisse in internationalen Beziehungen auch sein mögen, in persönlichen Beziehungen funktionieren sie selten, schon gar nicht, wenn tiefgreifende Unterschiede im Spiel sind; ein langes, glückliches Zusammenleben lässt sich nicht darauf aufbauen, entscheidende Teile von sich selbst aufzugeben oder zu verändern. Was sich schließlich veränderte, lag nicht in uns, sondern zwischen uns. Es geschah nach einem besonders schlimmen Streit, während dem wir beide wirklich glaubten, wir würden uns trennen (ausgerechnet in Tuscaloosa, wodurch dem Ganzen im Nachhinein etwas von einem Country-Song anhaftet: schon der Name ist klagend und auf düstere Weise komisch, ein Pech gewordener Ort). Wir trennten uns – offensichtlich – nicht, aber wir jagten uns ganz schön Angst ein. Danach waren wir im selben Ausmaß erleichtert, aber vor allem klüger als vorher: wir würden uns definitiv nicht trennen – nicht in Tuscaloosa, nicht zu diesem Zeitpunkt und auch nicht irgendwo oder irgendwann anders.

Diese Erkenntnis hatte die Wirkung eines Eheversprechens und veränderte etwas Grundlegendes zwischen uns.

Fast sofort wurde klar, dass die Angst, einander zu verlieren, auch fast alle anderen Streitigkeiten befeuert und aus gewöhnlichen Missverständnissen und Meinungsverschiedenheiten unnötige Krisen gemacht hatte. Dass sie darauf bestand, sich allein zu beruhigen, hatte für mich etwas Apokalyptisches; indem sie sich von mir zurückzog, versuchte sie nicht nur, loszuwerden, was sie umtrieb, sie probte auch das Leben ohne mich – sie versuchte sich zu beweisen, dass es ihr gutgehen würde, wenn ich sie verließe. Ich versuchte derweil die Probleme zu lösen, weil ich mir nicht vormachen konnte, dass es mir gutginge, wenn sie mich verließe, und ich auch nicht in der Lage war, mich zu beruhigen und zu erkennen, dass sie das gar nicht vorhatte. Aber nach Tuscaloosa wurde uns klar – nicht auf abstrakte Weise, nicht vorübergehend, nicht nur, wenn zwischen uns alles gut war, sondern ein für alle Mal – dass keine die andere verlassen würde. Sie hörte auf, sich dafür zu wappnen; ich hörte auf zu reagieren, als wäre es schon so weit. Und damit verschwand die Panik aus unseren Auseinandersetzungen und wurde durch so etwas wie Leichtigkeit ersetzt.

Insofern ist Liebe die Art Aufgabe, die Carl Gauss, dem Mathematiker, bekannt vorgekommen wäre: Man weiß mit absoluter Sicherheit, dass man die richtige Antwort kennt, und trotzdem braucht man lange, um sich die Details zu erarbeiten. Hat man das einmal getan, wird die Lösung, wie so oft, offensichtlich und elegant wirken, so dass die Verwirrung, die ihr vorausging, vollkommen unverständlich erscheint. C. und ich sind immer noch gelegentlich unterschiedlicher Meinung, und ich hoffe, dass das auch immer so bleibt. Die Souveränität ihres Geistes, die Weise, wie sie meinen herausfordert, gehört zu den Dingen, die ich am meisten an ihr schätze, und ich ertrage kaum den Gedanken, wie viel ärmer mein Leben ohne das wäre. (»Niemand widerspricht mir mehr«, schrieb Queen Victoria nach dem Tod ihres geliebten Ehemanns Prince Altert, »das Salz ist aus meinem Leben verschwunden.«) Manchmal wachsen sich diese Meinungsverschiedenheiten zu einem Streit aus, aber heute bleiben wir bei dem Thema, um das es eigentlich geht, und wenn wir auch nicht immer humorvoll und zärtlich damit umgehen, so bringen wir es jedenfalls vernünftig und zügig hinter uns. Oft kommt sie inzwischen auf mich zu, beruhigend und versöhnlich, und genauso oft halte ich mich zurück – nicht, um mich von ihr zurückzuziehen, sondern weil das eine gute Position ist, um jemanden gut sehen zu können. *Das bist du*, denke ich, *so wie du bist*, und liebe sie dafür.

IM WINTER, NACHDEM ich C. zum ersten Mal mit nach Ohio genommen hatte, fuhren wir wieder hin, um meinen Eltern beim Auszug aus dem Haus zu helfen, in dem ich aufgewachsen war. Es hatte sich schon lange abgezeichnet. Seit es mit der Gesundheit meines Vaters bergab ging, plädierte meine Mutter für ein kleineres Haus, eins ohne Treppe, die man hinunterfallen kann, und mit weniger Raum, um den sie sich kümmern müssten. Mein Vater, der theoretisch gar nichts dagegen hatte, war praktisch gegen jedes einzelne Haus, das sie sich angesehen hatten. Er mochte ihr altes Haus und erklärte, ihm ginge es dort gut; was er nicht erklärte, was wir aber alle schlussfolgerten, war, dass er keine so offensichtliche Konzession ans Altern machen wollte. Es dauerte fünf Jahre, bis meine Mutter ihn auf ihrer Seite hatte.

Gemessen an den Maßstäben seiner Generation – die zugegebenermaßen niedrig waren – hatte sich mein Vater im Haushalt einigermaßen engagiert. Neben den klassisch männlichen Aufgaben wie Müll rausbringen und Rasenmähen machte er mir und meiner Schwester Mittagessen, als wir noch zu klein waren, um es selbst zu tun, half abends, uns ins Bett zu bringen, kochte ab und zu und wusch ab, kaufte gerne ein und nach seinem fünfzigsten Geburtstag übernahm er das Abendessen ganz. Trotzdem übernahm meine Mutter während ihrer ganzen Ehe immer noch den Löwenanteil der Sorgearbeit, und das auf eine Weise, die sowohl ihrem Temperament, als auch ihrer Zeit entsprach. Sie kochte alle Mahlzeiten, die mein Vater nicht zubereitete, bügelte, fegte, wischte und saugte, führte Buch darüber, was an Lebensmitteln und anderen Dingen gebraucht wurde, versorgte uns mit Kleidung und Schulsachen, wusch die Wäsche, stellte Babysitter ein, kümmerte sich um die nachmittäglichen Aktivitäten, um Fahrgemeinschaften und ums Abholen, brachte uns zu Arztterminen, nahm sich frei, wenn wir krank waren und kümmerte sich um alle alltäglichen Dinge, die nötig sind, um ein Zuhause zu schaffen.

Darüber hinaus war es die Aufgabe meiner Mutter gewesen, dieses Zuhause überhaupt erst einmal zu finden. Sie war für die Besichtigungstermine zuständig und für die Einrichtung: bei der Wohnung in Michigan, in der meine Eltern als Frischverheiratete lebten und bei der in Cleveland, wo meine Schwester geboren wurde; bei dem bescheidenen Haus, in das sie zogen, um Platz für ein zweites Kind zu haben und bei dem großen Haus, das sie kauften, sobald mein Vater beruflich Fuß gefasst hatte. Und so war es auch meine Mutter, die ab ihrem siebzigsten Lebensjahr jede in Frage kommende Immobilie besichtigte, die auf den Markt kam, bis mein Vater sich der Realität oder jedenfalls seiner extrem geduldigen Frau beugte und endlich auch der Meinung war, dass die letzte Eigentumswohnung, die sie ihm vorschlug, ein sehr anständiger Ort zum Leben war.

Darauf folgte der Umzug. Da mein Vater über das Stadium, in dem er körperlich mitarbeiten konnte, längst hinaus war, und meine Mutter sich nicht mehr um alles allein kümmern konnte, kamen meine Schwester, C. und ich nach Cleveland, um zu helfen. Inzwischen kannten C. und ich uns gut genug und waren oft genug zusammen in Ohio gewesen, so dass mir die gerahmten Schulfotos an der Wand (die sie übrigens nur kurz betrachtet und für süß befunden hatte) keine Sorgen mehr machten und auch die anderen Dinge im Haus nicht, die etwas über meine Vergangenheit hätten verraten können. Das war etwas Gutes. Denn gibt es außer dem Internet eine größere Quelle möglicher Peinlichkeiten als sammelwütige Eltern und das Zuhause der Kindheit? Eines Nachmittags öffneten wir, damit beauftragt, den Dachboden leerzuräumen, einen alten Überseekoffer, in dem sich buchstäblich jedes einzelne Blatt Papier befand, das meine Schwester und ich in unserer Kindheit je beschrieben hatten. C. nahm eins nach dem anderen zur Hand und trug mit dramatischer Stimme unsere schrecklichen Grundschulgedichte, Mittelstufeninhaltsangaben und Oberstufenaufsätze vor, ohne unser Lachen oder das ramponierte alte Stofftier, das ich nach ihr warf, zu beachten.

Am nächsten Tag lachten wir noch mehr, als meine Schwester beim Aufräumen der Küche oben auf dem Kühlschrank eine alte Küchenhexe entdeckte – eine fröhliche, wenn auch etwas verunstaltete alte Dame auf einem Besen, die denen Glück bringen sollte, deren Haus sie schmückte. Nach ihrem Äußeren zu schließen, stammte sie ungefähr aus dem Jahr 1978 und war um das Jahr 1984 herum vergessen worden, was grob geschätzt auf die meisten Besitztümer meiner Eltern zutraf. Meine Schwester, C. und ich waren inzwischen seit drei Tagen mit dem beschäftigt, was langsam wirkte wie eine dreitausend Tage dauernde Aufgabe, und jeder neu entdeckte Gegenstand rief bei uns mehr Amüsement und Entsetzen hervor. Die Hexe auf ihrem gezackten Besen war der Tropfen, der das Fass zum Überlaufen brachte. Meine Mutter war nebenan und keine von uns wollte sich über sie lustig machen, deshalb wedelte meine Schwester wild, aber stumm mit der Hexe herum, ihr Gesichtsausdruck eine Mischung aus Verzweiflung und Triumph, der klar besagte, dass sie das ultimative Beispiel für das Problem gefunden hatte, mit dem wir es zu tun hatten: ein vierstöckiges Haus zu entrümpeln, das seit über dreißig Jahren kontinuierlich vollgestopft worden war. Der Versuch, nicht die Aufmerksamkeit meiner Mutter zu erregen, steigerte die Situationskomik nur, so dass ich – wie ein Teenager auf dem Küchentisch sitzend – mich wand und prompt herunterrutschte.

Es tat gut, so zu lachen, und es kam unerwartet. Wenn man den alternden Eltern beim Auszug aus ihrem langjährigen Zuhause hilft, verschmilzt das Gegenständliche in jedem einzelnen Moment mit dem Symbolischen: die Notwendigkeit, sich von so vielem auf einmal zu trennen, die Türen, die sich dauerhaft hinter ihnen schließen, die Verkleinerung des Raums, den sie in der Welt einnehmen. Vorher hatte ich gedacht, ich würde angesichts all dessen eine Art doppelte Traurigkeit empfinden – das Gefühl, die Vergangenheit und die Zukunft zu verlieren. Was ich tatsächlich empfand, neben der Freude darüber, mit meiner Familie zusammen zu sein, war das Gefühl, großes Glück zu haben. Seit es meinem Vater gesundheitlich immer schlechter ging, hatte ich gelernt, genauso dankbar für das zu sein, was nicht geschah, wie für das, was geschah. Deshalb war ich erleichtert, dass meine Eltern aus diesem Haus auszogen, während sie noch mit uns lachen konnten, bevor jede Stunde, die wir darin verbrachten und jeder Gegenstand, den wir in die Hand nahmen, von Trauer gezeichnet gewesen wäre.

Es brauchte mehrere Monate, mehrere Reisen nach Ohio und unzählige Fahrten zu Secondhandläden, bis das Haus wirklich leer war und meine Eltern ihr neues Zuhause bezogen hatten. Am Ende war die Umstellung für meinen Vater trotz seines früheren Widerstands leicht. Wie üblich war das meiner Mutter zu verdanken, die es geschafft hatte, aus der neuen Wohnung eine Miniversion ihres Hauses zu machen. Nach ihrem ersten Abendessen dort setzte er sich im Wohnzimmer in seinen Lieblingssessel, im Schoß das Buch, das er gerade las, auf dem vertrauten Tisch neben ihm sein Glas Scotch, und ich saß ihm gegenüber und staunte, wie sehr er sich bereits zu Hause fühlte.

Während wir beim Packen und Umziehen halfen, jonglierten C. und ich mit einer wachsenden Zahl eigener

Wohnsitze. Als wir uns kennenlernten, war ich Mieterin des kleinen Kutschenhauses im Hudson Valley und sie hatte etwas an der Ostküste gemietet. Nach einem lustigen Gespräch, in dem sie mir versicherte, sie wolle damit weder möglichst unsubtil signalisieren, dass sie mich nicht mehr treffen wollte, noch dass sie niemals aus Maryland wegziehen würde, kaufte sie ein paar Monate später dort unten ein Haus. Es hatte einer befreundeten Familie gehört, die, wie meine Eltern, zu alt geworden waren, um sich noch darum zu kümmern; die Gelegenheit und die Hypothek waren zu günstig, um es nicht zu machen. Ungefähr zur selben Zeit begann sie an einem Buch zu arbeiten, das tief im Süden spielte, was bedeutete, dass ich entweder sehr viel Zeit in einer Kleinstadt in Alabama oder sehr viel Zeit allein verbringen würde. Ich entschied mich für Ersteres, weshalb wir ein möbliertes Doppelhaus an einem See mieteten, etwa eine Stunde von der Grenze zu Georgia entfernt. Den präparierten Hirsch im Esszimmer nannten wir Nickajack, nach einer abtrünnigen Region des Südens, die sich im Bürgerkrieg geweigert hatte, gemeinsame Sache mit den Konföderierten zu machen. Beim Zubereiten des Abendessens lasen wir uns *Mitternacht im Garten von Gut und Böse* vor, morgens saßen wir auf der Veranda, tranken Kaffee und sahen zu, wie sich der Nebel über dem See lichtete. Wenn sie loszog, um ihre Berichte zu schreiben, schrieb ich zu Hause und lief lange durch steile Kiefernhügel rund um den See; an freien Tagen stiegen wir ins Auto, auf der Suche nach Abenteuern.

Das Auto war in dieser Zeit so etwas wie ein weiteres Zuhause. Wir fuhren von Alabama nach Maryland (wie bereits erwähnt liebt C. es, Auto zu fahren), von Maryland nach New York, von New York wieder Richtung Süden, in einer einzigen langen Strecke voller Country-Musik, Kaffee und süßen Brötchen aus irgendwelchen Läden, die durchgehend geöffnet hatten. Wenn wir nicht gerade Richtung Heimat unterwegs waren, fuhren wir zur Arbeit, zu ihr oder zu mir oder an irgendeinen Ort, den wir schon immer mal hatten sehen wollen; manchmal nahmen wir uns auch Zeit, um weit entfernt lebende Freunde zu besuchen. Wir versuchten, das Auto auf diesen Fahrten einigermaßen sauber zu halten, aber es dauerte nicht lange und sein Inneres spiegelte das Ausmaß, in dem wir darin lebten: Haargummis, Taschentücher, Zahnbürste und Zahnpasta, Studentenfutter, Sonnencreme, Allergiemedikamente, ein Salzstreuer (für C.), eine Decke und ein Kissen (ich machte manchmal ein Nickerchen), Wasserflaschen, Thermoskannen, ein Adapter zum Aufladen unserer Laptops (einmal schrieb ich zwischen der Ostküste und Gaffney, South Carolina, einen kompletten Artikel), Bücher, Zeitschriften, Badeanzüge, Regenjacken, ein Erste-Hilfe-Kit, eine Jahreskarte für die Nationalparks und drei volle Aktenordner von C., die den immer selben Platz im Kofferraum belegten und als eine Art Sicherheitsnetz dienten, damit sie ihren Abgabetermin auch einhalten konnte, falls wir mal aus irgendeinem Grund zwei Jahre lang festgehalten wurden.

Manchmal war diese Lebensweise zum Verrücktwerden. Es ließ sich nicht vermeiden, dass es Tage gab, an denen wir beim Aufbruch in Alabama meine Laufschuhe vergaßen oder an denen das Buch, das wir in New York suchten, sich in Maryland befand, oder dass eine Veranstaltung, an der wir an dem einen Ort hatten teilnehmen wollen, an dem Tag stattfand, an dem wir schon wieder woanders eine hatten. Meistens war es aber ein unglaublicher Spaß – sogar mehr als Spaß. C. und ich hatten, das war mir klar, riesiges Glück. Da wir unsere Arbeit beide überall machen konnten, hatten wir nie wirklich eine Fernbeziehung – wir hatten eine Beziehung, in der wir gemeinsam in die Ferne fuhren. All diese Highways, diese Meilen, die stundenlangen Gespräche im Auto, die endlos faszinierende Landschaft, die sich neben uns ausbreitete – all das brachte uns noch an einen anderen Ort, immer noch weiter und weiter auf allen möglichen Wegen und immer näher zueinander. Und dann, fünfzehn Monate, nachdem dieses wunderbare Nomadenleben begonnen hatte, fuhren wir – in der Annahme, es sei nur ein weiterer Roadtrip – wieder nach Ohio, weil mein Vater mit Vorhofflimmern ins Krankenhaus eingeliefert worden war.

In den Nächten vor seinem Tod schliefen C. und ich auf einem Ausziehsofa im Wohnzimmer der Wohnung meiner Eltern, vor dessen Tür ein behelfsmäßiger Vorhang gezogen war. Jedenfalls versuchten wir zu schlafen; die meiste Zeit lag ich wach, erschöpft und doch schlaflos, weder in der Lage, den kommenden Verlust zu begreifen, noch ihn zu verdrängen. Jeden Morgen, wenn ich aufwachte, musste ich mich in der neuen Wohnung erneut orientieren. Meine Mutter und mein Vater hatten kaum sechs Monate dort gelebt, und mit jedem Tag, der verging, schien es unwahrscheinlicher, dass er noch mal hierher zurückkehren würde. Als es an der Zeit war zu entscheiden, was zu tun sei, sagte meine Mutter traurig, ruhig und klar, sie wolle, was sie zugleich nicht wolle: meinen Vater gehen lassen. Ich bewunderte ihre Stärke damals und während der ganzen Zeit, in der er im Sterben lag, aber Trauer findet trotzdem immer ihren Weg. Am Tag, nachdem wir ihn in ein Hospiz verlegen ließen, traf ich meine Mutter in ihrem Schlafzimmer an, vollkommen aufgelöst. Als ich sie fragte, ob sie etwas Bestimmtes so getroffen habe, deutete sie auf das Badezimmer und sagte unter Tränen, mein Vater sei kaum dazu gekommen, die behindertengerechte Dusche zu benutzen, die sie dort für ihn hatte einbauen lassen.

Nicht mal eine Woche später war er tot. Nachdem die Vorbereitungen getroffen waren und die Trauerfeier vorbei war, als C. unsere Tasche gepackt und in den Flur gestellt hatte, nahm ich meine Mutter in den Arm und konnte mich kaum dazu bringen, sie loszulassen. Ich stand in der Tür und hielt sie fest, sprachlos und erschöpft, und starrte mit leerem Blick über ihre Schulter ins Wohnzimmer. Mir fiel wieder ein, was ich gedacht hatte, als ich die Wohnung zum ersten Mal sah, nachdem sie und mein Vater eingezogen waren: sie sah fast genauso aus wie zu Hause, nur dass so vieles nicht mehr da war.

Manchmal ist, ich kann es nicht anders sagen, wirklich nicht zu glauben, was hinter der nächsten Kurve des Lebens lauert. Da ich kaum reagierte, setzte C. mich ins Auto, beinahe als wäre ich eine der Kisten im Kofferraum, und fuhr mich zurück nach Maryland. Es war schon nach Mitternacht, als wir ankamen. Die Post auf dem Wohnzimmertisch stapelte sich bis in Brusthöhe. Die Katzen wuselten ekstatisch um unsere Beine. Ich stolperte die Treppe hinauf, überwältigt von einer kolossalen, von Trauer gesättigten

Müdigkeit, und begann mich bettfertig zu machen. In diesem Moment blickte ich nach unten und bemerkte winzige Punkte auf meinen nackten Füßen. Ich beugte mich vor, um genauer hinzusehen, und dachte ein paar düstere, verzweifelte, ungläubige Dinge. Unsere Katzen gehen nicht raus, und wir hatten noch nie ein Problem mit ihnen gehabt. Aber bis C. mich rufen hörte und die Treppe hinaufkam, hatte ich bemerkt, dass alles um mich herum – die Böden, die Kissen, die Decke, meine Füße – voller Flöhe war.

Wir sahen uns einen sehr langen Moment lang in die Augen. Und auch wenn das weder ein praktikabler Vorschlag ist, noch eine angenehme Vorstellung: Sollten Sie je wissen wollen, ob Sie in der richtigen Beziehung sind, probieren Sie mal die Kombi achtstündige Autofahrt, 00:45 Uhr, frische Trauer und Flöhe. C. nahm meine Hände in ihre, sah mir in die schockierten Augen und bot an, uns ein Hotelzimmer zu buchen. Ich schüttelte den Kopf – was ich jetzt mehr brauchte als alles andere, auch mehr als Schlaf, war das Gefühl, ein Zuhause zu haben. Also fing sie an, so ruhig, als interessiere sie sich plötzlich für Insektenkunde und als wäre es mitten am Tag, zu googeln, was man bei einer Flohplage machte. Ich stand derweil nutzlos herum, als wäre meine Trauer in einer trüben Lösung der Ungläubigkeit gefangen. Das einzige andere Gefühl, zu dem ich Zugang hatte, war eine anhaltende Dankbarkeit dafür, dass ich in diesem Haus und mit dieser Situation – dieser entsetzlichen, absurden, überwältigenden Situation – nicht allein war.

Kurz darauf war ich noch für etwas anderes dankbar, und

zwar – zum ersten Mal in meinem Leben – dafür, dass es auf dieser Welt so etwas wie Megadiscounter gibt, die vierundzwanzig Stunden am Tag geöffnet haben. In einem dieser Märkte schwang meine innere Kompassnadel mitten im Haustiergang plötzlich von Nervenzusammenbruch auf Fröhlichkeit. Unmittelbar danach empfand ich eine Sehnsucht, von der ich wusste, dass sie mich nun bis ans Ende meiner Tage begleiten würde: Ich wollte meinem Vater erzählen, was passiert war. Meine Mutter würde mit uns mitleiden, das wusste ich, aber mein Vater … Als ich da neben C. stand, mit einer Flasche Flohshampoo in der Hand, musste ich lachen. Mein Vater hätte völlige Ernsthaftigkeit vorgetäuscht und gesagt: »Ich habe euch immer gesagt, ihr müsst diese schrecklichen Katzen loswerden.« Er hätte mich an das kürzeste Gedicht der Welt über Flöhe erinnert (»Adam / had'em«) und die ganze Bedeutung verstanden: dass wir selbst an den Extremen menschlicher Erfahrung, ob wir uns freuen oder trauern, ob wir uns im Paradies befinden oder gerade aus ihm vertrieben wurden, immer nur niedere Geschöpfe sind, der Welt ausgeliefert. Die Vorstellung gab mir irgendwie Auftrieb, und im Auto auf dem Heimweg fühlte ich mich trotz allem so menschlich wie seit Wochen nicht mehr. Zwei Stunden später waren die Böden sauber, die schrecklichen Katzen wütend und gewaschen, die alte Bettwäsche in der Maschine, frische aufgezogen, und wir lagen im Bett.

Das war die Nacht, in der ich beschloss, dass ich nicht mehr als ein Zuhause haben wollte. Es kostete mich einige Mühe, das C. gegenüber in meinem angeschlagenen, erschöpften und in der Vergangenheit hängenden Zustand

nicht sofort anzusprechen. Man sagt ja, dass man keine großen Veränderungen vornehmen soll, während man trauert
(auch wenn Trauer oft durch genau das ausgelöst wird, was
Veränderungen notwendig macht), also wartete ich, obwohl ich wusste, was ich wollte. Erst als die schlimmste
Trauer abgeklungen war und die Dunkelheit des Herbstes
und des Winters sich verzogen hatte, kehrten wir ins Hudson Valley zurück, um das nächste Haus auszuräumen. Es
war zu diesem Zeitpunkt zwei Jahre her, seit ich nach unserem Mittagessen mit C. hierhergekommen war und wir zusammen vor dem Haus gestanden hatten, um die Setzlinge
zu bewundern, die im Garten zu sprießen begannen, ohne
so recht zu wissen, was wir da taten.

Dieses Haus auszuräumen machte auch Spaß, war aber
einfacher und aufregender. Am Abend vor dem Umzug war
alles bis auf das Nötigste fertig – zerlegt, in Decken ge-
wickelt und in Kisten vor der Tür gestapelt. Wir holten uns
indisches Essen, sahen auf C.s Laptop *Raiders of the Lost
Ark* und blieben bis in die Nacht wach, um die letzten her-
umliegenden Dinge einzupacken, bevor wir auf einer Mat-
ratze auf dem Boden einschliefen, da das Bettgestell bereits
abgebaut an der Wand lehnte. Am nächsten Mittag war der
Lastwagen beladen. Wir schlossen die hintere Tür und gingen in die Stadt, wo wir in dem Café Mittag aßen, in dem
wir uns kennengelernt hatten. Am Ende nahmen wir uns
noch zwei Kaffees mit, dann gingen wir den kleinen Hügel
hinunter zum Kutschenhaus und steckten noch mal die
Köpfe durch die Haustür. Ich hatte dort zwölf Jahre lang
gelebt und alles daran geliebt. Als ich es jetzt leer sah, empfand ich dennoch weder Nostalgie noch Verlust. »Der

Zikade Haut«, schrieb der Dichter Bashō mal in einem wunderschönen Haiku, »Sie sang sich selbst / ganz und gar dahin.«

IN DER KLASSISCHEN Mythologie hatte Eros einen jüngeren Bruder, Anteros – nicht nur der Gott der Liebe, sondern auch der Gott erwiderter Liebe. Man erzählte sich, dass Eros als Kind kränklich und schwach war, weshalb Aphrodite auf Rat der Titanen ein weiteres Kind bekam, das ihm Gesellschaft leistete. Wann immer Eros von da an allein war, wirkte er teilnahmslos und krank, und wann immer die beiden Jungen zusammen waren, blühten sie auf. Als sie das Erwachsenenalter erreichten, wurde Eros für alle Zeit mit den leidvolleren Seiten des Verliebtseins in Verbindung gebracht: Sehnsucht, Vermissen und Zurückweisung. Die Mittel, die er wählte, um Verlangen zu wecken – Pfeile, Feuer, Fieber, Hammer, Wirbelstürme – waren gewaltsam und qualvoll, überall, wo er hinkam, stiftete er Unheil und Chaos. (Einigen Überlieferungen zufolge brachte er die verheiratete Helena dazu, sich in Paris zu verlieben, und trug so zum Ausbruch des Trojanischen Krieges bei.) Anteros war im Gegensatz dazu loyal und zärtlich, wenn er nicht gerade misshandelte Liebhaber rächte. Er wurde gezeugt, um seinen Bruder vor der Einsamkeit zu bewahren, und er fuhr fort, um andere vor dem gleichen Schicksal zu schützen.

Anteros, der schon seinerzeit eine rätselhafte Figur war, ist aus dem kollektiven Gedächtnis des antiken Pantheon beinahe verschwunden. Es ist eine vielsagende Auslassung; die Erfahrung erwiderter Liebe ist bei uns nicht mehr lebendig, weder im buchstäblichen noch im übertragenen Sinne. Und doch liegt genau darin unser ganzes Liebesglück, denn – das Ansehen des Eros verdeutlicht es – die unerwiderte Liebe ist nichts Angenehmes. Glaubt man den zahlreichen Chronisten von den Griechen bis heute, so ist die Sehnsucht nach einem anderen Menschen, bleibt sie unerfüllt, vor allem eine zerstörerische Kraft, gefährlich für die liebende Person und potenziell genauso schlimm für den Rest der Welt.

Erwiderte Liebe ist das Gegenteil. Im Großen und Ganzen, wenn auch nicht in jedem einzelnen Augenblick, ist sie unterstützend, großzügig, beglückend und erfüllend. Aber wie Anteros wird sie in unserer Kultur weitgehend übersehen, sie ist Opfer der allgemeinen Überzeugung, Glück sei angenehm, aber uninteressant. »Alle glücklichen Familien ähneln einander«, erklärte Tolstoi zu Beginn von *Anna Karenina*, so berühmt wie abschätzig; »jede unglückliche Familie ist auf ihre eigene Weise unglücklich«. Es ist ein wunderbarer Roman, aber eine sehr seltsame Behauptung. Zum einen widerspricht Tolstois Behauptung jeder Erfahrung. Im Alter von neun Jahren wusste ich, wie dramatisch sich meine eigene glückliche Familie von der eines meiner besten Freunde unterschied, dessen Eltern fromm, naturverbunden, leicht mürrisch und von so ruhigem Wesen waren, dass sie sich überwiegend murmelnd unterhielten – ein familiäres Biotop, das sich von meinem eigenen nerdigen, rüpelhaften, überschwänglichen so sehr unterschied wie ein Gezeitentümpel vom tropischen Regenwald. Zum anderen widerspricht sie der Logik. Auf welche Weise und aus welchen Gründen sollte das Unglück reichhaltiger und vielfältiger sein als sein Gegenstück? Oft wird Angst gerade durch die Auslöschung von Freude hervorgerufen, also kann das eine kaum spezifischer und interessanter sein als das andere; und was das alltägliche Elend angeht, so nimmt es im Allgemeinen die Form einer langen und ermüdenden Tristesse an. Was Simone Weil über das Böse schrieb, gilt auch fürs Leiden: in der Vorstellung mag es »romantisch und vielgestaltig« sein, aber in Wirklichkeit ist es »düster, eintönig, öde, langweilig«.

Trotz alledem wird das Glück nicht nur weniger beachtet, sondern auch mehr kritisiert als sein Gegenteil. Zeitgenössische Denker*innen tun es manchmal als eine oberflächliche Fixierung des modernen Lebens ab, aber wenn man es aus diesem Grund verurteilt, verwechselt man es mit ähnlichen, aber anderen Phänomenen – entweder mit trivialen Ausprägungen des Glücks wie Spaß und Vergnügen, oder mit oberflächlichen Mitteln, die dazu dienen sollen, Glück herzustellen, wie beispielsweise Drogenmissbrauch bis hin zu sogenannten Frustkäufen. Aristoteles hingegen betrachtete das Glück als »höchstes Gut« und verstand es nicht als flüchtige Befriedigung, sondern als menschliches Sein in voller Blüte, nicht zu trennen von Nachdenklichkeit oder Moral.

Man könnte meinen, dass das Glück, so sehr es anderswo an den Rand gedrängt wird, zumindest in Liebesgeschichten eine zentrale Rolle spielen würde, aber das ist nur selten der Fall. Die Vorstellung von der Liebe in der Literatur ist sogar oft düster, im Vordergrund steht häufig (wie bei Tolstoi) eher das Leiden als die Freude, eher die Turbulenzen als die Zufriedenheit, eher die Tragödie als das Romantische.

Es gibt viele Ausnahmen von dieser Regel – von Austen und Balzac bis hin zu Märchen, romantischen Komödien und Liebesromanen –, aber selbst da, wo eine rosigere Vorstellung von der Liebe herrscht, geht es im Allgemeinen darum, sie zu erlangen, nicht darum, sie zu erhalten: »Glücklich bis an ihr Lebensende« ist das Ende, nicht die Geschichte. Das impliziert, Glück wäre ein statischer Zustand, über den es nicht viel zu sagen gäbe, und Liebe würde, hat man sie einmal gefunden, langweilig – oder, schlimmer noch, sie würde zu etwas, das eigentlich gar keine Liebe ist. Es ist eine so uralte wie hartnäckige Vorstellung: dass romantische Liebe in Wirklichkeit nur Sehnsucht ist, und Sehnsucht richtet sich immer auf etwas aus, das man noch nicht hat. Deshalb erzählen die meisten Liebesgeschichten so viel von der Suche nach Liebe und so wenig darüber, wie es ist, sie zu finden. Junge trifft Mädchen, Junge verliert das Mädchen, Junge bekommt das Mädchen: selbst in der positiven Version endet die Geschichte mit dem Erlangen, genau mit dem Moment, in dem die Liebe, wie die meisten von uns glauben, eigentlich beginnt.

Wer über die Liebe schreibt, hält sich also meistens länger bei ihrem Anfang oder ihrem Ende auf und vernachlässigt die Mitte – die, wegen unseres allgemeinen Desinteresses an Glück, so kurz wie möglich erzählt wird. Echte Liebende tun jedoch genau das Gegenteil: sie versuchen die Mitte so lang zu strecken, wie sie nur können und sie wünschen, es würde ewig so weitergehen. Wie das nahelegt, und wie jeder Mensch weiß, der schon mal verliebt war, ist es tatsächlich absolut möglich, zu begehren, was wir bereits haben. Ich habe mich schon nach C. gesehnt, wenn sie im selben Zimmer neben mir saß, aber abgelenkt oder verärgert war; ich habe mich nach ihr gesehnt, wenn sie nicht in der Stadt war und ich einen schlechten Tag hatte; ich habe mich nach ihr gesehnt, wenn sie in meinen Armen schlief und ich von existenziellen Ängsten geplagt war, verzweifelt, weil ich sie unbedingt behalten wollte und nicht aufhören konnte, mir Sorgen darüber zu machen, sie zu verlieren. Liebende, deren Liebe erwidert wird, leiden nicht an einem Mangel an Begehren, sondern nur an einer grundlegenden Veränderung der Form des Begehrens. Wir begehren nicht das Neue, das Standardverlangen zeitgenössischer Kultur. Wir begehren nur mehr vom Gleichen. Robert Frost hat dieses Gefühl in einem kleinen Gedicht mit dem Titel »Devotion« perfekt eingefangen:

Das Herz kann keine Treue ahnen
Größer als Ufer zu sein den Ozeanen –
Stets eine Krümmung still zu halten,
Endlose Rückkehr zu verwalten.

Ich habe an diese Zeilen öfter gedacht, als ich sagen kann: nachts, wenn C. und ich im Bett beieinander liegen, ihr Körper an meinem, ihre langen Finger halten nah an meinem Herzen die meinen, oder morgens, wenn ich im Halbschlaf ihre magischen Augen und ihre morgendliche Fröhlichkeit und ihr Lächeln sehe. *Das ist alles, was ich will*, denke ich in solchen und zahllosen anderen Momenten, *immer, immer, immer wieder, hunderttausend Jahre lang*. Das ist das Wesen erwiderter Liebe und ganz sicher der glücklichste aller Zustände: sich nur zu wünschen, was man schon hat.

ABER ICH HABE noch nichts darüber erzählt, wie es war, als C. mich zum ersten Mal ins Haus ihrer Kindheit mitnahm. Es war im Herbst, nachdem wir uns kennengelernt hatten, ein paar Monate nach dem platten Reifen auf der Fahrt nach Ohio. Wir verließen das Hudson Valley spätnachmittags und fuhren Richtung Süden, auf Straßen, die immer schmaler wurden, je näher wir unserem Ziel kamen. Als wir schließlich die Grenze des Countys passierten, wurde es schon Nacht. Die Grillen waren so laut, dass wir sie im Auto hörten. Ich lehnte mich auf meinem Sitz vor, um in den Himmel zu sehen, der so voller Sterne war, als wäre da oben eine Kiste voll mit Universum umgekippt. Darunter bildeten ein paar Bäume in der Dunkelheit einen noch dunkleren Fleck und markierten den gewundenen Lauf eines Baches oder einen Windbrecher am Rande eines Feldes. Ansonsten erstreckte sich das Land um uns herum ohne Unterbrechung, eine riesige Küstenebene, die sich sechzig Meilen weiter östlich dem Meer ergab.

Als ich später mit C. zusammenzog, lernte ich diese Straßen bei Tag kennen, die Erntefahrzeuge, deren gleichmäßige Furchen zu beiden Seiten eine Art Stop-Motion-Fotografie ergaben. Ich sah sie auch im Wechsel der Jahreszeiten vorbeifliegen, sah, wie der Weizen den Sojabohnen wich, die Sojabohnen der Hirse, die Hirse dem Mais, der im August so hoch stand, dass man an Kreuzungen nicht mehr um die Ecke schauen konnte. Hier und da waren in der Ferne Silos zu sehen. An den Kreuzungen, an denen unbefestigte Straßen auf asphaltierte treffen, warben Stände für frische Tomaten, selbstgemachte Marmelade, Peperoni und Pfirsiche. An dunklen Wintermorgen knirschen die geschorenen Felder vor Frost unter den Füßen, und der Nebel schwebt knapp über dem Boden wie eine Decke, unter der das Bett weggezaubert wurde.

Tidewater Maryland nennt man es, und tatsächlich ist dieses Ackerland immer kurz davor, zu Sumpfland zu werden. Bei starkem Regen ragen die Feldfrüchte aus niedrigen, temporären Seen, und stille, kleine Brautenten paddeln auf ihren eigenen Spiegelungen über die Felder. Im Osten wogt und dröhnt der graue Atlantik. Im Westen plätschert an den zarten Spitzen der Küstenlinie unablässig das halb salzige, halb süße Wasser der Bucht. Dazwischen teilen mehr als ein Dutzend Flüsse das Land auf – der Pocomoke, der Nanticoke, der Miles, der Wye, der Wicomico, der Sassafras, der Choptank, der Little Choptank, der Tred Avon und viele andere. Die Zahl der Nebenflüsse, die ihnen entspringen, wird auf rund zehntausend geschätzt.

Verluste verkleinern die Welt; etwas zu finden macht sie reicher, voller, interessanter. Seit ich C. kenne, habe ich mich auch in das windgepeitschte Hochglanzgrün des Winterweizens verliebt – für mich der schönste Grünton auf einem Planeten voller schöner Grüntöne. Ich stand am Rand eines Feldes und habe Hunderte von Schneegänsen beobachtet, die sich auf den Weg machten, als würden sie unsere sterbliche Welt in Richtung ihres eigenen, verzauberten Reichs verlassen. Ich bin in einen Teil des Landes gezogen, von dem ich noch nie zuvor gehört hatte, und habe mich bei nachmittäglichen Läufen, bei denen die Luft mit der Kraft des Meeres über das unverbaute Land fegt, in den Wind gelehnt und ein Hochgefühl empfunden, so rein wie sonst nur auf dem Gipfel eines Berges. Ich habe C.s Eltern und Schwestern sowie ihre gesamte Verwandtschaft kennengelernt, bin mit ihnen an Ostern in die Kirche gegangen und habe ihnen an Weihnachten Geschenke unter den Baum gelegt. Ich habe ein Zuhause gefunden, das so wunderbar ist wie jenes, in das ich hineingeboren wurde, und welches ich mir vorher nicht hätte vorstellen können.

In einer meiner liebsten Passagen, die je über die Liebe geschrieben wurde, fordert James Baldwin die Lesenden auf, sich vorzustellen, sie würden aus Chicago stammen, nichts über die Insel Hongkong wissen und nicht den geringsten Wunsch haben, sie zu besuchen. Und jetzt, schreibt er, »Tun Sie so, als ob eine Erschütterung, manchmal auch als Unfall bezeichnet, Sie mit einem Mann oder einer Frau zusammenbringt, der oder die in Hongkong lebt, und dass Sie sich verlieben. Hongkong wird sofort nicht mehr nur ein Name sein, sondern das Zentrum Ihres Lebens.« Er fährt fort:

Wenn Ihr Geliebter in Hongkong lebt und nicht nach Chicago kommen kann, müssen Sie nach Hongkong gehen. Vielleicht verbringen Sie Ihr Leben dort und sehen Chicago nie wieder. Solange Raum und Zeit Sie von dem Menschen trennen, den Sie lieben, werden Sie, das versichere ich Ihnen, eine Menge über Schiffsrouten, Fluglinien, Erdbeben, Hungersnöte, Krankheiten und Kriege in Erfahrung bringen. Und Sie werden immer wissen, wie spät es in Hongkong ist, weil Sie jemanden lieben, der dort lebt. Und die Liebe wird

einfach keine andere Wahl haben, als den Kampf mit Raum
und Zeit aufzunehmen und auch zu gewinnen.

Ich würde sogar noch weiter gehen und sagen, dass der
Kampf mit Raum und Zeit in dem Moment, in dem man
den geliebten Menschen trifft, schon gewonnen ist. C.
stammt nicht aus Hongkong und ich nicht aus Chicago.
Und doch sind wir zeitlich weit genug auseinander geboren
und haben räumlich so weit voneinander entfernt gelebt,
dass es sich unwahrscheinlich anfühlt, dass wir – beide völlig offen, uns ineinander zu verlieben, und beide in rätsel-
haftem Ausmaß geneigt, es auch zu tun – uns an diesem
schönen Frühlingstag in der Main Street treffen würden:
»weder einen Zentimeter noch einen halben Globus zu
fern«, wie die Dichterin Wisława Szymborska schrieb, »weder eine Minute noch eine Ewigkeit zu früh.«

Welcher Erschütterung, welchem Zufall verdanken wir
dieses Zusammentreffen? Für diejenigen, die wie C. an
Gott glauben oder an ein Universum, das anderweitig von
beobachtenden, wohlgesinnten Mächten geordnet wird,
gibt es für ein solches Treffen, wie für alle wunderbaren
Funde, eine eindeutige Erklärung: es sind Segnungen und
von Gott gesandte Wunder. Die Liebende und die Geliebte
waren füreinander bestimmt – auf ganz buchstäbliche
Weise füreinander geschaffen – und ihr Treffen sollte sich
nie *nicht* ereignen. In diesem Sinne hört man Paare manchmal sagen, sie wären ihr Schicksal. Aber bei denen von uns,
die nicht so gläubig sind, vielleicht sogar unter einigen
Gläubigen, ist das gegenteilige Gefühl vermutlich mindestens genauso verbreitet: eine Art staunende Dankbarkeit,

dass etwas so Unwahrscheinliches angesichts der wilden Kontingenz des Lebens überhaupt eintreten konnte. Ich empfinde es wie folgt: die Geliebte zu finden löst »Erstaunen« aus, um den Titel des Gedichts von Szymborska zu entlehnen, weil es, kosmisch gesehen, so viel Zeit und Raum gibt, die es unmöglich gemacht hätten.

Nie habe ich das stärker empfunden als bei diesem ersten Besuch mit C. an der Ostküste. Je näher wir ihrer Heimatstadt kamen, desto unwahrscheinlicher erschien es mir, dass wir uns überhaupt kennengelernt hatten. Abgesehen von einer Reise nach Baltimore als Teenager war ich noch nie in Maryland gewesen, wusste so gut wie nichts darüber und hatte erst spät erfahren, dass ein Teil davon abgetrennt vom Rest auf einer Halbinsel lag; als C. mir erzählte, wo sie lebte, hatte ich noch Mühe, die Region auf der Karte zu finden. Auch jetzt, beim Hindurchfahren, fiel es mir noch schwer zu verstehen, wo wir genau waren. Es schien unmöglich, dass Washington, D. C., nur neunzig Minuten entfernt war; der Ort, an dem wir uns befanden, fühlte sich von der Hauptstadt des Landes so weit entfernt an wie Nebraska.

Heute ist die Ostküste auch mein Zuhause, und in den Jahren, seit ich hier lebe, habe ich so viel Zeit in dem Haus verbracht, in dem C. aufgewachsen ist, dass es auch für mich zu einer Art Heimat geworden ist. Ihre Mutter hat mir beigebracht, auf der Veranda Krebse zu fangen; ihr Vater hat mir im Schuppen gezeigt, wie man eine Gehrungssäge benutzt. Ich habe geholfen, die Schlafzimmer neu zu streichen, den Kriechkeller aufzuräumen und nach einem Sturm umgestürzte Baumstämme wegzuräumen. Ich habe in der Küche gesessen und Erbsen gepalt, mich auf der Couch

ausgestreckt und ferngesehen, habe Kartoffelsalat und Maiskolben mitgebracht, wenn Freunde zum Grillen kamen. An
manchen Tagen bin ich nur vorbeigekommen, um einen
Ersatzschlüssel abzuholen oder einen Teller mit Keksen zu
bringen, dann wieder habe ich fast das ganze Wochenende
dort verbracht. Ich war schon in Abendgarderobe und im
Schlafanzug dort, bin hingegangen, um gute Nachrichten
zu überbringen und um Trost in der Trauer zu finden.

Aber bei diesem ersten Besuch kam ich als Fremde – neu
an der Küste, neu in ihrer Familie, noch ganz in der Phase
der Liebe, die ich als Sehnsucht nach Informationen beschrieben habe. Schon seit vielen Monaten wollte ich das
Haus sehen, in dem C. aufgewachsen war; jetzt begleitete sie
mich den Weg hinauf und durch die Tür. Die archäologische
Ausgrabungsstätte im hinteren Teil des Hauses war längst zu-
geschüttet und umgepflügt worden, aber alle Artefakte, die
bei den Ausgrabungen gefunden wurden, befanden sich
noch darin, fein säuberlich geordnet in einem Schaukasten,
den sie unter dem Bett hervorzog. Die Bücherregale, die ihr
Vater für sie gebaut hatte, standen noch in ihrem Kinderzim-
mer, in dem es sonst nicht viel zu sehen gab, weil ihre kleine
Schwester nach C.s Auszug viel verändert hatte. Im Wohnzimmer stand ich eine Zeitlang vor einem Regal voller Kin-
derfotos von ihr, hinreißend, mit ernsten Augen und sehnig
wie ein Wildfang: mit ihren Schwestern in identischen Os-
terkleidern auf den Stufen vor der Kirche sitzend; auf einem
Steg stehend und einen frisch gefangenen Felsenfisch in die
Höhe haltend, fast so groß wie sie selbst; mit dreckigen
Knien in einem Trikot der Little League.

Ich hätte sie ewig anschauen können, und noch tausend

weitere. Meine Bauerntochter, meine Rhodes-Stipendiatin, meine gläubige Christin mit dem scharfen Verstand und dem treuen Herzen, die Eliot rezitieren, Griechisch lesen, mit der Spaltmaschine umgehen und eine Langleine legen kann: Hätte mir jemand, ehe wir uns kennenlernten, Stift und Papier und zehntausend Jahre gegeben und mich gebeten, die Person zu beschreiben, in die ich mich eines Tages verlieben würde, ich hätte mir in all der Zeit niemanden wie sie ausdenken können. »Wo kommst du nur her?«, fragte ich C. in jenen Tagen manchmal voller Ehrfurcht und Dankbarkeit. Als ich in ihrem Zuhause stand, im Zentrum einer Art Antwort auf diese Frage, erschien mir die weitergehende Antwort auf die Frage nicht weniger rätselhaft – Wie war sie von hier aus die geworden, die sie war? Wie war sie von hier aus zu mir gekommen?

Wie erstaunlich es ist, jemanden zu finden. Ein Verlust mag unseren Maßstab verändern und uns daran erinnern, dass die Welt überwältigend groß ist, während wir unglaublich klein sind. Etwas zu finden bewirkt dasselbe; der einzige Unterschied besteht darin, dass es uns staunen und nicht verzweifeln lässt. In den unendlichen Weiten des Raums, inmitten der unendlichen Wechselspiele des Lebens, inmitten aller Wege, Möglichkeiten und Menschen auf diesem Planeten war ich hier, in diesem Haus, und folgte C., als sie meine Hand nahm und mich aus dem Wohnzimmer in die Küche führte, wo sie sagte, sie wolle mir noch etwas anderes zeigen. Ich nahm es von seinem Platz neben der Feuerstelle und betrachtete es, nicht sicher, womit ich es zu tun hatte. Ein Meteorit, sagte sie, den ihr Vater gefunden hatte, er hatte ihn aufs Feld fallen sehen, als er noch ein Junge war.

III

Und

LANGE VOR DER Geburt von C.s Vater – lange vor unser aller Geburt – schlug unweit seines künftigen Zuhauses ein anderer Meteorit ein. Es war gegen Ende des Eozäns, vor etwa fünfunddreißig Millionen Jahren, zu der Zeit, als ein Großteil des Mittelatlantischen Rückens tatsächlich noch mittelatlantisch war. Da die Ostküste Nordamerikas sich bis weit ins Landesinnere zog, waren Teile der heutigen Bundesstaaten New Jersey und Virginia, sowie ganz Delaware und die Ostküste Marylands von einem flachen Ozean bedeckt.

Die vorangegangenen zwanzig Millionen Jahre war die Erde extrem heiß gewesen. In der kohlendioxid- und methanreichen Atmosphäre war das Meerwasser bis zu vierzig Grad Celsius heiß, in Kanada krochen Alligatoren herum, und Palmen warfen ihre Schatten auf den fruchtbaren Boden der Arktis. Im späten Eozän begannen sich die globalen Temperaturen abzuschwächen, aber in Nordamerika erstreckten sich immer noch üppige tropische Regenwälder von den Appalachen bis zum Atlantischen Ozean. Wie heute in den Regenwäldern wimmelte es auch in diesen Wäldern von Leben: Frösche, Kröten und Salamander, Schmetterlinge, Libellen und Goldkäfer, Zwerghuftiere,

Eohippus, Miniaturtapire und eine Vielzahl anderer prähistorischer Lebewesen.

Wer weiß, was sie spürten – falls überhaupt etwas –, als das Objekt, das für die meisten von ihnen das Ende bedeutete, über ihnen vorbeiraste. In jedem Fall hatten sie dafür nur wenige Sekunden Zeit. Der Meteorit hatte ein Ausmaß von zwei Meilen und wog eine Milliarde Tonnen; er kam mit einer Geschwindigkeit von 50 000 Meilen pro Stunde aus dem Norden, legte die Entfernung vom nördlichen Polarkreis nach Virginia in drei Minuten zurück und krachte etwas westlich vom heutigen Cape Charles entfernt in den Atlantik. Der Ozean bremste ihn kaum; er ließ Millionen Tonnen Wasser verdampfen, verdrängte weitere Millionen Tonnen und raste dann durch Sediment- und Gesteinsschichten, bis er schließlich fünf Meilen unter dem Meeresgrund auf das Grundgestein der Erde prallte. Beim Aufprall wurde er selbst zerstört, schuf einen Krater, der eine Meile tief und doppelt so groß wie Rhode Island war, und löste eine gewaltige Explosion aus. Asche und brennende Gesteinsbrocken stiegen etwa dreihunderttausend Fuß hoch in die Luft und verteilten die aus Meteoriten entstandenen Glassplitter über mehr als vier Millionen Quadratmeilen in Nordamerika und dem Atlantischen Ozean. In der Zwischenzeit erhob sich der verschobene Teil des Ozeans in einer gewaltigen Wellenwand, weit über tausend Fuß hoch, die unter ihrem eigenen Gewicht zusammenbrach und auf die Küste zuraste. Der daraus resultierende Tsunami ergoss sich in Virginia über hundert Meilen landeinwärts, bevor er sich schließlich hoch oben auf den Granitfelsen der Blue Ridge Mountains entlud.

Die Zeit verging. Der Tag wurde zur Dämmerung, die Dämmerung zur Nacht, die Nacht zum Morgengrauen. Die Brände erloschen von selbst. Farne und Schösslinge schlugen Wurzeln in den verrottenden Körpern der umgestürzten Bäume. Die Erde setzte ihren Lauf um die Sonne fort. Ein Jahr verging. Ein Jahrhundert verging. Vom Meeresboden kochte Lava hoch und schuf neue Kontinente, die das Land darüber in träge Bewegung versetzten. Vulkane brachen aus und verstopften Flusstäler und Seen mit Ascheschichten. Jahrtausende vergingen. Die Regenwälder verschwanden und wurden durch Weißeichen-, Buchen- und Kiefernbestände ersetzt. Säbelzahntiger und wilde Wölfe streiften durch die Wälder und jagten Riesenfaultiere und junge Mammuts. Ein weiteres Jahr verging, eine Million Mal. Die östliche Küstenlinie Nordamerikas erhob sich aus dem Meer und trocknete. Megalodons durchkämmten die davor liegenden Gewässer, und der Ozean glitt über ihren Rücken, wie sich ein Fluss flach und ruhig über einen großen, glatten Stein bewegt. Im Landesinneren füllten sich die Wälder mit Weißwedelhirschen der ersten, zweiten oder dritten der nächsten vierhunderttausend Generationen. Eine Halbkugel entfernt, im afrikanischen Rift Valley, kam eine für den Planeten völlig neue Primatenart zum ersten Mal auf die Füße.

Mehr Zeit verging. Die Erde, nun kälter denn je zuvor, kühlte sich noch weiter ab. Das Polarmeer erstarrte. Das Eis begann sich über den ganzen Planeten zu verteilen. Es gab Gletscher in Neuseeland und Tasmanien, auf den Inseln Sardinien und Mallorca, in Columbus, Ohio, und Philadelphia, Pennsylvania. In ganz Nordamerika bedeckte das

Laurentidische Eisschild fünf Millionen Quadratmeilen, an manchen Stellen bis zu einer Tiefe von zehntausend Fuß. Das Eis schuf Land, wo früher Wasser war, und zahllose Lebewesen wanderten auf der Suche nach einer neuen Heimat darauf entlang – darunter auch Menschen.

Vor ungefähr zwanzigtausend Jahren stiegen die Temperaturen dann langsam wieder an, und das Eis begann zu schmelzen. Durch das Wasser, das von den Gletschern und Eiskappen und aus jedem angeschwollenen Delta strömte, stieg der Meeresspiegel. Das Wasser bedeckte nun niedrig gelegene Küstengebiete, strömte durch die Mündungen der Flüsse und versenkte sie im Meer. Im Mittelatlantik liefen vier dieser Flüsse – der York, der James, der Susquehanna und der Rappahannock – lange Zeit an derselben Stelle zusammen. Durch die Schwerkraft nach unten gezogen, mündeten sie in die Überreste eines uralten Kraters, der so tief in die Erdkruste einschnitt, dass nicht einmal fünfunddreißig Millionen Jahre Schlamm und Sediment, die sich darauf verdichtet hatten, ihn auf eine Höhe mit dem Meeresspiegel brachten. Als das Eis schmolz und das Meer anstieg, folgte es dem Verlauf dieser Flüsse und überschwemmte das Land oberhalb dessen, was heute als Chesapeake-Bay-Einschlagkrater bekannt ist.

Der Meteorit half, die Lage des Kraters zu bestimmen, und der ansteigende Ozean füllte ihn mit Wasser, aber erst durch die Existenz einer Halbinsel im Osten wurde die Chesapeake Bay zu einer Bucht. Als sie vor fast zwei Millionen Jahren Gestalt annahm, war diese Halbinsel nur eine schmale Landzunge, deren Ostseite der vollen Wucht des Meeres ausgesetzt war. In den folgenden Jahrtausenden schwankte der Meeresspiegel, wodurch sich bei Hochwasser Schlick auf der Nehrung ablagerte und sie verlängerte, und wenn das Wasser sank, wurde wieder ein breiterer Landstreifen freigelegt, eine sumpfige Mischung aus Sand und Kies, Torf und Ton. Wind und Wellen formten das Land weiter, fügten etwas hinzu und nahmen etwas mit, spülten an und spülten fort. Vor der Küste entstanden kleine Inseln und verschwanden wieder, um dann wie Tauchvögel an neuen Stellen wieder aufzutauchen.

Erst vor circa dreitausend Jahren nahm die Halbinsel ihre heutige Form an, die sich vor der Küste des amerikanischen Festlands krümmt wie ein Komma. Obwohl sie von der einen Spitze bis zur anderen nur einhundertsiebzig Meilen lang ist, verfügt sie über zwölftausend Meilen Küstenlinie, mehr als die gesamte Westküste der Vereinigten Staaten. Entlang der Westküste bringt die eigentliche Halbinsel kleinere Halbinseln hervor, deren kunstvoll gewellte Ränder in die Bucht münden. Unmittelbar dahinter, wo der Wettstreit zwischen Land und Wasser noch unentschieden ist, sprenkeln Inseln die Bucht – Poplar Island und Carpenter Island, Smith und St. George und Solomons und Dutzende mehr. An der äußersten Spitze einer dieser Inseln, gleich hinter einem kleinen Fischerdorf, verengt sich das Land und ist an drei Seiten von Wasser umgeben. Reiher und Kormorane staksen durch das seichte Wasser, schlank wie das Schilf, das sie verbirgt. Unter ihnen schieben sich zerbrochene Muschelstücke durch den Sand, und durch das Wasser schimmern glatte, runde Felsen wie Wünsche in einem Brunnen. An sonnigen Tagen lassen die Wellen in den Schatten der Weiden und Walnussbäume Diamanten aus

Licht funkeln. So bilden sie am Ufer einen breiten, gesprenkelten Rand, wo ein Element auf das andere trifft und wo C. und ich an einem wunderschönen Nachmittag im Mai heirateten.

WIE LANDMASSEN VERÄNDERN Sprachen mit der Zeit ihre Form. Bis zum späten neunzehnten Jahrhundert war der letzte Buchstabe des englischen Alphabets nicht das Z, sondern ein Wort: »und«. Das Wort wurde auf unzähligen Tafeln und Fibeln als »&« geschrieben, die ganze Reihenfolge sah also so aus:

A B C D E F G H I J K L M N O P Q R S T U V W X Y Z &

Das siebenundzwanzigste dieser Symbole lässt sich bis ins antike Rom zurückverfolgen, wo Schriftgelehrte, um schneller schreiben zu können, sich der Schreibschrift bedienten und die beiden Buchstaben »εt« des lateinischen Worts für »und« miteinander verbanden. In aufwendigeren Varianten des Buchstabens erkennt man sie heute noch wieder, zum Beispiel in dieser:

Als sich das Lateinische in der gesamten Christenheit durchsetzte und zur vorherrschenden und in einigen Fällen einzigen Schriftsprache wurde, verbreitete sich das »&« mit ihm. Als das Lateinische dann mehr und mehr verschwand (unter anderem dank Dante Alighieri und seiner volksnahen Dichtung, dank Johannes Gutenberg mit seinem volksnahen Druckverfahren und dank Martin Luther mit seinen volksnahen Predigten), verzichtete man auch auf die Schrift, samt des »&« – eine Art philologisches Fossil, das noch immer geschrieben wurde wie von den römischen Schriftgelehrten, aber von den Menschen so ausgesprochen wurde, wie sie »und« in ihrer jeweiligen Sprache sagten.

Es ist nur logisch, dass dieser verirrte Buchstabe dem englischen Alphabet hinzugefügt wurde. Schließlich mussten Schüler*innen lernen, ihn zu lesen und zu schreiben, und das war mindesten so schwierig wie beim R oder Z. Die Tatsache, dass er ein ganzes Wort darstellte, disqualifizierte ihn nicht, schließlich können A und O das auch (wie in »O du Fröhliche« oder »O Tod, wo ist dein Stachel nun?«). Trotzdem stellte das »&« ein eigenes Problem dar. Wenn man das Alphabet aufsagt, wie es Schulkinder in der englischsprachigen Welt ständig tun müssen, klingt es, als ließe man die Zuhörer hängen: »... X, Y, Z, und.« Und was? Egal, was altmodische Grammatiker einem erzählen, es ist nicht wahr, dass man einen Satz nicht mit »und« beginnen kann, ihn damit zu beenden ist allerdings eine andere Geschichte. Um das Problem zu lösen, brachte man Schüler*innen bei, die lateinische Wendung *per se* zu benutzen, die »an und für sich« bedeutet, um darauf zu verweisen, dass der Buchstabe gemeint ist und nicht das Wort. Statt »X, Y, Z, and« sagten sie also pflichtschuldig »X, Y, Z, *and per se and*« – eine Wortfolge, die mit der Zeit vor lauter Wiederholung ungenau wurde. Und so wurde in unserer Sprache aus dem lateinischen »&« das *Ampersand* – das kaufmännische Und.

Es ist nicht ganz klar, wann »and« aus dem Alphabet migrierte, obwohl ein Musikverleger aus Boston namens Charles Bradlee es wohl beschleunigte, als er sich 1835 eine Klaviervariation von Mozart zu eigen machte, für den Text das englische Alphabet nutzte und damit einen Dauerbrenner bei den unter Siebenjährigen landete. Bradlees Version endete mit Z, was entweder Ursache oder Folge (oder beides) des langsamen Verschwindens des »&« aus dem englischen Alphabet war. Heute betrachten Schriftsetzer*innen und Schriftgestalter*innen das kaufmännische Und nicht als Buchstaben, sondern als Satzzeichen, und die meisten von uns betrachten »und« nur als Wort. Dennoch hat sein früherer Status als Teil des Alphabets etwas Besonderes – eine versteckte Anerkennung dessen, wie früh wir es lernen und wie sehr wir es brauchen, wie elementar es für unser Denken und Sprechen ist.

Diese Bedeutung beginnt mit der Rolle von »und« als eine Art sprachlicher Sekundenkleber, der in der Lage ist, fast alles miteinander zu verbinden. Wahrscheinlich wissen Sie noch aus der Grundschule, dass es eine Konjunktion ist – eine Verbindung, eine Möglichkeit, zwei oder mehr Dinge zusammenzubringen. Dutzende anderer Wörter dienen ebenfalls diesem Zweck, darunter *aber, denn, weil, vor, nach, obwohl, wenn, seit, bis, es sei denn* und *während*. Fast alle diese anderen Konjunktionen verraten etwas über die Beziehung zwischen den Dingen, die verbunden werden. Einige von ihnen verknüpfen eine Ursache mit ihrer Wirkung: »Wir haben den ganzen Nachmittag geredet, *deshalb* bin ich erst spät nach Hause gekommen.« Andere stellen einen Kontrast oder eine Ausnahme dar: »Wir haben den ganzen Nachmittag geredet, hatten *aber* noch mehr zu sagen«; »Wir haben die ganze Nacht geredet, uns *jedoch* nicht berührt.« Andere geben eine Begründung: »Ich konnte es nicht ertragen, sie zu verlassen, *denn* ich fand sie faszinierend.« Wieder andere deuten auf ein räumliches oder zeitliches Arrangement hin: »Sie rief mich an, *nachdem* sie nach Hause kam«; »Ich begleitete sie, *wohin* sie auch ging«. Noch andere bieten eine Alternative an: »Wir könnten spazieren gehen *oder* ins Kino«. Und andere führen eine Eventualität ein: »Ich komme zum Abendessen, *falls* du Zeit hast«; »Ich bleibe, *wenn* du nicht willst, dass ich gehe«.

»Und« tut nichts von alledem. Es ist eine Verbindung, die aus nichts anderem besteht als aus einer Verbindung; zwei Dinge, drei Dinge, zehn Dinge koexistieren in einem Satz, aber die Grammatik schweigt in Bezug auf die Frage, was sie außer diesem einen Wort noch verbindet. Diese uneingeschränkte Kombinationsfähigkeit macht sie zu einer besonders leicht zu beherrschenden Konjunktion: Von allen Möglichkeiten, wie wir die Welt zusammensetzen können, ist »und« die grundlegendste, der erste und einfachste Knoten, den wir zu knüpfen lernen. Kleine Kinder, die die spezifischen Beziehungen, die andere Konjunktionen implizieren, noch nicht begreifen können, verwenden diese Konjunktion fließend und ausgiebig. Von der Handlung von *Frozen* bis zum ersten Kindergartentag ist das Leben, wie kleine Kinder es erzählen, eine einzige lange Kette von »und dann und dann und dann«.

Diese scheinbare Einfachheit macht »und« zu einem leicht zu übersehenden Wort, wie William James in einer so seltsamen wie wunderbaren Passage in *The Principles of*

Psychology bemerkt. Während er über den Bewusstseins-strom schreibt – sein Ausdruck für den ständigen Gedan-kenfluss in unserem Gehirn –, vermischt er plötzlich die Metaphern fürs Denken, wechselt vom Bild des Flusses zu dem eines Vogels. Wie Vögel, schreibt er, befinden sich unsere Gedanken manchmal im Flug und manchmal im Ruhezustand, aber wir bemerken sie nur, wenn sie irgendwo gelandet sind. Er nennt das die »substantiven« Teile des Denkens: die Substantive, Verben und Adjektive, auf die wir unsere Gedanken fixieren, wenn wir über die Dinge nachdenken, die wir denken. Die anderen, »transitiven« Teile des Denkens huschen an uns vorbei, ohne dass wir sie bemerken. Dabei sind sie es, die der Sprache ihren Sinn geben, indem sie ihre Beziehungen herstellen, und sie un-terscheiden sich so sehr, wie sich »Tornado« und »Berühmt-heit« und »Roastbeef« unterscheiden. »Wir müssten von einer Empfindung von *und* sprechen, von einer Empfin-dung von *wenn*, einer Empfindung von *aber* und einer Empfindung von *durch*«, schrieb James, »genau wie wir von den Empfindungen *traurig* und *kalt* sprechen.«

Es ist vor allem die Empfindung einer Verbindung, ein subtiles Bewusstsein dafür, dass zwei oder mehr Dinge in einer Beziehung zueinanderstehen. Es spielt keine Rolle, ob diese Dinge durch Ähnlichkeit oder Unterschiedlichkeit miteinander verbunden oder einander vollkommen gleich-gültig sind; Kain und Abel gehören genauso zusammen wie Romeo und Julia – und beide hängen so fest zusammen wie Äpfel und Orangen. Es spielt nicht mal eine Rolle, wenn es gar keine wesenhafte Verbindung gibt, denn die Wirkung der Verbindung durch »und« besteht darin, eine zu schaffen. Schimpansen und Orang-Utans und Paviane haben eine wesenhafte Verbindung. Kohlköpfe und Könige nicht – bis Lewis Carroll ein »und« zwischen sie setzte.

Diese semantische Vielseitigkeit spiegelt eine existenzielle Wahrheit wider. Zu unserem Dauerzustand gehört es, viele Dinge auf einmal zu erleben – einige davon sind eng miteinander verbunden, einige sind kompatibel, einige widersprechen sich, und einige haben überhaupt nichts miteinander zu tun, abgesehen davon, dass sie in unserem Bewusstsein zusammen existieren. Selbst wenn wir es versuchten, könnten wir kaum jemals etwas für sich allein empfinden, wie James betonte. Andere Psychologen in seinem Umfeld behandelten »einfache Empfindungen« – einen Anblick, ein Geräusch, einen Geruch – als die atomaren Einheiten des Denkens, und rieten dazu, sie isoliert zu studieren, um zu versuchen, den Geist als Ganzes zu begreifen. Aber »niemand hat jemals eine einfache Empfindung an und für sich erlebt«, wandte James ein: Wir erleben das Gefühl von Wärme nicht getrennt vom Sonnenlicht oder einer Herdplatte, vom Bewusstsein unseres eigenen Körpers, vom Klang der Wellen oder vom Schreien unserer Mutter. »Das Bewusstsein besteht von Geburt an aus einer Vielzahl von Objekten und Beziehungen«, schrieb er, »und was wir als einfache Empfindungen bezeichnen, ist das Ergebnis einer differenzierenden Aufmerksamkeit, die oft bis zu einem sehr hohen Grad gesteigert wird.« Er wollte damit sagen, dass seine Kollegen es falsch verstanden hatten. Weit davon entfernt, die grundlegendste Aktivität des Verstandes zu sein, ist das isolierte Empfinden von etwas eine Ausnahme von der Regel, die der Anstrengung bedarf.

Jeder von uns weiß das, weil wir alle schon versucht haben, etwas gesondert zu erleben; eine Übung, die sofort offenlegt, was für eine unermüdliche »Und«-Maschine unser Geist ist. Selbst wenn man versucht, sich nur auf eine Sache zu konzentrieren, beispielsweise auf den Absatz, den man gerade liest, oder wenn man versucht, an nichts zu denken, wie beim Meditieren oder beim Einschlafen, spuckt das Gehirn permanent noch andere Dinge aus: Dinge von der To-do-Liste, Angst vor einem anstehenden Arzttermin, die Erinnerung an etwas Peinliches, das man am Vortag gesagt hat, die Information, wie sehr der Mückenstich am Knöchel juckt, die Lyrics von »Raised on Robbery«.

Aber nicht nur das Hintergrundgetöse des Geistes bringt die Welt ununterbrochen miteinander in Verbindung. Auch das Leben ist eine ständige »Und«-Maschine und liefert uns zuverlässig eine Mischung von Dingen, die wir alle auf einmal erleben. Es ist durchaus möglich, im Laufe einer Stunde von seinem Neunjährigen begeistert und auf seinen Zwölfjährigen wütend zu sein, sich Sorgen wegen eines bevorstehenden Vorstellungsgesprächs zu machen und wegen des globalen Klimawandels. Dieses endlose Getöse bringt manchmal schwierige Simultanitäten mit sich, denn das Leben ist wie das »und« gleichgültig gegenüber dem, was es miteinander verbindet. Vielleicht geht es Ihnen persönlich so gut wie noch nie, aber Ihr Land steckt in einer Krise; vielleicht sieht Ihre neugeborene Tochter wie ihre Großmutter aus, aber diese leidet an Alzheimer und erkennt Sie beide nicht mehr. Solche Simultanitäten gibt es um uns herum wie in uns selbst: Sie lieben Ihren Bruder, aber er treibt Sie in den Wahnsinn; Sie verachten Ihren Ex-Mann, aber Sie lieben die Kinder über alles, die Sie ohne ihn nicht hätten. Wir alle haben gemischte Empfindungen, gemischte Gefühle, gemischte Motive, ja sogar gemischte Persönlichkeiten. Der Fröhlichste unter uns ist nicht durchweg glücklich, und der Beste unter uns ist nicht durchweg gut. Wir sind alle, wie meine geliebte Lutheranerin zu sagen pflegt, *simul justus et peccator* – zugleich gerecht und sündig.

Im Alltag beachten wir solche Verbindungen nicht weiter, auch das Wort »und« nicht. Dabei sind diese Simultanitäten für uns so alltägliche Erfahrungen, dass wir als Erwachsene das Gefühl haben, unser Leben bestehe aus diesem Patchwork. Bis dahin wissen wir, dass die Welt voller Schönheit und Erhabenheit ist, aber auch voller Elend und Leid; wir wissen, dass die Menschen freundlich und lustig, brillant und mutig, aber auch kleinlich, nervig und grausam sind. Wir wissen, wie Philip Roth es einmal ausdrückte: »Leben *ist* und.« Er meinte damit, dass wir meistens nicht in einer Welt des Entweder-Oder leben. Wir leben mit beidem gleichzeitig, mit vielen Dingen gleichzeitig – alles ist mit seinem Gegenteil verbunden, alles ist mit allem verbunden.

ICH MACHTE C. meinen Heiratsantrag am Aschermittwoch. Es war Zufall – nicht der Antrag, aber der Zeitpunkt. Ich wollte sie schon seit fast zwei Jahren fragen. Dass ich es tun würde, wusste ich schon seit unserem zweiten Date, und wir sprachen beide schon lange so über die Zukunft, als wäre uns klar, dass wir sie miteinander teilen wollten. Konkret wurde das Thema jedoch erst, als mein Vater im Sterben lag. Wir hatten stundenlang im Krankenhaus bei ihm gesessen, als C. mich fragte, ob wir spazieren gehen wollten. Es war ein windiger, schöner Nachmittag, ein lebhafter Kontrast zum Leben auf der Intensivstation. Die spielenden kleinen Kinder, die Geräusche machten wie Möwen; der Brunnen, den ich so mochte, versprühte Wasser in Regenbogenfarben; der Wind in den Kronen der Ahornbäume, die sich abwechselnd grün und silbern gegen den strahlend blauen Himmel abhoben: All das ließ mich zum ersten Mal begreifen, dass mein Vater diese Welt wirklich verlassen würde, dass er nicht mehr miterleben würde, was auch immer ab jetzt passierte. Ich konnte nicht aussprechen, was ich empfand, aber es muss offensichtlich gewesen sein, denn C. legte die Arme um mich und sagte, wenn ich wollte, könnten wir uns um den Papierkram kümmern und uns in seinem Krankenzimmer trauen lassen. Ich verstand, was sie mir da anbot, und ich wusste ihre Großzügigkeit und Ernsthaftigkeit zu schätzen, aber ich schüttelte an ihrer Schulter den Kopf. Ich wollte nicht überstürzt heiraten, aus welchem Grund auch immer; ich wollte nicht, dass ihre Familie und alle unsere Freunde das Ereignis verpassten, damit mein Vater daran teilhaben konnte, falls er es überhaupt noch konnte; und ich wollte nicht – auch wenn ich in diesem Fall gar keine andere Wahl hatte – so viel Trauer mit so viel Freude vermischen.

Wir heirateten also nicht in jener Woche und sprachen auch eine Zeitlang nicht mehr davon. Aber später, im Herbst, rief ich meine verwitwete Mutter an und sagte ihr, dass ich C. einen Heiratsantrag machen wolle. Sie war begeistert, lachte aber laut auf, als ich ihr sagte, warum ich außerdem anrief. Ich erklärte, ich glaube nicht, dass C.

einen konventionellen Verlobungsring wollte, aber ich wollte ihr etwas aus unserer Familie schenken, dass eine Bedeutung hatte. Ich fragte mich, ob meine Großmutter – die Mutter meiner Mutter, diese Naturgewalt, die mit fünfundneunzig Jahren gestorben war – vielleicht passenden Schmuck hinterlassen hatte. Meine Mutter sagte, ich könnte alles haben, aber sie könne sich nicht vorstellen, dass ich etwas davon haben wollte, und ich verstand sofort, was sie meinte. Meine Großmutter war zu ihrer Zeit sehr glamourös gewesen; sie hatte die Bravour von Amelia Earhart und das Aussehen von Elizabeth Taylor, aber obwohl sie so patrizisch war, wie eine Jüdin aus der Mittelschicht nur sein konnte, war ihr Geschmack in Sachen Schmuck beschränkt. Meine Mutter hatte recht: Damit würde C. sich nicht blicken lassen wollen. Ich war noch dabei, das zu verdauen und mir etwas anderes einfallen zu lassen, als sie ganz ruhig sagte: Gib ihr doch Daddys Ehering.

Der Ehering meines Vaters: ich hatte zuletzt im Krankenhaus an ihn gedacht, als meine Mutter vor möglichen Schwellungen seiner Hände gewarnt wurde und ihn vorsorglich abgezogen und in ihr Portemonnaie gesteckt hatte. Er sah genauso aus wie ihrer und war ungewöhnlich. Obwohl meine Eltern nicht mal ansatzweise Bohemiens waren, hatten sie etwas Einmaliges gewollt, als sie beschlossen zu heiraten. Sie hatten sich für breite Goldringe mit Wellenschliff entschieden und einer markanten, telegrammartigen Gravur. Als ich klein war, erinnerten sie mich an kleine Kronen, als Erwachsene fand ich sie irgendwie antik und Art déco. Jetzt sah ich vor mir, wie C. den Ring meines Vaters tragen würde – aber nicht als Ring, sondern als Anhänger an einer Halskette, deren V bis knapp unter ihre Schlüsselbeine reichte – und ich konnte mir nichts Vollkommeneres vorstellen. Ich hatte mich gar nicht gefragt, was meine Mutter nach seinem Tod damit gemacht hatte, aber plötzlich kam mir der Gedanke, dass sie ihn vielleicht die ganze Zeit über in ihrer Handtasche aufbewahrt oder neben ihrem Bett liegen hatte oder ihn selbst trug, und ich sagte, dass sie ihn sicher behalten wolle. Nein, antwortete sie, ich möchte, dass C. ihn bekommt, und ich weiß, dass Daddy das auch gewollt hätte. Ich rief meine Schwester an, weil ich dachte, dass sie den Ring vielleicht selbst haben wollte oder jedenfalls nicht wollte, dass er irgendwie weiterverwendet wurde. Sie sagte, sie könnte sich dafür nichts Schöneres vorstellen.

An Thanksgiving in Boston gab mir meine Mutter den Ring. Als ich nach Hause kam, brachte ich ihn zu einem Juwelier, um eine passende Halskette auszusuchen. Mein Vater hatte ihn neunundvierzig Jahre lang ununterbrochen getragen – bei der Arbeit und zu Hause, im Auto und in öffentlichen Verkehrsmitteln, beim Laubharken, beim Grillen von Hamburgern und wenn er den Müll rausbrachte. Er war fünfundzwanzig gewesen, als meine Mutter ihn ihm angesteckt hatte. Er war vierundsiebzig, als sie ihn von seinem Finger zog. Das Leben war darum herum gewachsen, es war hineingewachsen; seit ich mich erinnern kann, waren die Rillen schwarz, die Oberfläche matt und intensiv bronzefarben. Aber meine Mutter hatte ihn vom Juwelier polieren lassen, und als sie ihn mir gab, füllten sich meine Augen mit Tränen: Er sah aus, wie er ausgesehen haben musste, als meine Eltern ihn ausgesucht hatten, und er hatte die Farbe der Morgensonne.

In den folgenden Monaten bewahrte ich den Ring zusammen mit der neuen Kette in meiner Schreibtischschublade auf. Ich wartete auf – ich weiß nicht genau, worauf – den richtigen Moment, die passende Gelegenheit, die geeignete Stimmung. In jenem Februar bekamen C. und ich beide eine dieser furchtbaren Erkältungen, die einen schon dadurch unglücklich machen, dass sie einen so ekelhaft machen. Wir hatten leichtes Fieber, starken Reizhusten und verfügten über scheinbar endlose Mengen an Schleim; wenn wir morgens aufwachten, waren die Laken klamm und unsere Augen mit mikrobischem Schleim verkrustet. Am dritten Abend fühlten wir uns zu schlecht, um abends zu kochen oder auch nur aufrecht am Tisch zu sitzen. Wir saßen im Bett und aßen Ramen, umgeben von gebrauchten Taschentüchern und den leeren Tablettenblistern der Erkältungsmedikamente. Ich fühlte mich erschöpft, mir tat alles weh und ich konnte nicht schlucken, außerdem war der Wunsch, C. einen Heiratsantrag zu machen, plötzlich überwältigend groß. Seit frühester Kindheit hatte ich mir, wenn ich krank war, nicht mehr gewünscht, von irgendjemandem Gesellschaft zu haben. Aber mit C. wollte ich die ganze Zeit zusammen sein, auch wenn wir beide objektiv abstoßend wirkten. Ich sah sie an und fühlte ein wildes Aufflackern von Bewunderung, Dankbarkeit, Zärtlichkeit und sogar, so unwahrscheinlich und undurchführbar es unter den gegebenen Umständen auch war, Begehren. *In Gesundheit und Krankheit*, dachte ich: Endlich war da jemand, von dem ich wusste, dass ich ihn in beiden Fällen schätzen würde. Ich schaffte es nur mit Mühe, wegzugucken und nicht damit rauszuplatzen. Ich hatte zwar nie vorgehabt, in einem Rosengarten in Paris auf die Knie zu gehen, aber mir war klar, dass ungefähr alles außer einer Fahrt zur Müllkippe romantischer gewesen wäre als das. Also berührte ich stattdessen ihre fiebrige Wange, putzte mir die Nase und biss mir auf die Zunge.

Wahrscheinlich lag es zum Teil an dieser Anstrengung, dass ich den Heiratsantrag dann machte, als ich ihn machte. Es waren ein paar Wochen vergangen. Wir steckten damals mitten in einer umfassenden Do-It-Yourself-Renovierung unseres Hauses, und an jenem Nachmittag verlegten wir im Gästezimmer neue Bodendielen. Irgendwann zog sich C., die abends zum Gottesdienst gehen wollte, Jeans und Arbeitshemd aus, ging duschen und kam wie verwandelt zurück, schön und ein wenig feierlich für die Kirche gekleidet. Ich gab ihr an der Tür einen Abschiedskuss und ging wieder nach oben, um unsere Fortschritte in Augenschein zu nehmen. Wir hatten schon fast die Hälfte des Fußbodens verlegt; wenn ich mich beeilte, könnte ich wahrscheinlich fertig werden, bis sie zurückkäme. Ich nahm eine neue Ladung Bretter mit in den angrenzenden Raum, den wir in eine provisorische Holzwerkstatt umgewandelt hatten, und schnitt sie zurecht. Ungefähr drei Minuten später legte ich sie im Gästezimmer auf den Unterboden, und genau in diesem Moment wurde mir klar, dass ich C., wenn sie nach Hause kam, fragen musste, ob sie mich heiraten wollte. Die Wucht dieses Gefühls trieb mich aus dem Zimmer und unter die Dusche. Ich schrubbte mir den Schmutz und das Sägemehl vom Körper – ich fühlte mich gleichzeitig aufgeregt und klar und nervös und überschwänglich, als wäre etwas lange Zeit eingeschlossen gewesen und nun kurz davor, sich zu befreien, wie eine Taube in einem Karton oder ein Pferd an einem Pfosten. Danach zog ich mich an, als ob auch ich in die Kirche wollte, und ging nach unten, um das Abendessen zu machen. Wir hatten Nudeln in der Speisekammer, Zwiebeln und Tomaten auf der Theke, Fenchel und Schafskäse im Kühlschrank; zusammen wurde daraus, was in unserer Familie hoffentlich für alle Zeiten den Namen Antragssuppe haben wird. Ich hatte gerade den Tisch gedeckt und eine Kerze angezündet, als C. durch die Tür kam, auf der Stirn ein Kreuz aus Asche.

Bis zu diesem Moment war der Kirchenkalender das Letzte gewesen, worüber ich mir Gedanken gemacht hatte. Ich wusste natürlich, dass C. zur Kirche gegangen war, aber ich hatte nicht überlegt warum. Als ich sie jetzt ansah, wurde mir plötzlich klar: egal, wie weltlich ich als Jüdin war, ich konnte an Jom Kippur keinen Heiratsantrag machen. Sie hatte ihrerseits nichts Ungewöhnliches an mir oder dem Abend bemerkt – wie auch? Ich hatte ja nur nach der handwerklichen Arbeit geduscht, wie sie, und Essen gemacht, wie so oft. Wir setzten uns zum Fastenbrechen und ich fragte mich schon zum zweiten Mal in diesem Monat über einem Teller Suppe, ob ich meinen Heiratsantrag verschieben sollte. Derweil erkundigte sich C. nach dem Fußboden und erzählte von ihrem Abend, dann erzählte sie mir die Geschichte eines anderen Aschermittwochsgottesdienstes vor ein paar Jahren, den sie selbst mitgestaltet hatte: nach der Predigt war ein kleines Mädchen mit seiner Mutter zum Altar gekommen, das mit einiger Verspätung begriff, worum es ging, und gerade als C. sich hinunterbeugte, um ihm das Kreuzzeichen auf die Stirn zu malen, schrie es in der feierlichen Stille des Altarraums aus voller Kehle: »Ich will aber nicht sterben!«

Asche zu Asche, Staub zu Staub. Die Kerzenflamme krümmte sich und streckte sich wieder in die Höhe. Die Welt dreht sich mit unserem Lachen, mit unserem Atem, mit unserer Trauer, nur nicht besonders schnell. Der Schein des Feuers hob C.s Schönheit von der Dunkelheit ab und ließ sie wirken wie ein flämisches Gemälde. Ich hatte in meiner Tasche einen Ehering, den sechs Monate zuvor noch mein Vater getragen hatte. Auch ich wollte nicht sterben. Vor allem wollte ich nicht sterben, ohne C. zu sagen, dass ich sie liebte, dass ich sie immer lieben würde, dass ich sie heiraten wollte. Ich wollte nicht sterben, ohne mit ihr – seit neunundvierzig oder neunundsiebzig oder noch besser tausendneunundneunzig Jahren – verheiratet zu *sein*. Totenbetten, Krankenzimmer, das Aschezeichen auf ihrer Stirn: Ich würde ewig warten, wenn ich darauf wartete, dass Leid und Trauer vollkommen abwesend wären. Wir waren mit Essen fertig; ich führte sie ins Wohnzimmer und setzte mich neben sie aufs Sofa.

VON DEN ÜBER eine Million Wörtern der englischen Sprache ist »and« das dritthäufigste – dreimal so häufig wie »I«, viermal so häufig wie »you«, davor kommen nur »the« und die verschiedenen Konjugationen des Verbs »to be«. Wenn Sie heute mehr als drei, vier Sätze gesagt haben, dann haben auch Sie mit einiger Sicherheit »und« verwendet; wenn Sie das Buch bis hierhin gelesen haben, kam es an die zweitausendfünfhundertmal vor.

Nun gehört »und« zwar zu den alltäglichsten Wörtern

überhaupt, es ist zugleich aber auf unauffällige Weise eins der provokativsten. Die Welt, wie sie durch andere Konjunktionen beschrieben wird, scheint einer Reihe spezifischer, erkennbarer Regeln zu gehorchen: Dinge passieren nacheinander, schließen einander aus oder verursachen einander. Aber die durch »und« beschriebene Welt ist nur eine endlose, ungeordnete Liste. Meine Mutter und mein Vater, C. und ich, Trauer und Liebe, Leben und Tod, Yaks und Mundharmonikas, Dramatiker und Heuballen und Polynomgleichungen, Wirbelstürme und ausbeuterische Betriebe und Pocken und Pop-Tarts, DNA und »Oh, Danny Boy« und Addis Abeba und die Ringe des Saturn und Zoroastrismus und klinische Depression und Flanders Fields und Billie Holiday und die achthundertvierzig indigenen Sprachen von Papua-Neuguinea – schon stehen wir vor einer chaotischen Fülle, und das war noch nicht mal ein Absatz mit der Aufzählung aller möglichen Dinge unseres Universums.

Wie beim Suchen und Finden hat diese Eigenschaft endloser Verbindungen den Effekt, dass die Welt außerordentlich groß wirkt und unser eigener Platz darin verschwindend klein. Sie ahmt auch eine Art imaginären Urzustand des Wissens nach, so als würde alles, was es gibt, wahllos vor uns hingeworfen, als bliebe es uns überlassen festzustellen, in welcher Beziehung all das zueinandersteht oder ob es überhaupt eine Verbindung gibt. Eine mögliche Antwort auf diese Frage hat Elizabeth Bishop gegeben, die sich nicht nur für den Verlust von Dingen interessierte, sondern auch für das Ausmaß der Welt und für das Problem, wie man ihren wild verstreuten Teilen einen Sinn geben kann. In

ihrem Gedicht »Über 2000 Illustrationen und eine voll-
ständige Konkordanz« geht sie von der Beschreibung von
Bildern in einer Bibel über zur Beschreibung von Bildern
der Welt, durch die sie reist. Anders als die Inhalte des
Buches lassen sich die Inhalte des wirklichen Lebens – in
diesem Fall eine Leiche, eine Jukebox, ein paar Ziegen, eine
britische Herzogin, junge marokkanische Prostituierte –
nicht in eine Art Konkordanz bringen. Sie sind nur durch
den Zufall miteinander verbunden, gleichzeitig zu existieren,
und durch die Tatsache, dass eine Reisende sie beobachtet.
Das ist Bishops provokante These: eine andere, geordnetere
Beziehung zwischen all den disparaten Dingen um uns
herum gibt es nicht. Stattdessen besteht das Leben aus zahllosen unzusammenhängenden Fragmenten, »Alles nur verbunden durch ›und‹ und ›und‹.«

Zufälligerweise gibt es ein Wort für Dinge, die »nur
verbunden« sind »durch ›und‹ und ›und‹«. Diese grammati-
kalische Konstruktion ist als Polysyndeton bekannt, was
»viele Bindungen« bedeutet. Sie taucht häufig im Alten Tes-
tament auf – zum Beispiel, wenn Gott in Jerusalem eine
Dürre ausruft: »über das Land und über die Berge und über
das Getreide und über den neuen Wein und über das Öl
und über den Ertrag der Erde und über Menschen und
über Vieh und über alles Handgemachte.« Wie man merkt,
wenn man diese Stelle laut liest, ist das Polysyndeton ein
wirksames rhetorisches Mittel, auch wegen der langen,
langsamen, wellenförmigen Satzformen. Das wirkt mal be-
schwörend, mal rauschhaft; so oder so ruft es ein Gefühl
der Ehrfurcht hervor. Nicht ohne Grund kommt das Polysyndeton in der Bibel so oft vor.

Und nicht ohne Grund ist die Bibel in Bischofs Gedicht die Folie für die Welt. Auf die Frage, was all diese Dinge um uns herum zusammenhält, gibt diese die entgegengesetzte Antwort: ein göttlicher Plan, in dem jedes Element seinen richtigen und notwendigen Platz einnimmt. Zwischen diesen beiden Polen – nichts steht in einer bedeutsamen Verbindung miteinander; alles steht in einer bedeutsamen Verbindung miteinander – gibt es mehrere weitere Möglichkeiten, dem Leben einen Sinn zu geben. Es ist durchaus möglich, an einen Schöpfergott zu glauben und zugleich der Meinung zu sein, dass außerhalb bestimmter grundlegender Naturgesetze vieles von dem, was konkret miteinander verbunden scheint, zufällig zusammengewürfelt wurde. Und es ist auch durchaus möglich, überhaupt nicht an Gott zu glauben und dennoch das Gefühl zu haben, dass es überall um uns herum sinnvolle Zusammenhänge gibt – dass jeder Mensch und alles aus einem bestimmten Grund existiert und wir alle auf tiefe und bedeutende Weise miteinander verbunden sind.

Ich selbst halte mich an Letzteres: Wie bei einem guten literarischen Text gibt es viele Bezüge. Diejenigen, die mich am meisten interessieren, sind jedoch nicht notwendigerweise immanent. Sie sind erschaffen oder abgeleitet – sozusagen das Produkt von Bishops wachsamer Reisender. Was auch immer man von der übermenschlichen Organisation des Kosmos hält, wir organisieren ihn selbständig, und die Fähigkeit, das zu tun, ist eine der charakteristischsten Eigenschaften des menschlichen Geistes. Deshalb können wir in den Nachthimmel blicken und einen Bären, ein Kreuz und einen Kämpfer mit seinem Schwert sehen, und deshalb erkennen wir in *Hamlet* den Einfluss von *Oedipus Rex*, und deshalb wissen wir, dass Strauße entfernt mit Dinosauriern verwandt sind. Allgemeiner gesagt: Es ist die Art und Weise, wie wir dem Chaos eine Ordnung abtrotzen und die endlose Liste des Lebens in etwas verwandeln, das eher einer Geschichte gleicht, strukturiert, mit Informationen und Bedeutung angereichert. Zugegeben, diese Fähigkeit ist nicht ohne Nachteile; sie ist auch der Grund, aus dem wir voreilige Schlüsse ziehen und aus dem wir so anfällig für Verschwörungstheorien sind. Trotzdem kann man kaum genug betonen, wie sehr wir emotional, ethisch und intellektuell beeinträchtigt wären, wären wir nicht in der Lage, Zusammenhänge zwischen scheinbar unähnlichen Dingen zu erkennen.

Diese Fähigkeit ist ein grundlegender Bestandteil unseres Denkens – so grundlegend, dass manche Leute glauben, sie *ist* die Grundlage unseres Denkens. Der Philosoph David Hume vertrat beispielsweise die Ansicht, alle Ideen entstünden aus einer Verbindung, aus der Verknüpfung eines bekannten Bestandteils der Welt mit einem anderen. »Die gesamte schöpferische Kraft des Geistes ist nichts anderes als die Fähigkeit, das Material zusammenzusetzen, das uns die Sinne und die Erfahrung bieten, es zu transponieren, zu vergrößern oder zu verkleinern«, schrieb er in *Untersuchung in Betreff des menschlichen Verstandes*. »Wenn wir an einen goldenen Berg denken, verbinden wir nur zwei gleichbleibende Vorstellungen, *Gold* und *Berg*, mit denen wir schon zuvor vertraut waren.« Eine Möglichkeit, neue Gedanken zu haben, besteht demzufolge darin, im wahrsten Sinne des Wortes neue Verbindungen herzustellen. Der Nonsens-

Dichter Gelett Burgess hatte noch nie eine lila Kuh gesehen, aber er hatte Lila gesehen und er hatte eine Kuh gesehen, und indem er beides miteinander verband, dachte er sich etwas völlig Neues aus. Das gilt auch für andere, wichtigere Verbindungen: nicht nur *Frauen* und *Kinder*, sondern *Frauen* und *Wahlrecht*; nicht nur *Mensch* und *Tier*, sondern *Mensch* und *Rechte*. In der Mathematik des Geistes könnte die mächtigste Operation mit anderen Worten die einfache Addition sein. »Man muss nur die einzelnen Punkte miteinander verbinden«, sagen wir zu Leuten, denen wir etwas verständlich machen wollen. Verständnis entsteht, wenn die Verbindungen zwischen den Dingen sichtbar werden.

Aber unter diesen Bedingungen entsteht noch etwas anderes. Wenn die Verbindung nahe am Ursprung des Denkens liegt, wie Hume glaubte, dann liegt sie auch nahe am Ursprung der Moral. Je enger wir uns mit anderen Menschen verbunden fühlen, desto wahrscheinlicher ist es, dass wir uns zumindest teilweise für ihr Wohlergehen verantwortlich fühlen. Wie unsere turbulente Zeit sehr deutlich gemacht hat, wirken sich die Maßnahmen, die wir ergreifen oder nicht ergreifen – angesichts von Pandemien, Vorurteilen, Autoritarismus, Ressourcennutzung, Klimawandel –, auch auf Fremde aus, sogar auf diejenigen, die weit entfernt von uns leben – manchmal sogar auf diejenigen, die noch gar nicht leben. Es ist leicht, all diese anderen Menschen zu ignorieren und uns nur mit unserer eigenen Familie und Gemeinschaft verbunden zu fühlen. Doch unsere moralische Kraft entsteht, genau wie unsere intellektuelle Kraft, durchs Erkennen von Verbindungen, die bisher unsichtbar waren oder übersehen wurden.

Das ist ein ernster Grund, unseren Sinn für Verbindungen zu pflegen; zugleich sind wir desto glücklicher, je enger wir mit anderen verbunden sind. Viele von uns haben die Welt gelegentlich so empfunden, wie Bishop sie in ihrem Gedicht beschreibt: unzusammenhängend, bruchstückhaft, ohne Logik und Sinn. Und viele von uns haben sich selbst gelegentlich auch als unverbunden empfunden – das Gefühl, unverbunden mit der Welt abseits zu stehen, unfähig, etwas zu tun, oder überzeugt, dass nichts, was wir tun, von Bedeutung wäre. Das sind keine angenehmen Gefühle. Abgekoppelt zu sein bedeutet, einsam, gleichgültig, entfremdet zu sein – auf die eine oder andere Weise abgeschnitten vom Rest der Menschheit. Als psychologischer Zustand ist das bestenfalls beunruhigend und schlimmstenfalls gefährlich, sowohl für die Betroffenen, als auch für ihre Mitmenschen. Eine berühmte Beschreibung der Hölle besagt, sie wäre ein Ort, an dem »nichts mit nichts verbunden ist«, was darauf hindeutet, dass das Fehlen einer Verbindung mit dem Rest der Welt sowohl eine Form des Leidens ist, als auch einen Verzicht auf das Gute bedeutet. Je mehr wir uns hingegen verbunden fühlen, desto erfüllter ist zumeist unser Leben.

Diese emotionalen und intellektuellen Kräfte der Verbindung sind im Bereich der Romantik ihrerseits miteinander verbunden, denn jede Erfahrung des Verliebtseins ist sowohl ein Streben nach Glück, als auch ein Akt der Imagination einer neuen Verbindung. Schulkinder, die zum ersten Mal verliebt sind, schreiben in ihre Hefte immer wieder »SH + JB« oder »JM + MF« (das Pluszeichen ist übrigens höchstwahrscheinlich eine vereinfachte Form des kaufmännischen Und). Es spielt keine Rolle, ob JB überhaupt Interesse hat oder ob MF weiß, wer JM ist. Indem sie sich mit einer anderen Person verbinden, spiegeln diese verliebten Kinder eine emotionale Realität und versuchen, eine Bindung zu schaffen, die vorher nicht existierte.

Wunderbarerweise funktioniert das manchmal. Wie lila Kühe und goldene Berge können Menschen durch etwas verbunden werden, das aus dem Nichts auftaucht und sich dann als robust und beständig erweist. Auf diese Weise wurden Margot und Isaac im Laufe der Zeit in ihren eigenen Herzen sowie für ihre Freundinnen, Freunde und Familien zu *Margot und Isaac*, und Bill und Sandy zu *Bill und Sandy*. Und genauso war es bei C. und mir: Irgendwann waren wir ohne das *und* zwischen uns gar nicht mehr vorstellbar.

UND DANN GESCHAH unmittelbar vor unserer Hochzeitszeremonie etwas, von dem wir beide nichts mitbekamen. Während wir auf der Veranda eines Bed and Breakfast standen und mal einander betrachteten, mal das wunderbare Zusammenspiel von Land, Wasser und Himmel, glücklicher und besser gekleidet denn je; während unsere Freund*innen und Angehörigen gar nicht weit entfernt in den Stuhlreihen ihre Plätze einnahmen; während die letzten kleinen Kinder von ihren Eltern zu den Stühlen getrieben wurden, weg von den Verlockungen von Hängematte und Frisbee, Wasser und Steg; während unsere Offiziantin einen letzten Blick auf ihren Text warf; während meine Nichte die sanfte Rundung der Blütenblätter in ihrem Blumenkorb berührte – während all dessen dröhnten in den Hand- und Anzugtaschen unserer versammelten Gäste sämtliche Handys gleichzeitig in den dringlichsten Tönen: eine Tornado-warnung.

Die Geräusche wehten über das Wasser, in die entgegengesetzte Richtung. Wir hatten keine Ahnung, dass irgendetwas Ungewöhnliches passierte, abgesehen von dem offensichtlich Ungewöhnlichen, das an diesem Tag für uns geschah. Selbst wenn wir die Warnung gehört hätten, wäre es uns, wie auch unseren Gästen, unmöglich erschienen, ihr zu glauben. Der Himmel hatte an diesem Nachmittag die Höhe und Milde des Frühsommers, war von Wolken ungetrübt und einige Schattierungen heller als das kobaltblaue Wasser der Bucht. Die Sonne strahlte mit unbändig guter Laune, füllte den Kelch jeder Tulpe und jeder Narzisse, vergoldete die weizenartigen Spitzen des Sumpfgrases und bildete unter den Bäumen bewegte kleine Schattenseen. Die zarteste Brise kräuselte die Luft; hätte ich mein Hochzeitsgelübde auf einen Tisch gelegt, es wäre nicht weggeweht worden. Das Wasser der Bucht plätscherte friedlich gegen die Felsen, direkt hinter der kleinen Kapelle, in der wir gleich heiraten würden. Es war genau die Art Tag, die man sich für seine Hochzeit erträumt.

Seit dem Moment am Aschermittwoch, an dem C. ja gesagt hatte, träumten sie und ich davon. Und den Großteil der Zeit, die seitdem vergangen war, hatten wir *nur* davon geträumt: wir hatten, nicht müßig, aber theoretisch darüber geredet, was für eine Hochzeit wir wollten. Buchstäblich das Einzige, was ich von Anfang an gewusst hatte, war, dass ich nicht heimlich heiraten wollte, obwohl viele Freund*innen von uns das so gemacht hatten, aus verständlichen, teils auch bewundernswerten Gründen. Die Tatsache, dass es die mit Abstand günstigste Option war, machte sie sowohl wirtschaftlich als auch moralisch attraktiv; die Gespräche, die C. und ich über Hochzeiten und finanzielle und andere Ressourcen führten, würden einen ganzen Talmud füllen. Das ist ein häufiges »und«: Man möchte eine schöne Hochzeit an einem wunderschönen Ort mit all den Menschen, die man liebt, und mit köstlichen Speisen und Getränken, und man möchte auch sein Geld klug und verantwortungsbewusst ausgeben, und zwar so, dass es die eigenen Werte widerspiegelt und nicht zur Folge hat, dass man pleite ist, und es wäre schön, wenn keines dieser Ziele jemals mit einem anderen in Konflikt geriete, was aber unweigerlich häufig der Fall ist. Und selbstverständlich endet dieses Problem – mehrere unvereinbare Dinge zu wollen, zwischen Wünschen und Überzeugungen hin- und hergerissen zu sein – nicht mit der Hochzeit.

Ich war von zwei Gefühlen beherrscht, die einen raschen Besuch beim Standesamt unmöglich machten, das eine war Trauer, das andere Liebe. An dem Tag, an dem ich C. den Heiratsantrag machte, lag die Trauerfeier für meinen Vater bereits sechs Monate zurück, aber ich fühlte mich manchmal immer noch so, als wäre es gerade erst gewesen und ich säße noch in meinem brandneuen schwarzen Anzug erschöpft auf einem Stuhl. Das Leben, so wurde mir klar, würde uns noch viel Anlass geben, in Trauer zusammenzukommen. Es schien mir an uns zu sein, Gründe zu schaffen, um in Freude zusammenzukommen, als Geschenk an uns selbst, an unsere Familien, unsere Freund*innen und auf seltsame Weise auch an die Welt und ihr prekäres Gleichgewicht aus Leuchtendem und Dunklem.

Das andere Gefühl war grundlegender, für mich aber dennoch überraschender. Ich bin nicht zynisch, wenn es um Hochzeiten geht, weder in persönlicher noch in politischer Hinsicht, und im Allgemeinen habe ich die Hochzeiten, an denen ich teilgenommen habe, auf einer Skala von lustig bis schön erlebt. Aber ich war nicht die Art von kleinem Mädchen, das von dem Mann träumt, den es eines Tages haben wird, und selbst die einsamsten Abschnitte meines Erwachsenseins hatten in mir nicht die Phantasie geweckt, eines Tages jemandem vor der gesamten Familie und meinen versammelten Freund*innen ewige Liebe zu schwören. In meinem ganzen Leben hatte nur C. diesen Wunsch in mir geweckt, und als wir anfingen, übers Heiraten zu sprechen, wussten alle, die mir nahestanden, längst, wie sehr ich sie anbetete. Und trotzdem wollte ich sie einbeziehen, mich mit ihnen freuen, wenn sie und ich das »und« zwischen uns festmachten.

Wir beschlossen also, auf konventionelle Weise zu heiraten, vor all denen, die uns geprägt hatten und unser Leben mit Freude erfüllten. Als das geklärt war, zusammen mit anderen emotionalen, philosophischen und praktischen Prioritäten, und wir uns endlich der konkreten Planung der Hochzeit zuwandten, mussten wir allerdings feststellen, dass wir damit extrem spät dran waren. (Irgendwann gab uns C.s jüngere Schwester in der Absicht, uns zu helfen, eine Art Zeitplan für die Hochzeitsplanung aus einem Brautmagazin. Ich erinnere mich noch, dass wir den ersten Termin bereits um ein Jahr verpasst hatten.) Es waren die Fragen des Wo und Wann zu klären, was wir essen und trinken sollten, was wir in Sachen Musik machen wollten, da wir beide gerne tanzen, und was wir machen würden, falls es regnete. In einer idealen Welt hätten wir im Hinterhof unseres eigenen Hauses geheiratet, aber wir steckten immer noch mitten in der Renovierung – was optisch die meiste Zeit über eher wirkte, als würden wir das Haus abreißen. Mit dieser Arbeit rechtzeitig zu der Hochzeit, die wir gleichzeitig planten, fertig werden zu wollen, wäre verrückt gewesen, wie wir in einem Moment der Klarheit erkannten.

Auf jeden Fall erwiesen sich all diese düsteren Warnungen als unnötig; als wir schließlich mit der Planung begannen, fügte sich alles in erfreulichem Tempo. C.s Vater, der Entdecker schlechthin, erzählte uns von einem Ort, von dem er gehört hatte, die Spitze einer in der Bucht liegenden Insel, und als wir ihn besichtigten, wussten wir sofort, dass es der richtige war. C. war mit einem Caterer befreundet, für den sie während der gesamten High School und in den Semesterferien gearbeitet hatte, und er hatte sie in den darauffolgenden Jahren immer wieder aufgefordert, ihn anzurufen, sobald sie sich entschloss zu heiraten. Als sie das tat, stöhnte er und hielt uns die »Ihr seid aber spät dran«-Rede. Dann teilte er ihr mit, dass er für die nächsten vierzehn Monate ausgebucht sei, abgesehen von einem Wochenende im Mai, für das er noch auf die Antwort auf sein Angebot warte. Wir legten auf und dachten über Plan B nach. Zehn Minuten später rief er zurück. Er habe das Angebot zurückgezogen, sagte er; wenn besagtes Wochenende für uns in Frage käme, stünde er zur Verfügung.

Das klärte zwei Fragen: das Datum und das Essen. Die Einladungen bastelten wir selbst, aus Tonpapier, Klebstoff und schönen alten Briefmarken, die wir C.s Mutter, der

Briefträgerin, verdankten; sie hatte bei einem Flohmarkt einen ganzen Stapel für uns gekauft. Die Blumen wurden uns von C.s jüngerer Schwester zur Verfügung gestellt, die in ihrer Heimatstadt einen Bauern kannte, der Unmengen von Wildblumen anbaute. Die ältere Schwester von C., eine Bier- und Weinkennerin, sagte, sie würde sich um die Getränke kümmern. Unsere Hochzeitstorte machte ein alter Freund und professioneller Bäcker, der bisher noch zu jeder einzelnen Familienfeier den Nachtisch beigesteuert hatte (beginnend mit C.s siebtem Geburtstag über die Anschaffung von Welpen, den Sieg bei Bauernköniginnen-Wettbewerben, diverse Partys und High School-Abschlussfeiern bis hin zu College-Zusagen, neue Jobs, Elterngeburtstage und das Genesen von verschiedenen Krankheiten und Verletzungen – zurückhaltend geschätzt waren es insgesamt ungefähr hundertfünfzig Zuckerwerke).

All das zog uns die ganze Zeit über vollkommen in seinen Bann, ganz besonders an diesem schönen Tag im Mai. Wäre uns mal in den Sinn gekommen, in unserem Glück innezuhalten und Erleichterung zu empfinden, hätten wir das sicher getan, denn wir hatten in den Monaten vor der Hochzeit beide auch unsre Sorgen. Mir war jeden einzelnen Moment lang bewusst, dass mein Vater nicht da sein würde – dass sich eine klaffende Lücke auftun würde, wenn die Familie, die ich gründete, auf die Familie traf, aus der ich stammte – und ich fürchtete, dass mich die Trauer an diesem Tag überwältigte. C. blieb diese Angst erspart, dafür fürchtete sie etwas, was ich nie hatte fürchten müssen. Einige Jahre zuvor hatte sie bei der Hochzeit einer ihrer Cousinen ihre Verwandten angeschaut und sich gefragt, wie viele von ihnen wohl auftauchen würden, wenn sie heiraten würde. Sie wusste, dass ihre nächste Familie sie liebte und immer an ihrer Seite sein würde, und zu mir war ihre Familie von Anfang an wunderbar gewesen. Aber sie stammte aus einer Gegend, in der die vergleichsweise rasche und weitverbreitete Akzeptanz gleichgeschlechtlicher Paare noch in weiter Ferne zu liegen schien; diese kulturelle Welle war noch nicht bis zu den entfernteren Ufern vorgedrungen, weshalb sie bei der Hochzeit ihrer Cousine unerwartet traurig gewesen war. Sie war mit ihren vielen Tanten, Onkeln, Cousins und Cousinen aufgewachsen, ging mit ihnen auf die Jagd, zum Angeln und auf Campingausflüge, zog an Geburtstagen und Krabbenfesten von Haus zu Haus und aß an Weihnachten auch mit ihnen zusammen. Sie ist bei ihnen auf eine Weise zu Hause, die tiefer geht als jedes andere Zuhause, das sie auf der Welt hat. Als ich zum ersten Mal auf einige von ihnen traf, bei einer Feier einer ihrer Tanten, die in Rente ging, beobachtete ich sie, entspannt, herzlich lachend, und dachte daran, was für eine schwindelerregende Erleichterung ich in den Jahren empfunden hatte, die ich im Ausland lebte, wenn ich mit jemandem einen Abend lang Englisch hatte sprechen können. Wenn C. über unsere Hochzeit nachdachte, gehörte immer der schmerzliche Gedanke dazu, dass einige der Menschen, die sie am meisten liebte, wahrscheinlich beschließen würden, nicht dabei zu sein.

Sollten Sie je größer heiraten als gedacht, unterschätzen Sie den erweiterten Familienkreis nicht. Wir haben alle eingeladen, zweifelnd und hoffend, und bis auf eine Person sind sie auch gekommen. An jenem Tag, wenige Minuten vor Beginn der Zeremonie, saßen sie alle schon strahlend auf ihren Stühlen. Hinter ihnen konnte ich, neben C. auf der Veranda stehend, meine Emotionen kaum zurückhalten, als wären mehr von ihnen gekommen als erwartet. Sich verlieben, heiraten, Kinder bekommen, trauern, sterben: Wie alltäglich all die großen Übergänge im Leben abstrakt betrachtet sind, und wie überwältigend, wenn sie einen selbst betreffen. C. ging zuerst den Gang entlang, zwischen ihrem Vater und ihrer Mutter, und drehte sich dann allein zu mir um, eingerahmt von einer Kulisse aus Blumen, Bäumen, Wasser und Himmel. Es war alles wie auf der Main Street, nur andersrum und vollendet; da wartete sie auf mich, in ihrer ganzen erstaunlichen Besonderheit, und da war ich, im Begriff, sie zu heiraten.

Letztlich gab es gar keinen Grund zur Sorge, aber jeden Grund zum Feiern. Ich lernte an jenem Tag einen von C.s konservativeren Onkeln kennen, einen Riesen von einem Mann mit einem Bart wie Grizzly Adams und einem Körperbau wie Stonehenge; eine meiner Lieblingserinnerungen an die ganze Hochzeit ist, wie er mich in einer bärigen Umarmung vom Boden hob, so dass ein echter Bär den Boden unter den Füßen verloren hätte. Seitdem liebe ich ihn (auch noch nach dem Independence Day, an dem mich aus Versehen einer seiner Böller traf, die bestimmt in einundvierzig Staaten illegal sind), und ich bilde mir ein, es beruht auf Gegenseitigkeit. Was meinen Vater betrifft, so war sein Verlust für mich die ganze Zeit über spürbar, aber eher so, wie der Mond manchmal am Tag sichtbar ist: schwach und seltsam schön, nur da, weil er immer da ist.

Durch unsere Heirat erfuhr ich, dass es noch einen wei-

266

teren guten Grund dafür gibt, einen, von dem ich vorher nichts wissen konnte. Ich weiß nicht, wie oft, wenn überhaupt, unsere Familien noch mal Gelegenheit haben werden, so zusammenzukommen. Aber ich bin froh, dass es wenigstens einmal passiert ist, um die Tatsache zu würdigen, dass sie in den Stammbüchern nun dauerhaft verbunden sind. Liebe ist nicht nur das private »&«, das eine Person mit einer anderen verbindet, ob man es nun in Notizbücher kritzelt oder auf Hochzeitseinladungen druckt. Sie ist auch das genealogische »und«, das das Zusammenführen von Familien und die Aneinanderreihung von Generationen bedeutet. Wie Trauer ordnet auch Liebe bestehende Beziehungen neu: Ich bin nun an C.s gesamte Familie gebunden und sie an meine, und sie sind auf ewig aneinander gebunden.

Noch reicher und wunderbarer wird diese Verbindung, wie so viele andere, durch all die Unterschiede, die sie umspannt. »Gelobt sei Gott für alles Gescheckte«, schrieb Gerard Manley Hopkins in einem Gedicht, in dem er alle Gegensätze der Welt lobte, alle Dinge, die »schnell und langsam, süß und sauer, schillernd und düster« sind. Und wir waren an diesem Tag weiß Gott ein gescheckter Haufen – Juden und Christen, Atheistinnen und Gläubige, Land- und Stadtbevölkerung, Konservative und Linke, Heteros und Queers. Ich weiß, dass unsere Hochzeit einigen unserer Gäst*innen traditionell erschien – aus Gründen, die mit der reinen Tatsache begannen, *dass* wir heirateten, und sich von da aus fortsetzten: der Gang, den wir hinuntergingen, die Ringe, die wir tauschten, das Zelt, unter dem wir zu Abend aßen, die generelle, wenn auch nur ungefähre Einhaltung der üblichen Ordnung der Dinge. Und ich weiß, dass es sich für andere radikal angefühlt haben muss, aus Gründen, die ebenfalls mit der reinen Tatsache begannen, dass wir heirateten und sich von da aus fortsetzten: keine Geschenke, keine Brautparty, kein Probeessen, kein Hochzeitskleid, kein Geistlicher, der uns traute, eine Reihe von Lesungen, die auch in einem Uni-Seminar nicht fehl am Platz gewesen wären. Aber mal ehrlich, wen interessiert das bei so einem Anlass? Wir lasen aus der Bibel, zerbrachen Glas, sprachen vor dem Essen ein Tischgebet, wurden zum Hora Tanzen mitsamt unseren Stühlen lachend hochgehoben – abgesehen von dem Wunsch, mein Vater wäre dabei gewesen, wüsste ich nicht, was ich an diesem Tag ändern sollte.

Dazu gehört auch, dass ich – nach der Zeremonie, nach dem Essen, nach den Reden, nach dem Dessert, als es schon spät am Abend war und sich die Hälfte der Gäst*innen unterhielt, während die andere tanzte – in die Dunkelheit blickte und sah, wie sich ganz unten am Horizont eine aufgetürmte Wolkenbank schnell und kurz orange färbte. Ich wusste es zu schätzen, dass der Sturm Abstand hielt, genau wie sein taktvolles Timing, und wandte mich wieder der Party zu. Zwanzig Minuten später schlug er zu, mit einem derartigen Donner, dass ich zuerst dachte, einer der Walnussbäume wäre zu Boden gestürzt. Der Regen setzte sofort und heftig ein und kam seitlich auf uns zu, wie Gischt über den Bug eines Schiffes. Eine bewundernswert vernünftige Minderheit flüchtete sofort nach drinnen. Der Rest von uns blieb noch eine Weile, halb geschützt und zweifellos halb gefährdet durch das Zelt, und beobachtete mit einer

Art gebannter Ausgelassenheit, wie rund um unser Dreihundert-Grad-Panorama Blitze den Himmel durchzuckten und die Bucht erhellten. Nach ein paar Minuten ging ich zu C.s Freund, dem Caterer, der inzwischen auf der Tanzfläche war und schon seit zwei Jahrzehnten auf Veranstaltungen am Wasser arbeitete. Schreiend, um über die Musik und den Sturm hinweg hörbar zu sein, fragte ich ihn, ob der schönste Tag meines Lebens mit dem plötzlichen und schrecklichen Tod aller Menschen enden würde, die ich auf der Welt am meisten liebte. »Keine Ahnung«, schrie er zurück, was mir doppelsinnig genug war. Doch gerade als ich die Gäste zusammentrommeln wollte, um sie nach drinnen zu treiben, färbte ein besonders dramatischer Blitz die ganze Welt weiß, und wir stürmten allesamt aus dem Zelt und rannten mit quietschenden, im Gras versinkenden Schuhen zu der überdachten Veranda.

Es war zwar kein Tornado, der in dieser Nacht an der Ostküste niederging, aber ich habe selten in meinem Leben einen so gewaltigen Sturm erlebt. Selbst wenn es in meiner Macht stünde, ich hätte nie verlangt, meine Hochzeit bis hin zum Meteorologischen zu planen, aber ein besseres Ende für unseren schönen sonnigen Tag kann ich mir kaum vorstellen. Ein paar Leute gingen zu Bett, wir anderen setzten uns in die Sessel und Sofas auf der Veranda, redeten und lachten, aßen eine Packung Kekse, die jemand irgendwoher gezaubert hatte, und betrachteten den faszinierenden Himmel. Ich erinnere mich vor allem an meine Mutter, die mitten unter uns saß, nass, strahlend und lebendig genug, um bis zwei Uhr morgens mit uns aufzubleiben, was sie auch tat.

Bevor es so weit war, geschah noch etwas Unerwartetes. Zehn Minuten vor Mitternacht schoss C., die selten etwas vergisst, senkrecht aus ihrem Stuhl hoch. Ihr war plötzlich eingefallen, dass wir in der ganzen Aufregung völlig vergessen hatten, die Heiratsurkunde zu unterschreiben. Rückblickend hätten wir es in dem Moment auch lassen und sie am nächsten Tag rückdatieren können, aber irgendwie schien es in diesem Moment verkehrt, unser Eheleben so zu beginnen. Also ging ich nach oben und weckte die britische Freundin mit Jetlag, die uns getraut hatte.

Es gibt, weil wir uns dagegen entschieden, kein Video der eigentlichen Trauzeremonie, aber diese improvisierte zweite Zeremonie nahm jemand mit dem Handy auf. In dem Film sitze ich auf C.s Schoß, während unsere Freundin uns bestens gelaunt im Schlafanzug mit großer Geste die Unterschriften leisten lässt, die uns verheirateten. Um uns herum heben Familie und Freund*innen noch mal die Gläser und C. zieht mich an sich, um mich zu küssen. Dann zuckt hinter uns ein Blitz über den Himmel, und einen Augenblick lang hört man nur Lachen und sieht nur Licht.

EIN SOLCHER TAG ist etwas Seltenes – ein Tag anhaltender, unverfälschter, offensichtlicher Freude. Und das nicht, weil Freude ein besonders kurzlebiges Gefühl wäre, sondern weil es ungewöhnlich ist, über einen längeren Zeitraum hinweg ein und dasselbe Gefühl zu empfinden. Körperliche Empfindungen können auch für einen vergleichsweise gesunden Körper unerbittlich sein. Starkes Zahnweh kann wie jeder andere anhaltende Schmerz jeden Moment des Tages beherrschen. Aber selbst die stärksten Gefühle sind unregelmäßig und unbeständig und müssen sich die Bühne mit anderen Mitgliedern des Gefühlsensembles teilen – Trauer mit Dankbarkeit, Wut mit Langeweile, Glück mit Ärger, Frust mit Belustigung und so weiter und so fort, in zahllosen Kombinationen.

Die meisten von uns stören sich an dieser Vermischung. Wenn wir glücklich sind, wollen wir ganz und gar glücklich sein und nicht auch noch unseren Vater vermissen oder uns Sorgen um die Arbeit machen oder uns über den miserablen Kundendienst der Telefongesellschaft ärgern. Diese Sehnsucht nach Zufriedenheit ergibt Sinn, aber selbst bei unangenehmen Gefühlen sehnen wir uns danach, sie ungestört zu erleben. Das liegt zum Teil daran, dass dem Leiden eine gewisse Trägheit eigen ist; schlechte Stimmung hat perverserweise etwas an sich, das andauern will. Ich wollte an Tiefpunkten meines Lebens schon öfter lieber nicht zu einem geselligen Anlass gehen, weil ich dann hätte so tun müssen, als wäre ich fröhlich, worüber ich aber die durchaus realistische Möglichkeit ganz vergaß, dass ich dort vielleicht *tatsächlich* fröhlich sein würde – aber vielleicht wollte ich mich auch nicht besser fühlen. Schlimmer noch, manchmal habe ich einen sinnlosen Streit andauern lassen, einfach weil ich so schlecht gelaunt war, dass ich lieber stritt, als mich besser zu fühlen. Diese Art emotionaler Unnachgiebigkeit ist weitverbreitet. Die Wut will nur wütend sein (Heiterkeit ist für sie tödlich, ebenso wie Mitgefühl, deshalb wehrt sie sich gegen beides); die Langeweile lehnt alles, was sie besiegen könnte, als langweilig ab; die Einsamkeit will nur in Ruhe gelassen werden; und die Trauer hat, wie ich bereits erwähnte, so viel Angst, Verrat zu begehen, dass sie nichts als trauern will.

Diese Tendenz zur Trägheit ist jedoch nicht der einzige Grund, aus dem wir uns nach unverfälschten Gefühlen sehnen. Diese Sehnsucht hat auch mit einer fehlerhaften Vorstellung davon zu tun, wie wir das Wichtigste in unserem Leben erleben sollten. Wir haben eine Vorstellung davon, was Liebe ist, nämlich ein heller, klarer Strom der Freude, der unaufhörlich durch ein sonnenbeschienenes Tal fließt, und wir haben eine Vorstellung davon, was Trauer ist, nämlich ein schrecklicher Bruch oder ein Fallen, als stürze irgendwas Großes herab und zwinge die getroffene Seele in die Knie. Diese Vorstellungen beschreiben zwar einen Teil solcher Erfahrungen, erfassen aber nicht, was es wirklich bedeutet, verliebt oder zurückgelassen zu sein. Viele andere Gefühle kommen hinzu, einige davon von der gleichen Tonalität. Liebe ist tatsächlich dieser klare und konstante Strom, aber sie ist auch Sehnsucht, Zärtlichkeit, Bewunderung und Dankbarkeit. Und Trauer ist tatsächlich dieser schreckliche Bruch, sie ist aber, wie ich nach dem Tod meines Vaters lernte, auch Angst, Reizbarkeit und Sehnsucht.

Zudem ist es auch für jede andere Erfahrung typisch, dass viele Gefühle anderer Tonalität dazugehören. Es ist buchstäblich unmöglich, zu trauern, ohne manchmal nichts und manchmal »das Falsche« zu empfinden – irgendeine Stimmung oder ein Gefühl, das unserer Vorstellung von Trauer vollkommen unangemessen ist. Trauer kann bedeuten, an einem Tag auf völlig Fremde wütend und am nächsten Tag ganz gerührt von ihnen zu sein; abhängig vom Verlust und vom Moment kann sie bittere Heiterkeit und versteckten Groll bedeuten sowie einen Strom von Erleichterung und starkem Bedauern. Und wir lieben, wie wir trauern, mit sehr durchwachsenen, gleichermaßen aufrichtigen Gefühlen. Neben allem Erhabenen und Lustvollen bedeutet Liebe auch, verletzt zu sein, wenn die Ehefrau schroff zu einem ist, oder sich zu ärgern, wenn man feststellt, dass der Ehemann den ganzen Tag an der Katzenkotze vorbeigelaufen ist, ohne sie aufzuwischen; sie bedeutet, mal einzugreifen und mal Nachsicht zu üben, wenn die Geliebte an den Nägeln kaut, und geduldig zuzuhören, wenn der Partner sich ausführlich über seinen Chef auslässt, während man eigentlich nur ein Buch lesen möchte. Es gibt und gab noch nie eine dauerhafte Liebe, die nicht von diesen sich kreuzenden Stimmungen geprägt wäre. »Wer glaubt«, schrieb Montaigne, »weil ich meine Frau mal kühl anblicke und mal liebevoll, müsse eins von beiden geheuchelt sein, ist ein Narr.«

Wir betrachten all diese anderen Gefühle als überflüssig, als etwas, das die wahre Liebe verdunkelt oder sogar beschmutzt. Aber es gibt keine *wahre* Liebe – oder besser gesagt, dieses Sammelsurium an Reaktionen *ist* die wahre Liebe. Liebe ist die Gesamtheit der Gefühle, die man hat, wenn man verliebt ist; Trauer ist die Gesamtheit der Gefühle, die man hat, wenn man trauert. Alles andere ist nur eine Abstraktion, ein Trampelpfad im Gehirn oder ein Balken vorm Kopf. »Man trifft niemals auf den Krebs schlechthin oder den Krieg oder das Unglück (oder das Glück)«, schrieb C. S. Lewis in *Über die Trauer*. »Man begegnet jeder Stunde und jedem Augenblick für sich.« Und ob man nun Glück durchlebt oder Krebs, jede Stunde ist wieder anders.

Wir alle haben, wie Lewis schrieb, »in unseren besten Zeiten viel Schlechtes, in unseren schlechtesten viel Gutes.«

Ich kenne dafür aus meinem eigenen Leben kein klareres Beispiel als den Empfang nach dem Beerdigungsgottesdienst für meinen Vater – er gehörte trotz des Verlusts, der ihm zugrunde lag, zu den tollsten Festen, an denen ich je teilnahm. Der Gottesdienst selbst fühlte sich mehr oder weniger an wie erwartet, traurig, liebevoll und elegisch. Aber das anschließende Beisammensein im Vorgarten eines alten Freundes an einem schönen Herbstabend, ganz in der Nähe des Hauses, in dem ich aufgewachsen bin, war etwas ganz anderes. Ich hätte es wahrscheinlich nicht geglaubt, wenn es mir jemand vorhergesagt hätte, aber es war ein unglaublicher Spaß. Ich liebe die Menschen, die meinen Vater geliebt haben, und das nie mehr als an jenem Abend. In dem Moment, in dem die Welt am leersten schien, füllten sie sie von neuem, brachten uns ihr Lachen und ihre Geschichten und ihre sachliche Freundlichkeit und sorgten dafür, dass ihr goldener Rand wieder da war. Ich erinnere mich, wie ich am Ende des Abends voll mit Dankbarkeit und Schokoladenkuchen in die Runde blickte – nachdem ich wochenlang kaum etwas hatte essen können, fühlte ich mich plötzlich ausgehungert – und wie ich, kein bisschen traurig, dachte, wie gerne mein Vater dabei gewesen wäre. Dieser Moment gehört genauso untrennbar zu meiner Trauer um ihn wie der, in dem ich der Krankenschwester dabei zusah, wie sie alle Monitore und Infusionen abschaltete, als wir beschlossen hatten, dass die Zeit gekommen war, ihn sterben zu lassen.

Wer jemals einen geliebten Menschen verloren hat, versteht, wie wichtig diese Art Freude ist, die ich an jenem Abend empfand. Sie lenkt den klaren Strom für einen Moment auf die verwüstete Lichtung; sie lässt uns den Blick heben und ein Licht sehen, das zwar schrecklich weit entfernt ist, aber nicht in unerreichbarer Ferne, wie uns diese Momente zeigen. Doch der Preis, den wir für diese Wandelbarkeit der Gefühle zahlen, ist hoch: Manchmal lässt auch Traurigkeit unsere Freude entgleisen. Ich weiß das, weil ich gespürt habe, wie sich das Licht nicht nur an meinen dunkelsten, sondern auch an meinen hellsten Tagen plötzlich verändert hat. Ein paar Monate nach unserer Hochzeit setzten C. und ich uns endlich hin, um die Hochzeitsfotos zu sichten. Wir waren gerade dabei, in bester Stimmung alles in Gedanken noch einmal zu erleben, als wir auf ein Bild von meiner Mutter und mir stießen, auf dem wir nebeneinander strahlend am Wasser stehen. Es ist ein wunderschönes Foto, das Hochgefühl ist uns beiden anzusehen. Aber als ich es mir nun anschaute, sah ich auf meiner anderen Seite nur die riesige Weite der Chesapeake Bay – eine große blaue Leere, wo mein Vater hätte sein sollen. Es bildete überdeutlich ab, wie sich meine Familie verändert hatte; seine Abwesenheit war so offensichtlich, fast schien er aus dem Bild herausgeschnitten worden zu sein. Ganz plötzlich empfand ich einen unerträglichen doppelten Schmerz – weil ich meinen Vater so vermisste und weil mein Vater, der zu diesem Zeitpunkt knapp zwei Jahre tot war, schon so viel verpasst hatte.

Das Foto hängt, während ich dieses Buch schreibe, neben mir an der Wand. Nachdem der Schock beim ersten Anblick vergangen war, liebte ich es sehr, gerade weil es

meinen Verlust sichtbar und schön macht – näher werde
ich einem Foto meines Vaters auf meiner Hochzeit nicht
kommen –, aber vor allem, weil es in einem einzigen Bild
meiner Freude und meiner Trauer Ausdruck verleiht. Das
erscheint mir richtig. Das Leben besteht aus Gegensätzen:
Es ist abwechselnd erdrückend und erholsam, ereignis-
reich und langweilig, schrecklich und absurd, komisch
und erhebend. Wir können dieser ständigen Mischung von
Gefühlen nicht entkommen, können die vermeintlichen
Unreinheiten nicht herausfiltern, um eine imaginäre Essenz
zu finden, und wir sollten es nicht mal wollen, wenn wir es
könnten. Die Welt fordert uns mit ihrer Komplexität dazu
auf, entsprechend zu reagieren. Widersprüche verfälschen
also nichts, sie machen uns erst vollständig.

GESTERN ABEND BIN ich vor C. eingeschlafen, an ihren
Rücken gekuschelt, während sie noch ein bisschen las. Ich
erinnere mich ganz schwach, dass sich ihr Körper kurz von
mir weg streckte, um das Licht auszumachen, und dann
war Morgen. Wir hatten die Positionen getauscht, jetzt lag
ich an der Wand und sie an mich gekuschelt, ihre Hand in
meiner. Eine unserer Katzen, die unglaublich anhängliche,
hatte es sich in unseren verschränkten Armen gemütlich
gemacht und schnurrte zufrieden neben mir. Vor einigen
Jahren lernte ich durch die Recherche für einen Artikel, den
ich schreiben sollte, dass Organismen, die Körperkontakt
aktiv suchen, in der Wissenschaft als thigmotaktisch bezeichnet werden. Unsere Katze ist außerordentlich thigmotaktisch. So heißt also das, was wir in Bezug aufeinander
sind. »Nah nah die ganze Nacht / sind die Liebenden einan-

der. / Wenden sich gemeinsam / in ihrem Schlaf« schrieb Elizabeth Bishop zu Beginn eines albernen, vernarrten, charmanten kleinen Gedichts, das sie nie veröffentlichte und das C. und mich bei Nacht schön beschreibt. Wie soll man sagen, wo die Liebe aufhört und die Biologie beginnt, oder wie sie einander beeinflussen, oder wie die Gefühle und Motive unserer Katze sich von unseren unterscheiden oder auch nicht? Ich weiß nur, wie selten es vorkommt, dass C. und ich morgens aufwachen, ohne dass die andere ganz nah ist.

An diesem speziellen Morgen wachten wir hier in Maryland in unserem eigenen Bett auf. Wir reisen nicht mehr so viel wie früher und unsere Terminkalender sind sehr viel übersichtlicher; es vergehen ganze Monate, in denen wir unser Zuhause kaum verlassen. Heute haben wir eine Weile in dem Büro gearbeitet, das wir uns teilen, bevor C. zum Esstisch gewandert ist, und wir dann beide nach oben gegangen sind, in ein Zimmer mit einer Couch, die groß genug für uns beide ist, und einem kleinen Schultisch in einer Nische. Die Katzen folgten uns von Zimmer zu Zimmer, die thigmotaktische von beiden von Schoß zu Schoß. Am Nachmittag machten wir eine Pause und gingen raus, um festzustellen, was unser Gemüsegarten Ende September noch hergab und um an dem alten Spaltgitterzaun entlang zu spazieren, den C.s Vater nach unserem Einzug mit uns ausgebessert hatte. Seitdem haben wir dort jedes Frühjahr Wildblumen gesät, ein üppiger, sich ständig verändernder, sommerlanger Strauß. Zu dieser Jahreszeit sind sie fast so groß wie wir und beginnen zu welken, aber wir gehen immer noch gerne an ihnen entlang, um zu schauen, was es zu entdecken gibt – ein spätes, helles Gewimmel von Kosmeen, die letzten dunkelblauen Kornblumen, fette, pollenreiche Goldrutenfinger, ein paar leuchtend rosa Zinnien, jede so rund und dichtblättrig wie eine altmodische Damenbadekappe. Im August finden so viele Schmetterlinge ihren Weg zu den Blumen, dass wir manchmal zwei oder drei auf einem einzigen Stängel sehen; jetzt sind sie verschwunden, aber Heuschrecken katapultieren sich dutzendweise aus dem Weg, wenn wir kommen, und wenn wir an dem kleinen Teich im Hintergrund entlang zurückgehen, hören wir bei jedem Schritt das erschrockene Aufschreien und Platschen von hineinspringenden Ochsenfröschen.

»Ich habe oft gedacht«, sagte C.s Vater Bill mal zu mir, »dass ich für einen absoluten Durchschnittsmenschen ein bemerkenswertes Leben führe.« Er wuchs in einem Haus ohne fließend Wasser auf und hatte später in seinem Leben ein Handy in der Tasche, dessen Klingelton auf Notruflautstärke eingestellt war, damit man es über seinen Traktor hinweg hören konnte; er hat die Liebe seines Lebens geheiratet und drei wunderbare Kinder großgezogen; er hat sein ganzes Leben lang als Landwirt, Lebensmittelverkäufer, Hausmeister und Hausverwalter gearbeitet, und doch lernte er vier Präsidenten kennen – einen, der an der Ostküste eine Rede hielt, zwei, die seine älteste Tochter einstellten, und einen, der bei C.s Abschlussfeier im College eine Rede hielt. Und er fand entgegen aller Wahrscheinlichkeit eine Sternschnuppe. Ich wusste, was er meinte, und ich wusste, dass er es genauso empfunden hätte, wenn er niemand Wichtigerem als einem Bürgermeister begegnet und nicht mal einen Meteoriten gesehen hätte. Denn mir geht es genauso: Meine Tage kommen mir außergewöhnlich vor, auch wenn sie gewöhnlich sind; das Leben muss uns kein spektakuläres Wunder präsentieren, um uns in Erstaunen zu versetzen. Wir leben ein bemerkenswertes Leben, weil das Leben selbst bemerkenswert ist – eine Tatsache, die man nicht übersehen kann, wenn man lange genug von Leiden verschont bleibt.

In letzter Zeit fand ich diese alltägliche Besonderheit fast überwältigend. Ich hatte, wie bereits erwähnt, noch nie viel für Stoizismus übrig, aber in den letzten Jahren war ich noch empfänglicher als sonst für Gefühle – oder besser gesagt, für ein bestimmtes Gefühl. Soweit ich weiß, hat es in unserer Sprache keinen Namen, aber es ähnelt dem, was die Portugiesen *saudade* nennen und die Japaner *mono no aware*. Ich meine das Gefühl, angesichts kleinster Anlässe etwas Existenzielles zu spüren: wie schön das Leben ist, wie zerbrechlich und wie vergänglich. Obwohl dieses Gefühl zum Teil eine Reaktion auf unseren Platz im Universum ist, ist es nicht ganz dasselbe wie Ehrfurcht, dafür beinhaltet es zu viel Alltägliches und auch zu viel Trauriges. Aus demselben Grund ist es auch nicht das Gefühl, das die Romantiker als das Erhabene bezeichneten – eine Mischung aus Bewunderung und Furcht, hervorgerufen durch die gewaltige unpersönliche Größe der materiellen Welt. Das Gefühl, von dem ich spreche, hat nichts von dieser Pracht oder diesem Schrecken an sich. Es besteht vielmehr aus Dankbarkeit, Sehnsucht und etwas, das ich nur als vorweggenommene Trauer bezeichnen kann. Im Englischen trifft es vielleicht am besten das Wort *bittersweet*, eine Übersetzung des von Sappho geprägten griechischen Begriffs für die Erfahrung des Verliebtseins; sie war es, die die Freude der Liebe als Erste und für immer mit dem Leid der Liebe verband. Aber auch wenn *bittersüß* die Mischung aus Glück und Traurigkeit, die ich meine, treffend beschreibt, fehlt dem Wort die Weltbezogenheit, der Aspekt, der das Ausmaß des Problems beschreibt: Alles, was wir haben, werden wir eines Tages verlieren. Von jedem »und«, das wir erleben, finde ich dieses am Drängendsten – das Bewusstsein dafür, dass unsere Liebe in all ihren Formen untrennbar mit unserer Trauer verbunden ist.

Es ist ein Maß dafür, wie durchlässig ich momentan bin, dass fast alles dieses Gefühl auslösen kann: grundlegender menschlicher Anstand, besonders mutiges Verhalten, Kunstwerke, die mir in Erinnerung rufen, zu welch unerklärlicher Großartigkeit unsere Spezies fähig ist. Ich habe es in einer Sommernacht gespürt, nachdem ich versehentlich ein Glühwürmchen getötet hatte, das einen leuchtenden, störenden Fleck an unserer Schlafzimmerwand hinterließ; und an einem Novemberabend, nachdem ich draußen im strömenden Regen ein sechs Wochen altes Kätzchen gefunden hatte, das voller Not und voller Leben war und um Hilfe heulte wie etwas, das fünfzigmal größer war; und es stieg aus dem Nichts in mir auf, inmitten des mitternächtlichen Gelächters guter Freunde, mit denen C. und ich nach dem Abendessen noch stundenlang zusammenblieben, als die Kerzen längst zu Wachsgletschern und der Wein zu bunten Mondsicheln am Boden des Glases geworden waren. Es überkommt mich drinnen und draußen, am hellen Tag und in der Dunkelheit, allein und in Gesellschaft, so dass ich einen Moment lang schweigen oder das Gesicht kurz abwenden muss.

Ich glaube nicht, dass das hier beschriebene Gefühl dasselbe ist wie Sentimentalität, das Gefühl, das rührselige Filme, kitschige Werbespots und dämliche Country-Songs auslösen. Das würde ein Übermaß an Emotionen bedeuten, das typischerweise durch manipulative Mittel hervorgerufen wird, und beides trifft in diesem Fall nicht zu. Nichts könnte weniger manipulativ sein als die Dinge, die mich mit diesem zarten, schwermütigen Gefühl erfüllen und sich am besten damit zusammenfassen lassen, dass die Welt einfach die Welt ist. Und was das Übermaß angeht – wie soll es uns gehen angesichts der Tatsache, dass wir irgendwann alles verlieren werden, was wir lieben, einschließlich unseres eigenen Lebens? Welches Gefühl wäre angesichts dieser Tatsache angemessen?

Wenn überhaupt, dann wundert mich, dass wir nicht alle überwältigt werden von dieser Mischung aus Dankbarkeit und Trauer. Und es leuchtet mir ein, dass ich so empfänglich dafür wurde, nachdem ich C. begegnete und meinen Vater verlor. Ich habe kurz nacheinander eine fundamentale Liebe gefunden und eine andere verloren, und seitdem sind mir sowohl das Wunder als auch die Unbeständigkeit des Lebens außergewöhnlich präsent. Ich habe mich bisher davor gedrückt, es zu erwähnen, aber das ist einer der wichtigsten und schwierigsten Aspekte der Liebe, der romantischen wie jeder anderen: Sie ist furchtbar anfällig für Kräfte, die sich unserer Kontrolle entziehen, und daher furchtbar beängstigend. Die logische Folge von »Dein Glück ist erschienen« ist: »Und es kann jeden Moment wieder verschwinden.«

Was dieser Angst so schreckliche Macht verleiht, ist die Tatsache, dass sie – anders als viele andere Ängste, die uns gelegentlich plagen – eines Tages Wirklichkeit werden wird. Bei der Frage, ob wir unsere Lieben verlieren, gibt es kein *falls*. Die Frage ist nur, wann und wie – eine Qual für alle, die eine lebhafte Phantasie haben. »Wer geht zu seiner Zeit und wer nicht?«, fragt das Unetaneh Tokef, jenes schaurigschöne liturgische Gedicht, das Juden am Versöhnungstag beten. Und wenn wir alle unser Ende erreichen, »wer durch Schwert und wer durch wildes Tier, wer durch Hunger und wer durch Durst, wer durch Erdbeben und wer durch Pest, wer durch Erwürgen und wer durch Steinigung«? Diese Zeilen sind eindrucksvoll, aber unvollständig, und eigene Verse hinzuzufügen, wenn man nachts wach liegt, ist leicht. Wer durch Krebs und wer durch einen Autounfall? Wer durch einen Herzinfarkt und wer durch einen Schlaganfall? Wer durch eine Schusswaffe und wer durch eine Grippe und wer durch einen Sturz?

Die Liste ließe sich endlos fortsetzen, lang und merkwürdig und traurig genug, um noch das schockierendste Ableben zu nennen. Der Tod ist so allgegenwärtig und vielgestaltig, dass es, wie Montaigne schrieb, »keinen Ort gibt, von dem er nicht zu uns kommt«, so dass wir »den Kopf ständig hin und her drehen wie in einem verdächtigen Land«. Vielleicht gehören wir zu den Glücklichen, und die ganze Wachsamkeit war umsonst; vielleicht sterben unsere Lieben friedlich im hohen Alter, umgeben von ihren Kindern und Enkelkindern. Aber wie grausam, dass die Liebe, die nur pflegen und beschützen will, letztlich so machtlos ist, dass wir das Wichtigste in unserem Leben, das Wohlergehen derer, die uns am Herzen liegen, dem Schicksal überlassen müssen. Glücklich zu sein bedeutet, eine Menge *hap* zu haben, dieses alte englische Wort für Glück: Unsere Freude, unser Glück obliegt in erschreckendem Maße dem Zufall.

Vielleicht ist es ungewöhnlich, wie sehr mich das beunruhigt. Eine der Schwierigkeiten beim Schreiben über das eigene Gefühlsleben besteht darin, dass man unmöglich wissen kann, wie repräsentativ es ist – wie sehr es sich mit dem inneren Erleben anderer überschneidet oder davon abweicht. Manche Menschen, da bin ich mir sicher, werden durch ihre Psychologie oder ihre Kosmologie davor bewahrt, sich allzu viele Sorgen um ihre Lieben zu machen. Aber ich selbst war schon immer im Besitz einer katastrophalen Was-wäre-wenn-Maschine. Schon als kleines Kind lag ich in den Nächten, in denen meine Eltern meine Schwester und mich mit einem Babysitter zu Hause ließen, wach in meinem Zimmer und dachte an betrunkene Autofahrer, dunkle Gassen und schlimme Unfälle – eine Angst, die sich nur mildern ließ durch das Geräusch der Autoreifen auf unserer kiesbedeckten Einfahrt.

Mit den Jahren bin ich rationaler geworden und besser darin, mich selbst zu beruhigen, aber im Herzen bin ich kein bisschen weniger ängstlich, und dass ich mich verliebt habe, hat das Problem nur verschärft. Sämtliche imaginären Katastrophen treffen nun C., und wenn sie ohne mich unterwegs ist, ist es ihr Auto, auf das ich in der Dunkelheit lausche. Aber auch die Tatsache, dass sie sicher zu Hause neben mir sitzt, beruhigt meine Ängste nicht immer. Manchmal lege ich den Kopf auf ihre Brust und lausche ihrem Herzschlag – wie es vermutlich alle Liebenden auf alle Zeit tun werden – und obwohl ich es liebe, ihren Körper zu spüren und mich so dicht zu ihr zu flüchten, ist es immer auch etwas beunruhigend. C. hat von Natur aus einen schnellen Herzschlag, genauso wie sie einen rasanten Stoffwechsel hat und einen anstrengenden Tag mit absurd wenig Schlaf überstehen kann. Manchmal mache ich mir Sorgen, dass all dies bedeutet, dass ihre leuchtende Kerze zu schnell herunterbrennt, dass sie mich eines viel zu frühen Tages in einer Dunkelheit zurücklassen wird, die sich nicht vertreiben lässt.

Aber ob das nun eintritt oder nicht – das übergeordnete Problem bleibt bestehen. Wir werden beide sterben, C. und ich, und neben dem Wie und Wann plagt uns beide die quälende Frage der Liebenden: Wen von uns beiden wird es zuerst treffen? Ich vermute, dass sich viele Verheiratete gegenseitig uneinlösbare Versprechen gegeben haben; dass sie, wie C. und ich, darüber gesprochen haben, im hohen Alter gemeinsam im Schlaf zu sterben: In den Tod zu gehen, wie wir fast jede Nacht und jeden Morgen unseres gemeinsamen Lebens verbracht haben, eng aneinander geschmiegt, dankbar und in Frieden.

Gab es in der Geschichte der Welt schon mal ein Paar, das dieses Glück hatte? Vielleicht ein oder zwei. Aber die Chancen stehen sehr schlecht. Aller Wahrscheinlichkeit nach wird eine von uns die andere eines Nachts allein im Bett zurücklassen, die andere wird allein aufwachen und muss sich dem Tag stellen: Wenn wir uns an die Statistiken der Versicherungen halten, werde das ich sein, weil ich älter bin. Wenn wir uns an Vorahnungen halten, wird es C. sein, weil sie als kleines Mädchen die Vorahnung hatte, jung zu sterben – ich wünschte, sie hätte es mir nie erzählt, denn ab und zu erfüllt mich das mit einer Furcht, die so groß und kalt ist wie der Ozean. Ich will nicht sterben – ich kann gar nicht genug betonen, wie wahr das ist –, aber ich würde lieber meinem eigenen Tod ins Auge sehen, als ihren zu überleben. Ich kann mir nicht vorstellen, dass ich jemals aufhören werde, so zu empfinden, selbst wenn ich Glück habe und meine Ängste um C. sich als ebenso verfrüht erweisen wie die meiner Eltern in meiner Kindheit, und wir in einem halben Jahrhundert immer noch gemeinsam unsere Wildblumen pflegen. Doch selbst in diesem Fall weiß ich, wie wenig Trost mir all diese Zeit sein wird, wenn es so weit ist. Ich habe nie den herzzerreißenden Satz vergessen, der mal in einem Brief an mich stand: »Was für ein Glück ich hatte – und doch wünschte ich, es hätte länger gedauert.« Das schrieb mein Großonkel, der nach zweiundsechzig Jahren Witwer geworden war.

Wenn überhaupt, dann wird dieser Schatten der Liebe, wie alle anderen Schatten auch, immer länger, je später am Tag es ist. Als ich ein Kind war, erschien mir der Tod wie ein unvorhergesehenes Ereignis, ein Notfall, auch wenn ich theoretisch verstand, dass er irgendwann uns alle treffen würde. Doch nach dem Tod meines Vaters *fühlte* ich, dass er unvermeidlich ist, und ich weiß, dass er mit jedem Jahr präsenter werden wird. Wir finden Dinge und verlieren Dinge in allen Lebensphasen, aber die Verteilung verschiebt sich mit der Zeit, und der Verlust trifft uns im Alter häufiger und mit verheerender Nähe. So verändern sich auch die Schwierigkeiten, mit denen wir uns konfrontiert sehen, wenn wir älter werden. Das erste Problem, vor das uns die Liebe stellt, ist die Frage, wie wir sie finden. Aber das dauerhafteste Problem der Liebe, das auch das dauerhafteste Problem des Lebens ist, ist die Frage, wie wir damit leben, dass wir sie verlieren werden.

EINE ART ANTWORT auf diese Frage kam mir in den Sinn, als sich kürzlich der Todestag meines Vaters jährte. Ich war früh aufgewacht, die Dunkelheit verzog sich gerade, und hatte das beunruhigende Gefühl, etwas Bestimmtes tun zu müssen. Ich erkannte es sofort wieder – das Gefühl, meine ich. Es war die Rastlosigkeit, die dieser Tag mir immer beschert; ein Gefühl der Ziellosigkeit, das dadurch entsteht, keine gute Möglichkeit gefunden zu haben, diesem Anlass zu gedenken. Abgesehen davon, dass ich eine Jahreszeiten-Kerze anzünde, wie Menschen jüdischen Glaubens es an Gedenktagen tun, war mir nichts eingefallen, womit ich die zunehmende Anzahl an Jahren ohne meinen Vater hätte akzeptieren können. Alle konventionellen Möglichkeiten, die es so gibt, schieden aus; weil wir seinen Körper einer medizinischen Hochschule übergeben haben, gibt es kein Grab, das ich besuchen könnte, und auch keinen Ort, an dem seine Asche verstreut worden wäre. C., die (anders als ich) mit der Tradition aufwuchs, regelmäßig die Friedhöfe zu besuchen, wo ihre Verwandten beerdigt wurden, fragte mich kurz nach seinem Tod, ob ich gerne einen Stein mit seinem eingravierten Namen irgendwo auf unserem Grundstück hätte, zu dem ich mich setzen könnte, wann ich wollte. Damals scherzte ich, ich wäre mir ziemlich sicher, dass mein Vater den Rest der Ewigkeit lieber drinnen auf einem Bücherregal verbringen würde; aber wie dem auch sei, ich habe mich nie um irgendeine Art von Gedenkstätte gekümmert. Ich habe auch nie einen Plan entwickelt, um Anlässe wie seinen Geburts- oder Todestag zu würdigen, obwohl es mir immer wichtig und richtig erschien, das zu tun.

Als ich an jenem Morgen verstimmt aufwachte und nicht wusste, was zu tun war, delegierte ich das Problem an C., die mich auf einen Spaziergang durchs Arboretum mitnahm. Wir folgten einem Rundweg durch Wälder und Wiesen, vorbei an einheimischem Sassafras und Berglorbeer und leuchtendem Sumach und einer Weide voller Ziegen, bis wir wieder an den Ort kamen, an dem wir losgelaufen waren, einem kleinen Teich im Monet-Stil mit einer Holzbrücke in der Mitte. Es war ein wunderschöner Septembertag, warm und etwas windig, und wir standen über eine Stunde lang zusammen, Seite an Seite an das Geländer gelehnt, und beobachteten einfach: wie sich zwei Schildkröten auf einem halb untergetauchten Baumstamm sonnten, wie ein Kolibri näher kam, um neben der langen Trompete eines blühenden Weinstocks zu schweben, wie ein Blässhuhn planschend ein kleines Bad nahm, wie ein Reiher sich mit unglaublicher Geduld in sechzig Minuten vielleicht fünfzehn Zentimeter ostwärts bewegte, wie ein Teppich aus salbeigrünen Algen sich langsam wie Licht über das Wasser bewegte.

Ich hatte eine lausige Woche hinter mir, eine Woche, in der ich mich gefühlt hatte wie kurz nach dem Tod meines Vaters, auf niedrigem Niveau krank und dumm und ungeschickt, emotionaler und irrationaler als sonst – das beraubte Herz ist auf diese Zeit eingestellt wie ein Zugvogel und in der Lage, die kalendarische Wiederkehr der Trauer auf ebenso bemerkenswerte wie ärgerliche Weise zu registrieren. Aber dort im Arboretum mit C. war mir friedlich zumute, ich war sogar zufrieden, auf die erwachsene Art und Weise, auf die Zufriedenheit mit einer ganzen Historie von Trauer und Leid koexistieren kann – und diese sogar fast voraussetzt, weil sie es mit sich bringt, das Leben zu akzeptieren, wie es ist. Ich vermisste meinen Vater an diesem Tag nicht mehr als an jedem anderen, und spürte auch seine Anwesenheit nicht. Aber ich war froh, die Zeit dort am Ufer des Teichs ein wenig zu verlangsamen, einen Teil des Nachmittags nichts weiter zu tun, als mich dieser fleckig-grünen Aussicht zu widmen. Da ich nicht mehr bei meinem Vater sitzen konnte, war es an diesem Tag gut, eine Weile bei der Welt zu sitzen.

Es war seit dem Tod meines Vaters so viel auf ihr geschehen. Zunächst mal war eine ernüchternde Anzahl weiterer Menschen gestorben, sogar schon vor den Verheerungen des Coronavirus, und sogar im kleinen Umfeld unseres Lebens – Freund*innen von Freund*innen, die innerhalb eines Monats an Lungenkrebs starben; Eltern von Freund*innen, die morgens tot waren. Es waren so viele Babys zur Welt gekommen, dass der Kamin, auf dem wir unsere Karten sammelten, wirkte wie das schwarze Brett eines vielbeschäftigten Gynäkologen. Wir hatten mit anderen Paaren ihre Hochzeit gefeiert; wir waren nach New York gefahren, um beim Packen und Auspacken zu helfen und beim Kaufen von Geschirr, Mülleimern und Badematten, nachdem eine enge Freundin – die, an deren Hochzeit C. kurz vor unserem ersten Date teilgenommen hatte – sich scheiden ließ. Als meine Mutter eine neue Herzklappe bekam, kehrten wir in die Cleveland Clinic zurück, wo mich sofort drückende Traurigkeit überkam; ich fühlte mich, als wäre ich zehntausend Jahre alt und als hätte ich neuntausendneunundneunzig davon in diesem Krankenhaus verbracht. Alles daran war mir niederschmetternd vertraut, nur nicht, dass meine Mutter zwei Tage später gesund und fröhlich und ohne auf Hilfe angewiesen zu sein tat, was mein Vater nicht getan hatte, und wieder nach Hause kam.

Es stimmt, was Menschen einem angesichts von Liebeskummer oder Trauer oft sagen: das Leben geht weiter. Mir hat dieser Satz, so abgedroschen er auch sein mag, immer gefallen, weil er sich weigert, billigen Trost zu spenden – weil er sich weigert, etwas anderes zu sagen. Er verspricht kein Ende des Schmerzes, wie »Die Zeit heilt alle Wunden« und »Auch das geht vorbei«. Er raunt nicht von einem Neuanfang, wie »Morgen ist ein neuer Tag«. Er besagt nur, dass die Dinge – gute Dinge, schlechte Dinge, Dinge eben, konkreter wird er nicht – nicht aufhören zu geschehen. Das ist weniger eine Beruhigung als vielmehr eine freundliche Ermahnung: Du wirst nicht einfach so lange dasitzen, wie du willst und deinen Kummer in dich hineinfressen. Nicht nur werden dich deine eigenen Gefühle ablenken; früher oder später wird auch der Rest der Welt wieder seine vielen Bedürfnisse geltend machen. Du wirst wieder zur Arbeit gehen müssen, die Küche putzen und die Telefonrechnung bezahlen, lange bevor du dich dafür bereit fühlst; du wirst anderen Leuten zuhören müssen, die über das Spiel der Nats sprechen oder über den Congressional Black Caucus oder über die Sommerzeit; du wirst dich über etwas ärgern, das nichts mit dir zu tun hat, und über etwas lachen, das nichts mit dir zu tun hat, und du wirst deine Partnerin ansehen und an nichts anderes denken können als daran, sie auszuziehen. Und das Gleiche gilt für das Glück. Niemand sagt »Das Leben geht weiter«, wenn man sich verliebt hat, aber es ist so. So wunderbar diese ersten verliebten Tage sind, du wirst nicht auf ewig in die Augen deiner Geliebten blicken, mitten in der Nacht Pfannkuchen backen und bis zwei Uhr nachmittags mit ihr im Bett bleiben können. Irgendwann wird eine neue Entwicklung deine Aufmerksamkeit erfordern, und dann wieder eine weitere neue Entwicklung.

Das ist die andere Vorstellung, die »und« impliziert: dass etwas anderes passieren wird. Als das Wort im Englischen erstmals auftauchte, bedeutete es »nächstes«, und diese stillschweigende Ausrichtung auf die Zukunft ist ihm geblieben. »X, Y, Z, und«: Am Ende eines Satzes ist es ein Anti-Stopp-Zeichen, ein Hinweis darauf, dass wir noch nicht fertig sind. (»Und?«, sagen wir zu jemandem, wenn er verstummt, ohne seine Geschichte beendet oder seinen Standpunkt dargelegt zu haben, und meinen damit: »Sprich weiter.«) Folglich ist das Gefühl des »und« nicht nur ein Gefühl der Verbindung, sondern auch ein Gefühl der Fortsetzung. Die Fülle, auf die es hinweist – das Gefühl, dass es immer noch mehr gibt – ist nicht nur räumlich, sondern auch zeitlich.

Diese Fülle gehört zum Wunderbarsten am Leben, aber auch zum Schwierigsten, weil die Zwänge unserer eigenen Existenz durch sie in den Hintergrund treten. Die Welt ist voller Möglichkeiten – voller Orte, die man besuchen kann, voller Dinge, die man lernen kann, voller Bücher, die man lesen kann, voller Fähigkeiten, die man beherrschen kann, voller Menschen, die man kennenlernen kann, voller Dinge, für die man sich einsetzen kann, voller Wege, die man gehen kann –, aber nur ein winziger Bruchteil davon steht uns auch zur Verfügung. Obwohl wir alle gern das Gefühl haben, die Entscheidungen für unser Leben selbst zu treffen, läuft vieles, was wir tun, darauf hinaus, dass wir uns *gegen* etwas entscheiden, dass wir uns mit all dem abfinden, was wir nie tun werden. Von meinem sechsten oder siebten Lebensjahr an bis in meine frühen Zwanziger habe ich zum Beispiel mit dem Gedanken gespielt, viele verschiedene Berufe zu ergreifen: Zauberin, Gutsbesitzerin, Turnerin, Rennreiterin, Schriftstellerin, Historikerin, Astronautin, Mathematikerin, Bergsteigerin.

Ich liebe mein Leben und würde es gegen kein anderes eintauschen, aber ich bin mir nicht sicher, ob die schwachen Kondensstreifen der Sehnsucht, die all diese anderen Zukunftsvorstellungen hinterlassen haben, jemals ganz verschwinden. Das liegt nicht daran, dass ein Teil von mir sich immer noch fragt, wer ich noch hätte sein können; es ist eine ganz generelle Trauer über ausgeschlossene Möglichkeiten. Viele Möglichkeiten sind vom Moment unserer Geburt an unerreichbar, scheiden angesichts der Umstände aus, und viele andere fallen weg, wenn wir älter werden. »Es ist unmöglich, alle Erfahrungen zu machen«, schrieb Virginia Woolf mit Bedauern; bestenfalls erhaschen wir einen flüchtigen Blick auf einen Bruchteil dessen, was uns entgeht – »wie die Blicke, die ich beim Laufen durch die Londoner Straßen in die Souterrains werfe«. Jahrzehnte später beschrieb die Dichterin Louise Glück dieses Problem als »metaphysische Klaustrophobie: das trostlose Schicksal, immer nur eine Person zu sein«. Jede andere mögliche Existenz, in Idaho oder Honduras oder Lahore, als Zimmermann oder Baseballspielerin oder Musikgenie, als Schwester, wenn wir Einzelkind sind, oder als Einzelkind, wenn wir das jüngste von sieben Geschwistern sind – all diese Varianten menschlicher Erfahrungen sind uns nicht zugänglich. Wir haben zwangsläufig nur unsere eine Lebenszeit, und egal, wie tatkräftig, interessiert und glücklich wir sind, egal, wie lange wir leben – mehr können wir nicht daraus machen. Und dieses »mehr« kann in Anbetracht des Universums als ganz schön wenig erscheinen.

Das ist die wesentliche Schwierigkeit unserer Situation: Das Leben geht weiter, aber wir nicht. Wir bleiben stehen. Vielleicht haben die Gläubigen recht und ein Teil von uns lebt über den Tod hinaus weiter, aber so oder so, das Leben, wie wir es kennen – sich verlieben, trauern, in den Supermarkt gehen, im Meer planschen, nachts mit lauter Musik und heruntergelassenen Fenstern Auto fahren, unser in jedem Detail gutes und schwieriges Leben inmitten von Reihern, Schwarzbären und Flöhen: all das hört mit unserem Tod eindeutig auf. Das bedeutet es im Kern, sterblich zu sein, auch wenn es schwer ist, das ganz zu begreifen, geschweige denn zu akzeptieren. Unser Leben ist buchstäblich alles für uns, und es fühlt sich währenddessen so prall und bedeutsam an, dass schwer zu begreifen ist, wie flüchtig es ist, verglichen mit der Geschichte der Menschheit und erst recht mit der Weite von Raum und Zeit.

Diese radikale Diskrepanz zwischen dem Maßstab unseres eigenen Lebens und dem Maßstab der ganzen Welt kann zwei verschiedene Gefühle auslösen. Eins davon ähnelt dem Gefühl, etwas zu verlieren, und besteht in dem Gedanken, dass das Universum erschreckend groß ist und wir erschreckend unbedeutend sind. Das andere ähnelt dem Gefühl des Findens: das Universum ist erschreckend groß und wir sind trotzdem hier – unvorstellbar unwahrscheinlich und daher unendlich wertvoll. Wie so viele andere gegensätzliche Gefühle werden die meisten von uns irgendwann beide erleben. Es ist leicht, sich klein und machtlos zu fühlen; es ist auch leicht, Glück und Staunen darüber zu empfinden, hier zu sein.

Aufs Ganze gesehen, stehe ich auf der Seite der Staunenden. Ich kann nicht anders, und wenn ich nur für längere Zeit etwas so Simples wie einen Teich betrachte. Das ist es, was mir an diesem Tag im Arboretum klar wurde: Was uns bei einem unabwendbaren Verlust am besten hilft, ist nicht Trauer oder Akzeptanz, sondern Aufmerksamkeit. Zumindest für diesen Moment ist es unsere Aufgabe, die Welt wahrzunehmen und zu verändern, und das scheint mir ausreichend. Es stimmt, dass wir sie letztlich verlieren werden, aber es stimmt auch, dass wir viele Bindungen haben. Unsere Kunstwerke, unsere ehrenamtlichen Aktionen, unsere Gesten der Freundlichkeit und der Großzügigkeit: all das verbindet uns auf unsichtbare Weise mit künftigen Generationen. Ebenso verhält es sich mit dem Kinderkriegen, diesem ultimativen Akt der Bindung und Kontinuität. Als ich neun oder zehn Jahre alt war, hörte ich einmal zufällig, wie mein Vater scherzte, Kinder zu haben halte einen zwar nicht jung, aber wenn man Glück habe, verleihe es einem ein bisschen Ewigkeit. Jetzt verstehe ich, was er damit meinte, und ich spüre, wie sich der Sinn seines und meines Lebens über unsere Tage hinaus ausdehnt, denn C. und ich erwarten ein Baby.

Selbst zum Elternteil zu werden, hat mir deutlich gemacht, was für uns alle gilt, ob wir nun Kinder haben oder nicht: dass wir vor allem als Fürsorgende hier sind, eine Rolle, die ebenso wichtig ist wie vorübergehend. Wir wären alle nicht hier ohne das, was vor uns war, und wir wissen alle nicht, wie sehr und auf welche Weise das, was nach uns kommt, abhängt von unserem Hiersein. Walt Whitman, der die Fülle der Welt so gut verstand wie niemand sonst, verstand auch das. Er lehnte sich an die Reling jener Fähre in Brooklyn, geblendet von der Aussicht, reiste über die Gewässer und die Jahrhunderte, blickte dann zurück und sah sich untrennbar mit allen anderen verbunden, die dieselbe Reise unternommen hatten. Das Leben mag über uns hinausgehen, wusste er, aber für den Moment besteht es auch aus uns. Wir sind das »und«, Teil des Fortschreitens der Dinge, die Verbindung zwischen Gegenwart und Zukunft.

Das ist alles, was wir haben, dieser Moment mit der Welt. Er wird nicht von Dauer sein, denn nichts ist von Dauer. Entropie, Sterblichkeit, Vernichtung: Der gesamte Entwurf des Universums besteht im Verlieren, und egal, wie viel wir auf unserem Weg finden, am Ende ist das Leben wie ein umgekehrtes Sparbuch, bei dem uns schließlich alles genommen wird. Unsere Träume und Pläne und Jobs und Knie und Rücken und Erinnerungen; die Schlüssel zum Haus, die Schlüssel zum Auto, die Schlüssel zum

Königreich, das Königreich selbst: früher oder später ver-schwindet alles im Tal der verlorenen Dinge.

Mir ist deshalb klar, dass auch meine Zeit mit C. endlich ist. Eines Tages werde ich sie verlieren, wie ich meinen Vater verloren habe; oder ich werde sie verlieren, wie mein Vater mich verloren hat, am Ende des Lebens, zusammen mit allem anderen. Eine von uns wird sterben und dann die andere. Wir werden trauern und betrauert werden und dann nicht mehr; die Enkelkinder unseres künftigen Kindes werden kaum noch unsere Namen kennen. In hundert Jahren wird auch der kleine Ort, an dem wir geheiratet haben, verschwunden sein – verloren an einen steigenden Ozean, zusammen mit einem Großteil der Ostküste Mary-lands. Ganze Arten, die hier leben, werden ebenfalls ver-schwinden, wie das Urpferd, wie der Megalodon. Die Zeit wird beim Vergehen fast alles mit sich nehmen, was wir vom Leben kennen.

Nichts daran ist seltsam oder überraschend; es ist die grundlegende, unveränderliche Natur der Dinge. Das Stau-nen gilt ganz dem Hiersein – der Schildkröte im Teich, dem Gedanken im Kopf, der Sternschnuppe, der Fremden auf der Main Street. Dem sonnenbeschienenen Grün, das ich heute Morgen wieder in C.s Augen sah, und dem Glück, das ich in ein oder zwei Stunden spüren werde, wenn ich einen weiteren Tag in ihren Armen beende. Zu all dem leis-tet der Verlust, der scheinbar nur etwas wegnimmt, einen eigenen, notwendigen Beitrag. Ob man den Gegenstand verliert, den man braucht, oder den Menschen, den man liebt, die Lektion ist immer dieselbe. Das Verschwinden erinnert uns daran, es zu bemerken, die Vergänglichkeit lehrt uns zu schätzen und die Zerbrechlichkeit zu verteidigen. Der Verlust ist eine Art ausgelagertes Gewissen, das uns dazu anhält, unsere endlichen Tage besser zu nutzen. Unser Weg ist kurz, und wir verbringen ihn am besten damit, Zeugnis abzulegen von allem, was wir sehen: Wir ehren, was wir für wertvoll halten, wir kümmern uns um das, was unserer Fürsorge bedarf, und wir erkennen, dass wir untrennbar mit allem verbunden sind – auch mit dem, was noch nicht da ist, auch mit dem, was bereits vergangen ist. Wir sind hier, um zu wachen, nicht um zu behalten.

Dank

Der verstorbene Anthony Bourdain hat mal über meine Agentin Kimberly Witherspoon gesagt, wenn sie ihn um drei Uhr nachts anrufen und ihm sagen würde, er solle sich Klebeband, ein Messer und eine Rolle Müllsäcke schnappen und sich in fünfzehn Minuten mit ihr an der Ecke Ninth Street und Avenue C treffen, wäre er pünktlich und würde keine Fragen stellen. Besser kann ich nicht beschreiben, wie viel Vertrauen und Loyalität Kim in Menschen weckt, vor allem, indem sie selbst so loyal und vertrauenswürdig ist. Sie ist die bestmögliche Hüterin meines Berufslebens, ganz zu schweigen von dem irrsinnigen Spaß, den es mit ihr macht, und ich habe das außerordentliche Glück, dass sie nicht nur meine Agentin ist, sondern auch meine Freundin. Auch all den anderen wunderbaren und hilfsbereiten Menschen bei Inkwell Management bin ich dankbar, insbesondere Alexis Hurley.

Ich glaube, Hilary Redmon habe ich tatsächlich in den Nachtstunden an einer Straßenecke in Manhattan getroffen, und sie wurde meine Freundin, lange bevor sie Lektorin dieses Buches wurde. Es war ein großer Trost für mich, zu wissen, dass ich mich auf sie verlassen kann, vor allem während der schwierigeren Momente der Arbeit an *Lost & Found*, nicht nur wegen ihres scharfsinnigen Lektorats, sondern auch wegen ihrer unübertrefflichen Menschlichkeit und Freundlichkeit. Sie war von Anfang an eine unermüdliche Verfechterin dieses Buches, und ich kann ihr und allen Mitarbeiter*innen von Random House gar nicht genug danken, darunter Carrie Neill, Ayelet Durantt und Ruth Liebmann, deren Begeisterung gerade in dem Moment in meiner Mailbox landete, als ich sie benötigte.

Mein Redakteur beim *New Yorker*, Henry Finder, versteht seinen Nachnamen zwar nicht als »der, der findet«, trotzdem fand er mich, und dafür werde ich ihm ewig dankbar sein. Hier wie überall profitierte mein Schreiben enorm von seiner Großzügigkeit und von der Bandbreite und Schärfe seines Geistes. Zusammen mit David Remnick, diesem exzellenten Redakteur und unvergleichlichen Menschen, hat er mir das beste und glücklichste berufliche Zuhause gegeben, das ich mir vorstellen kann. Ich bin ihnen unbeschreiblich dankbar für ihre Zeit und ihr Vertrauen, sowie dafür, dem Essay, aus dem dieses Buch entstanden ist, in ihrem Magazin Platz eingeräumt zu haben.

Ich möchte auch anderen Freund*innen und Kolleg*innen danken, die sich die Zeit genommen haben, dieses Buch zu lesen und es zu verbessern: Jared Hohlt, der mein Lektor ist, auch wenn er nicht mehr mein Lektor ist; Tad Friend für einen unerwarteten und äußerst unterhaltsamen Manuskripttausch und das daraus resultierende Lesen mit klarem Blick; Jia Tolentino für ihren unermüdlichen Enthusiasmus und ihre Prägnanz; Leslie Jamison für eine der wunderbarsten Lektoratsanmerkungen aller Zeiten und dafür, dass sie das Autobahnschild mit der Aufschrift »Erzählen« hochgehalten hat; Helen Macdonald, die die Herausforderungen des Schreibens über Trauer kennt wie keine andere, die weiß, wo sie anfangen muss, und alles andere auch; und Michael Kavanagh für sein extrem geduldiges und hilfreiches Lesen und Wiederlesen von diesem Manuskript und allem anderen und für die Begleitung in Lachen und in Trauer. Vielen Dank auch an Becca Laurie, die beste Privatdetektivin, die auch noch das beste Auge für Design in der ganzen Branche hat, und an Ben Phelan für die gründliche Überprüfung der Fakten. Alle verbleibenden Fehler sind ausschließlich meine eigenen, insbesondere die, die Ogden Nash betreffen.

Dieses Buch handelt größtenteils von der Familie, und ich hätte es nicht schreiben können, wenn meine eigene, sowohl die gegebene als auch die gewählte, nicht so unendlich liebevoll und unterstützend gewesen wäre. Bill und Sandy Cep, die mir erst ihre Tochter und dann ihre Geschichte anvertrauten, kann ich gar nicht genug danken. Jeder, der sie kennt, weiß, was für eine Ehre es ist, wie einer der ihren behandelt zu werden. Auch Katelin Cep und Melinda Cep haben mich von Anfang an mit offenen Armen in ihr Leben aufgenommen, gar nicht zu reden von den zueinander passenden Schlafanzügen, den Roadtrips und dem ultimativen Opfer eines Geburtstagskuchens, der zur Hälfte aus Schokolade war.

Mir ist klar, dass es ein zweifelhafter Segen ist, eine Schriftstellerin in der Familie zu haben, vielleicht ganz besonders in Zeiten der Trauer, aber meine Mutter, Margot Schulz, und meine Schwester, Laura Schulz, haben mich und dieses Buch nicht einen Moment lang im Stich gelassen. Da die Geschichte, die ich im ersten Abschnitt erzähle, aus offensichtlichen Gründen hauptsächlich von meinem Vater handelt, wird meiner Mutter dort nur das Verdienst zugeschrieben, mir gute Grammatik und gute Manieren beigebracht zu haben. In Wirklichkeit hat sie mir aber auch Geduld, Aufmerksamkeit, Großzügigkeit, Nachsicht und Freundlichkeit beigebracht, und zwar durch ihr unermüdliches Vorbild. Meine Schwester, dieser Wirrkopf, hat einen der besten Köpfe und eins der besten Herzen, die ich kenne; ich sehe in ihr nicht nur das Beste von meinem Vater, sondern auch das Beste dieser Welt. Sie sorgt dafür, dass ich ehrlich bleibe und bringt mich zum Lachen, und sie hat mir neben unzähligen anderen Freuden auch die Freude gebracht, ihrer eigenen Familie näher zu kommen: Sue Kaufman, Rachel Novick, MJ Kaufman, Henry Philofsky und Adele Kaufman-Schulz – und durch sie Steve Novick, Aviva Stahl und Sabrina Bremer. Sie alle mag ich sehr und sie haben für mein Leben eine Bedeutung, die in diesen Seiten nicht erkennbar ist.

Dieses Buch war zum Teil nicht einfach zu schreiben, aber ein großer Teil war es: die Liebesgeschichte, die das Herzstück von »Finden« ist und in »Und« weitergeht. Als ich an diesen Teilen arbeitete, schrieb ich jeden Tag und nahm die Rohfassungen abends mit ins Bett, um sie Casey Cep vorzulesen. Es war mir ein großer Trost und ein großes Glück, sie mit ihr zu teilen, so wie es mir viel Trost und viel Glück bringt, alles mit ihr zu teilen, und sie hat sie und den Rest des Manuskripts und alles in meinem Leben unermesslich viel besser gemacht. Dieses Buch ist für sie, in der großen Hoffnung, dass es nur der Anfang der Geschichte ist. Und es ist für meinen Vater – noch einmal in den Worten von Robert Frost: der Tribut des Stroms an die Quelle.

Literatur

bell hooks, All About Love: New Visions, New York City, Harper Collins Publ., 2001.

Bishop, Elizabeth, *Alles Meer ein gleitender Marmor*, (Hrsg. Klaus Mertens), Heidelberg, Mattes Verlag, 2011.

Freud, Sigmund, *Zur Psychopathologie des Alltagslebens,* Berlin, Verlag von S. Karger, 1917. (https://resources.warburg.sas.ac.uk/pdf/dac300b2380784.pdf [zuletzt eingesehen: 30. Juli 2023])

Hume, David, *Untersuchung in Betreff des menschlichen Verstandes,* Berlin, 1869.

James, William, *The Principles of Psychology. Volumes I and II,* Cambridge, MA, Harvard University Press, 1983.

Lewis, C. S., *Über die Trauer,* Berlin, Insel Verlag, 2009.